Mme Siddons

Nina H. Kennard

(Editeur : John Henry Ingram)

Writat

Cette édition parue en 2024

ISBN : 9789359940106

Publié par
Writat
email : info@writat.com

Contenu

PRÉFACE.

Malgré la réticence déclarée de Mme Siddons face à la célébrité que les biographes lui conféreraient et sa préférence pour « la voix douce et douce de parents tendres et d'amis estimables », nous savons qu'elle a légué ses mémorandums, ses lettres et son journal au poète. Campbell - un ami intime au cours de ses dernières années - en lui demandant de les préparer pour la publication. Comment, avec l'abondance de matériel à sa disposition, Campbell a-t-il écrit une vie si mauvaise, c'est difficile à concevoir. Il semblait lui-même conscient de ne pas rendre justice à son sujet. La tâche de l'achever lui pesait comme un cauchemar. Pour ne pas être interrompu, il apposait sur la porte de son appartement une pancarte annonçant que « M. Campbell était occupé à rédiger la biographie de Mme Siddons et ne devait pas être dérangé. Bien qu'il ait accompli cette tâche à contrecœur, il a obstinément refusé de permettre à quiconque de la tenter. Lorsque Mme Jameson envisagea d'écrire la vie de la grande actrice, il fut très indigné et se dit incapable de comprendre comment Mme Combe (Cecilia Siddons) pouvait patronner la vie de sa mère par Mme Jameson, sachant qu'il avait été nommé le biographe.

Le récit de Boaden sur Mme Siddons est sommaire et maigre, et son style, si possible, plus pédant et pesant que celui de Campbell. Crabb Robinson a déclaré qu'il s'agissait de « l'un des livres biographiques les plus sans valeur qui existe ».

En écrivant le récit d'une femme comme Mme Siddons, ou, en fait, de toute personne dont la vie a été entièrement passée devant le public, il est nécessaire de dépouiller le personnage autant que possible des traditions légendaires qui y adhèrent. Il doit être ramené dans les régions de la vie ordinaire, et le seul moyen d'y parvenir est de transcrire ses véritables mots et expressions écrits sans penser à la publication. Nous devons donc demander à nos lecteurs de nous pardonner de citer intégralement tant de ses lettres. Lorsque nous essayons de raccourcir ou d'interpoler, tout leur charme facile et leur fraîcheur semblent s'évaporer.

M. Percy Fitzgerald, dans ses *Vies des Kemble*, a incorporé l'histoire de Mme Siddons à celle de son frère, John Kemble, et a écrit de loin la meilleure biographie jamais réalisée sur la grande actrice. Nous devons lui exprimer notre profonde obligation, et presque notre contrition, d'avoir osé traiter un sujet déjà si habilement traité dans ses intéressants volumes. Nous devons également exprimer notre gratitude à M. Alfred Morrison et à M. Thibaudeau de nous avoir permis de mettre à profit les précieux documents contenus dans la collection de lettres autographes Morrison.

NINA A. KENNARD.

Février 1887.

CHAPITRE I.
PARENTATION ET ENFANCE.

La moralité laxiste qui prévalait en Angleterre à l'époque de la Restauration a produit une école d'art littéraire et dramatique adaptée au goût du public. Congreve a écrit *Love for Love* et a froidement fait remarquer, lorsqu'il était accusé d'immoralité, « que, s'il *s'agissait* d'une pièce impudique, il était incapable d'en écrire une modeste ».

La réaction de l'énergie presque surmenée et de la chevalerie de l'époque élisabéthaine, qu'un siècle de règne Stuart a produite dans l'esprit des Anglais, les avait abaissés à ce point. Les bonnes manières étaient considérées comme meilleures que la morale. Le scepticisme valait mieux que la croyance, aussi bien lorsqu'il s'agissait des principes de la Bible que de l'honneur des épouses de leurs voisins.

La scène – surtout lorsque le public n'a pas d'autre débouché intellectuel – est invariablement le test par lequel nous pouvons découvrir la condition morale d'un pays. Lorsque cet état est contre nature et fiévreux, la nourriture mentale qui lui est présentée doit être proportionnellement artificielle et stimulante, jusqu'à ce que le public devienne progressivement incapable d'en digérer une autre. Le besoin, à la fin du XVIIe siècle, produisit l'offre. Il s'ensuivit un drame poli, délicat, fini dans les détails, mais de la scène duquel la vertu fut exclue comme un parent pauvre qui, vêtu de futaine et chaussé de bottes cloutées, n'est pas censé être une compagnie digne d'un débauché. messieurs en manteaux brodés d'or et volants en dentelle.

Shakespeare était une nourriture trop forte pour les capacités digestives d'une époque où les poètes préféraient le mensonge à la vérité. Pepys parle d' *Henri VIII.* comme une chose simple composée « d'un grand nombre de pièces ». *La Tempête*, pense-t-il, « n'a pas de grand art, mais est pourtant supérieur aux pièces de théâtre ordinaires ». *Othello* était pour lui « une chose méchante », comparée à la dernière nouvelle comédie. Il a cependant la bonté d'avouer qu'il aimait ou n'aimait pas *Macbeth*, selon l'humeur du moment, mais il y avait là un « *divertissement* » qui lui semblait être une chose drôle dans la tragédie.

Il fallait l'énergie ardente de Pitt pour galvaniser l'enthousiasme paralysé, et le sérieux fanatique de John Wesley pour éveiller le sens moral endormi de l'Angleterre. La religion et le patriotisme viennent en premier comme facteurs importants dans l'éducation d'un peuple, mais ils sont suivis de près par la poésie et le théâtre. Si Pitt et Wesley ont fait beaucoup pour élever le ton politique et religieux, Samuel Johnson, Oliver Goldsmith, David Garrick et Sarah Siddons ont tout autant fait pour élever le côté littéraire et dramatique.

Nos lecteurs pourraient être enclins à penser que nous exagérons l'importance de la scène, en classant ainsi poètes et comédiens ; mais si l'on veut apprécier l'influence exercée par les musiciens il y a cent ans, il n'y a qu'à examiner la carrière de ces deux derniers grands artistes ; et si nous voulons apprécier la réforme morale opérée, il suffit de se tourner vers une liste des pièces en vogue à l'époque de la Restauration et des pièces en vogue vingt ans après que Garrick ait joué, et dix ans après le premier film de Sarah Siddons. apparence.

La réaction est venue, comme toutes les réactions, avec une trop grande intensité ; le vice n'était pas seulement puni dans sa propre personne, mais les péchés du père étaient imputés aux enfants, avec une dureté presque sémitique. À travers le sentiment fin de *The Fatal Marriage* et l'héroïsme mélodramatique de *The Grecian Daughter*, deux des plus grands rôles de Mme Siddons, nous retraçons le ton moral élevé qui a finalement dissipé l'atmosphère infecte et répugnante qui pesait sur le monde théâtral. Une moralité sombre et un pathétique dramatique ont ouvert la voie au retour du *Conte d'hiver* et *d'Hamlet*.

Les Anglais vénèrent à juste titre les souvenirs de David Garrick et de Sarah Siddons, non seulement parce qu'ils ont consacré leur génie à la réintégration du plus grand dramaturge d'Angleterre, mais aussi parce qu'ils ont strictement adhéré à un décorum presque rigide dans leur comportement public et leur vie privée. ils ont élevé une profession jusqu'alors méprisée et considérée comme indigne d'une femme modeste ou d'un homme honorable, à une position de respectabilité et de considération.

Que ces deux grands artistes aient eu des défauts, qui peut se demander ? Aucune réforme n'a encore été accomplie par les esprits flasques, et nous devons nous rappeler que beaucoup d'histoires racontées sur sa vanité et sa méchanceté, sa dureté et sa réserve, ont été diffusées par leurs ennemis sur et hors de la scène, à cause de leur rigidité même. et la moralité. Cependant, malgré quelques nuages passagers, jamais il n'y eut de carrière aussi admirée, de personnalité aussi adorée dans la vie publique, que celle de Mme Siddons. Chaque fois qu'elle apparaissait, des applaudissements enthousiastes retentissaient dans la salle, non seulement à cause de son génie prééminent, mais à cause de son caractère privé et intact. Nous proposons de retracer pas à pas la carrière de cette femme merveilleuse, qui, dotée d'une beauté et d'un génie singuliers, et placée au milieu de toutes les tentations d'un métier dans lequel si peu de personnes de son sexe restent pures, a montré un exemple de rectitude et de rigueur inébranlables. une ferveur religieuse, inhabituelle dans n'importe quel domaine de la vie, qui en fait jusqu'au bout un « grand être simple », direct et véridique, noble et travailleur. Elle avait des défauts, comme nous l'avons dit, mais ils étaient tellement contrebalancés par ses vertus qu'on peut se permettre de les pardonner ; se souvenant toujours que, bien que fille d'un comédien ambulant, née dans les milieux les plus humbles, elle conçut un idéal de son art qui lui permit d'élever la scène de son pays, de la simple délimitation de la plus grossière galanterie, à une scène source de la plus haute instruction morale et artistique.

Loin des conflits des partis politiques ou des caprices des dramaturges à la mode, elle et Garrick, dont nous avons associé le nom au sien, sont nés dans le pays romantique du Pays de Galles : lui à Hereford ; elle dans la petite ville de Brecon, au bord de la rivière Usk. La copie suivante de son certificat de baptême, tirée du registre de St. Mary's, Brecon, est donnée dans le *Gentleman's Magazine* en 1826 : « Baptême, 1755, 14 juillet, Sarah, fille de George Kemble, un comédien (*sic*) , et Sarah, sa femme, fut baptisée. Thomas Bevan, vicaire. Le nom de son père était « Roger », et non « George », comme indiqué ci-dessus. Les pérégrinations théâtrales du jeune couple les amenèrent, au moment de l'accouchement de Mme Kemble, dans la petite ville galloise, où ils s'étaient installés dans High Street, dans un pub familièrement appelé « L'Épaule de Mouton ». En 1755, l'auberge était une vieille maison pittoresque à pignon, avec un étage supérieur en saillie, présentant comme enseigne une grosse épaule de mouton. Il était très fréquenté par les fermiers les jours de marché pour sa bonne bière et ses gigots de mouton, qu'on voyait régulièrement à cette époque rôtir devant le feu de la cuisine, sur une broche tournée par un chien dans une roue.

Brecon n'est pas sans intérêt dramatique et historique et, comme Mme Siddons aimait à le souligner par la suite, est mentionné à plusieurs reprises par Shakespeare. Buckingham, dans *Richard III.* , dit:

Oh! laisse-moi penser à Hastings et partir

À Brecon pendant que ma tête effrayante est allumée.

Sir Hugh Evans également, ce « reste de flanelle galloise », dans les *Joyeuses Commères de Windsor* , était également vicaire du prieuré de Brecon à l'époque de la reine Elizabeth ; et de l'intimité qui existait entre Shakespeare et les prieurs du prieuré, nous dit Campbell, « l'idée prévaut qu'il leur rendait fréquemment visite à leur résidence de Brecon, et que non seulement il profitait des fantaisies du vieux Sir Hugh, mais qu'il devait une grande partie du cadre romantique du *Songe d'une nuit d'été* au paysage environnant, où Puck et ses compagnes féeriques sont des mots familiers, l'un des vallons du quartier s'appelant Cwm Pwca, ou la vallée de Puck. Quoi qu'il en soit, on ne peut s'étonner du désir de Mme Siddons de relier les lieux qui ont joué un rôle important dans sa fortune au nom du grand poète qu'elle a si bien honoré avec tant de dévouement.

Roger Kemble, père de la petite fille, était le directeur d'une compagnie ambulante d'acteurs, son « circuit » théâtral comprenant les comtés du Staffordshire, du Gloucestershire et du Warwickshire. Il est né à Hereford en 1721 et on dit qu'il a commencé sa vie comme « barbier ». John Kemble, lorsqu'il était convivial, faisait parfois allusion à ce fait ; mais en effet, à cette époque, beaucoup d'acteurs passaient pour être des « barbiers », le fait étant qu'en se promenant, il était parfois trouvé commode qu'un des membres de la troupe combine les deux métiers. Il était catholique romain et aimait à faire remonter sa descendance à une vieille famille anglaise, revendiquant comme ancêtres un capitaine Kemble, qui combattit à Worcester dans le camp des Stuart, et un père Kemble, mort pour la foi quelques années plus tard. plus tard.

Sa mère était une Miss Ward, fille également d'un acteur et directeur d'une compagnie ambulante. Peg Woffington, alors qu'elle n'avait que quinze ans, jouait dans son théâtre d'Auniger Street, jusqu'à ce que la sévérité stricte de M. Ward chasse la jeune Irlandaise sauvage. Les Wards semblent, en effet, avoir été presque méthodistes dans leurs opinions religieuses strictes. L'inscription suivante peut être vue sur leur tombe à Leominster :

Ici, en attendant la grande assise du Sauveur,

Et espérant ainsi grâce à ses mérites s'élever

En mode glorieux, dans ce placard sombre se trouve

JOHN WARD, GAND. ,
décédé le 30 octobre 1773, à l'âge de 69 ans ;

Aussi
SARAH, SA FEMME ,
décédée le 30 janvier 1786, à l'âge de 75 ans.

Mme Siddons avait donc 31 ans avant la mort de sa grand-mère. Des races dures et vigoureuses, à la fois Kembles et Wards, pleines de religion et de préjugés, qu'ils ont gardés intacts jusqu'à leur mort. D'un côté, on voit la grande actrice héritée du sang irlandais. John Ward était irlandais et Sally, sa fille, est née à Clonmel. Roger Kemble, membre de la compagnie de Ward, aidé par sa beauté, ses manières courtoises et ses beaux yeux noirs, a conquis le cœur de Sally Ward. Le père s'est fortement opposé au mariage ; mais, trouvant une opposition inutile, il finit par consentir à contrecœur, faisant la plaisanterie éculée – attribuée plus tard à Roger Kemble lui-même, à l'occasion du mariage de Sarah avec Siddons – selon laquelle « il souhaitait qu'elle ne devienne pas l'épouse d'un acteur, et elle avait certainement accédé à sa demande.

Le jeune couple s'est marié à Cirencester en 1753. Sarah était leur premier enfant. John Philip, le deuxième, est né deux ans après sa sœur, à Prescott dans le Lancashire. Ils avaient dix frères et sœurs et, bien que tous — à l'exception de ceux qui sont morts très jeunes — soient montés sur scène, aucun n'a atteint la prééminence des deux aînés. C'était une famille intelligente et industrieuse, s'épanouissant en génie chez un membre et en talent très remarquable chez un autre. Comme Roger Kemble était catholique et sa femme protestante, il fut convenu que les filles seraient élevées dans la foi de leur mère, les garçons dans celle de leur père.

Les récits qui nous sont donnés sur l'enfance de Mme Siddons sont maigres ; mais, à partir de nombreux mémoires et de souvenirs théâtraux racés, nous pouvons voir à quoi ressemblait la vie de l'acteur itinérant en Angleterre il y a cent ans, avec tous ses accompagnements de misère et d'humiliation. De nos jours, où des acteurs et des actrices de peu d'importance se déplacent d'un endroit à l'autre dans des wagons express de première classe ou dans des trains spéciaux, il est difficile, malgré des informations précises, de se rendre compte des difficultés que présente alors la profession. Les déplacements de ville en ville par tous les temps, dans des charrettes à peine meilleures que celles constituant une caravane bohémienne ; le défilé dans les rues, proposant des affiches et des bouffées. Un habitant de Warwick – Walter Whiter, le commentateur de Shakespeare – lorsque Mme Siddons était « devenue connue dans le monde entier », se souvenait comme l'un des spectacles de son enfance dans la ville, de la procession diurne de la compagnie du vieux Roger Kemble, de la publicité et donnant un avant-goût des animations de la soirée. Une petite fille, la future reine de la tragédie, défilait avec eux, vêtue de blanc et de paillettes, sa traîne tenue par un beau garçon en velours noir, John Philip Kemble, du « tout au-delà ».

Il est presque impossible de concevoir l'ignominie dont fut victime la troupe, lorsque soit le maire de la ville — ce qui était souvent le cas — avait interdit la représentation théâtrale, soit lorsque, en raison des facéties de quelques membres turbulents de la troupe, le sentiment Les habitants s'élevèrent collectivement contre eux, et ils furent obligés de reculer et de supplier pour un renouvellement de la faveur des provinciaux changeants et bornés.

Il restait encore suffisamment d'esprit puritain pour inciter le gouvernement à imposer fréquemment des restrictions aux représentations des « serviteurs de Bélial ». On raconte l'histoire de la société Kemble qui éludait la taxe sur les maisons sans permis, introduite par Sir Robert Walpole, en vendant de la poudre dentifrice à un shilling la boîte et en donnant le ticket ; un procédé qui rappelle le vieux truc de contrebande consistant à vendre un faux sac de maïs et à faire cadeau du fût d'eau-de-vie placé à l'intérieur.

Les représentations de ces acteurs ambulants, nous dit FitzGerald, se déroulaient tantôt dans une remise ou une grange, tantôt dans une chambre d'auberge ; même la cour ouverte de l'auberge, avec ses galeries tout autour, était de temps en temps transformée en théâtre. Toutes sortes de vieux vêtements et de décorations ont été empruntés, quelques bougies plantées dans des bouteilles devant, et puis la pièce a commencé. Très souvent, les recettes ne couvraient pas les dépenses, et soit des dettes étaient contractées, soit le propriétaire de l'auberge les laissait tranquilles en considération du divertissement qu'elles avaient procuré à ses invités.

Les changements et les tribulations, relatés plus tard par les Kemble eux-mêmes, semblent presque incroyables. Stephen Kemble, le plus spirituel de la famille, a décrit avec beaucoup d'humour une saison de privation dans un village misérable, où les malheureux acteurs ne pouvaient pas rassembler un sou et étaient en conséquence dupés et maltraités par leurs logeuses. Pour éviter leur persécution, il resta au lit deux jours, souffrant des affres de la faim, puis fut obligé de se réfugier dans un champ de navets éloigné, où il persuada un collègue de l'accompagner en se vantant de l'hospitalité et de la taille du établissement.

Dans une ville, on disait que le théâtre avait été construit, la scène dans le Sussex, le public dans le Kent, les deux étant séparés par un fossé, de manière à permettre aux acteurs d'échapper à leurs huissiers en s'enfuyant dans un autre comté. Il y a un certain humour et une certaine tragédie qui traverse toutes ces histoires théâtrales, qui nous fait tantôt rire des incidents comiques qui y sont relatés, et nous rend tristes ensuite à l'idée que des hommes de talent, souvent des hommes de génie, soient soumis à une telle dégradation.

.

Il est difficile de comprendre comment Sarah et John Kemble ont pu en sortir si intacts par ses associations et si loin de ses objectifs et idéaux sociaux et artistiques ; ou comment leurs manières majestueuses et leurs idées fondamentales sur la moralité et le décorum ont pu être favorisées dans une telle atmosphère. En leur reprochant, peut-être plus tard, ce que leurs détracteurs appelaient leur « proximité » en matière d'argent, il faut se rappeler que les années de souffrance et de privations qu'ils avaient traversées, et le laxisme même qu'ils voyaient autour d'eux, étaient susceptibles de cristalliser de fortes tensions. des natures comme la leur dans la dureté et la rigidité, exagérant peut-être leurs idées de dignité théâtrale et de respect de soi.

Il ne fait aucun doute, malgré tous ses inconvénients, que, d'un point de vue professionnel, l'existence bohème du comédien ambulant était une discipline précieuse pour la perception artistique. La communion intime dans laquelle tous vivaient ensemble donnait bien plus de chances d'expansion au génie naissant que les barrières artificielles dressées aujourd'hui entre le chef d'une société et ses subordonnés. Non seulement la franc-maçonnerie existant entre subalternes et supérieurs était inestimable, mais aussi le cours de probation devant un public campagnard, qui, sans influence de prestige ou de mode, exprimait son opinion sans réserve. Les jeunes recrues, arrivées ignorantes et crues, obtenaient ainsi l'aisance de maintien nécessaire et la connaissance des effets de scène, sans être influencées par des idées préconçues. Le fait même que tant de choses dépendent de l'excellence individuelle de l'acteur, indépendamment des décors et des accessoires, était également un précieux stimulant. Son expression, son action devaient raconter l'histoire.

En passant ses premières années sur scène, l'acteur ambulant a acquis un pouvoir d'identification à la représentation théâtrale pour ensuite l'acquérir. L'atmosphère qu'il respirait dès ses premières années était dramatique. Lorsqu'elle était encore enfant, Sarah Kemble a été présentée comme un « phénomène infantile » lors d'un divertissement organisé par la société. A son apparition, une certaine confusion s'établit dans la galerie qui anéantit toutes ses tentatives. Sa mère la conduisit aussitôt sous la rampe et lui fit réciter la fable des *Garçons et des Grenouilles*, qui calma aussitôt le tumulte et rendit la bonne humeur. C'est ainsi que l'actrice a appris très tôt à dominer son public, un art qui lui a été très utile dans l'au-delà.

Outre cette formation théâtrale précoce, Sarah reçut une éducation aussi bonne dans les rudiments ordinaires du savoir que sa mère énergique pouvait l'obtenir. Mme Kemble envoya son enfant dans des externats respectables, nous dit-on, dans les villes de campagne où leurs divers pérégrinations amenaient la troupe. A Worcester, une institutrice du nom de Harris la reçut parmi ses élèves à Thornloe House, refusant tout paiement. Une vieille dame, qui vivait il n'y a pas longtemps, se rappelait parfaitement le mépris des jeunes filles de l'établissement pour la « fille des comédiens », jusqu'à ce que, quelques théâtres privés étant créés, son goût et son expérience histrionique rendaient ses services extrêmement précieux. Elle a gagné une popularité universelle en exposant un dispositif permettant d'imiter un « dos de sac » avec du papier épais en pain de sucre acheté chez l'épicier. Mais cette éducation devait être décousue, car Roger Kemble ne pouvait se permettre de se passer de l'aide de la jeune fille.

Outre l'apparence mentionnée ci-dessus, nous entendons parler d'elle agissant lorsqu'elle était enfant, dans une grange à l'arrière du « Old Bell Inn », à Stourbridge, Worcestershire, lorsque des officiers cantonnés dans le quartier offraient leurs services. On raconte qu'elle éclata de rire au moment le plus tragique et s'enflamma au point de mettre en colère le tragédien militaire qui agissait avec elle. La pièce était *La Fille Grecque*. Une autre tradition nous raconte que sa première apparition dans une pièce régulière en cinq actes fut dans le rôle de Leonora dans *The Padlock* .

L'affiche d'une de ces premières représentations a été retrouvée il n'y a pas longtemps, collée sur un mur de briques chez un cordonnier, dans l'une des villes de campagne du circuit de Kemble.

Campbell raconte que Roger Kemble était déterminé à ne pas permettre à ses enfants de suivre sa vocation ; nous pensons cependant que cette affirmation doit être mise entre parenthèses avec la légende de l'ancêtre à la bataille de Worcester, car nous le trouvons, comme nous l'avons vu, faisant apparaître Sarah alors qu'elle était presque bébé, et éloignant John d'une école de jour à Worcester. , alors qu'il était encore en robe et en tablier, pour jouer dans la tragédie de *Charles Ier de Havard* . Les personnages furent ainsi choisis : James, duc de Richmond, par M. Siddons, qui était maintenant acteur dans la compagnie de Kemble ; James, duc d'York, par maître John Kemble, alors âgé de onze ans ; la jeune princesse de Miss Kemble, alors âgée d'environ treize ans ; Lady Fairfax, par Mme Kemble. Chanter entre les actes de M. Fowler et Miss Kemble. Au mois d'avril suivant, on retrouve à nouveau « M. La compagnie de comédiens de Kemble » apparaissant dans « une célèbre comédie », appelée *La Tempête, ou l'Île Enchantée* , avec tous les décors, machines, musiques, monstres et décorations propres à être donnés, entièrement nouveaux. « Le spectacle s'ouvrira sur la représentation d'une mer tumultueuse (en perpétuelle agitation) et d'une tempête dans laquelle le navire de l'usurpateur fait naufrage ; l'épave se termine par une belle pluie de feu ; et le tout pour conclure par une mer calme, sur laquelle apparaissent Neptune, dieu poétique de l'océan, et sa royale épouse, Amphitrite, dans un char tiré par des hippocampes, etc. etc." C'est dans cette performance, dans le rôle d'Ariel, Chief Spirit, que, à l'âge de treize ans, Sarah connaît son premier succès. « Elle se précipitait ici et là, nous dit-on, avec une grâce si aérienne ; il y avait quelque chose de si spirituel dans sa liberté de mouvement, elle semblait être si entièrement une créature née des amours d'une brise et d'un rayon de soleil, que tout le public se mit à applaudir frénétiquement à la fin de la pièce, et son Ce père fier et heureux commençait vaguement à prévoir l'avenir de sa fille.

Plus tard, nous trouvons une représentation de la compagnie de *Love in a Village* annoncée, les noms imprimés ainsi : -

- Sir William Meadows, par M. K—mb—le.

- Young Meadows, par M. S—dd—ns.

- Rosetta, par Miss K—mb—le.

- Madge, par Mme K—mb—le.

- Femme de ménage, par Mlle F. K—mb—le.

En novembre suivant, John Philip fut envoyé à Sedgely Park, près de Wolverhampton, un séminaire catholique. Une courte entrée a été découverte dans les livres du Collège, indiquant que « John et (*sic*) Philip Kemble sont venus le 3 novembre 1767 et ont apporté 4 costumes, 12 chemises, 12 paires de bas, 6 paires de chaussures, 4 chapeaux, 2 *Compagnons du Jour* , un Demi-Manuel, des couteaux, des fourchettes, des cuillères, *les Fables d'Ésope* , des peignes, 1 pinceau, 8 mouchoirs, 8 bonnets de nuit.

«Jack abiit, 28 juillet 1771.»

Après quatre ans de résidence ici, son père l'envoya au Collège anglais de Douai, pour suivre un cours régulier de théologie, son intention étant de mettre le futur Coriolan au sacerdoce.

Sarah poursuivait toujours ses études, telles qu'elles étaient, dans les différentes villes où les « comédiens » plantaient leur tente au cours de leurs errances. On lui enseigna la musique vocale et instrumentale, et son père, remarquant qu'elle avait de beaux pouvoirs naturels d'élocution, souhaitait qu'ils soient cultivés par un enseignement régulier dans le cadre de son éducation, sans vue sur la scène ; à cet effet, il fut tenté de conclure un accord avec un individu nommé William Combe, pour lui donner un cours.

Les joueurs itinérants étaient généralement considérés comme un ajout précieux au salon de l'auberge et étaient les bienvenus à un souper ou à un pot de bière en échange de leur compagnie et de conversations amusantes. C'est à une de ces occasions que Roger Kemble, qui était un compagnon jovial et populaire, rencontra Combe, et fut tellement attiré par sa conversation intelligente qu'il l'engagea comme instructeur auprès de sa fille. Mme Kemble, de toute évidence une femme d'un bon sens et d'une grande pénétration, refusa cependant de ratifier la nomination, et Roger fut obligé de revenir sur sa promesse en donnant une représentation au profit de l'aventurier qui, après avoir dépensé une fortune, , était parfaitement sans le sou.

Jusqu'au dernier jour de sa vie, William Combe nourrit une aversion rancunière pour la grande actrice et se plaisait à raconter avec méchanceté à ses amis combien sa jeunesse avait été sordide et comment lui-même se souvenait d'elle, lorsqu'une jeune fille, debout à l'aile de un théâtre de campagne, battant des mouchettes contre un chandelier pour représenter le bruit d'un moulin à vent, dans une pantomime grossière.

Curieusement, la poésie de Milton, plus que celle de Shakespeare, fut l'objet de l'admiration de Sarah dans sa jeunesse. Alors qu'elle n'avait que dix ans, nous dit Campbell, elle s'est penchée sur *Paradise Lost* pendant des heures ensemble. Les longs et fastidieux discours entre Adam et sa femme, les discours de Satan au soleil – le désespoir de la plupart des enfants – faisaient ses délices. Les vers majestueux et lourds convenaient à son génie. Le poète nous raconte également une histoire que, raconte-t-il, Mme Siddons a laissée parmi ses mémorandums.

Un jour, sa mère lui a promis de l'emmener avec un groupe d'amis pique-niquer dans le quartier. Elle devait porter une nouvelle robe rose, s'il faisait beau. En se couchant la veille du grand événement, elle emporta avec elle son livre de prières, et l'ouvrant, comme elle le croyait, à la prière du beau temps, s'endormit avec le livre plié dans ses bras. Au point du jour, l'enfant découvrit, à son grand désarroi, qu'elle tenait la prière pour la pluie sur son sein, et que la pluie, le Ciel l'ayant prise au mot, frappait les fenêtres. Elle se recoucha, le livre ouvert au bon endroit, et trouva l'erreur réparée. Quand elle se réveilla, le matin était aussi rose que la robe qu'elle devait porter.

Croker croit nécessaire, de tout le poids de son autorité, de réfuter cette réminiscence enfantine, en soulignant que les prières pour la pluie et le beau temps sont sur la même page du livre de prières. Nous répétons l'histoire principalement parce qu'elle montre la piété méthodique surannée et la superstition presque enfantine qui ont habité Mme Siddons tout au long de sa carrière mouvementée. Il ne fait aucun doute que cette piété était en grande partie due aux principes inculqués par sa mère.

Mme Kemble était une femme majestueuse et austère, dotée d'une certaine quantité de génie et d'une grande force de caractère, énergique et courageuse dans son humble sphère de vie, dans les circonstances les plus difficiles. Elle a mené aux côtés de son mari un dur combat contre la pauvreté et a entretenu et éduqué une famille de douze enfants. Spartiate dans sa vision de la formation de la jeunesse, son despotisme impérieux a souvent été décrit comme absolument horrible. C'était l'usage de l'époque de diriger une maison avec une certaine sévérité, mais ses enfants tremblaient en sa présence. Plus tard, elle adressa un reproche caractéristique à son fils John : « Monsieur, vous êtes aussi fier que Lucifer. » Lui et sa majestueuse mère devaient en effet être un Coriolanus et un Volumnia dans la vie de tous les jours. Sa voix avait une grande partie de l'emphase mesurée de celle de sa fille, et son portrait, le seul que nous connaissions, qui était toujours accroché dans le salon de Mme Siddons, avait une expression intellectuelle, presque grandiose, qui nous rappelait davantage une bonne... Elle ressemblait à Elizabeth Fry, avec sa casquette à volants bien ajustée et son doux mouchoir de mousseline croisé autour du cou, que ce qu'on aurait pu imaginer de Sally Kemble, l'actrice ambulante. Bien qu'extrêmement belle lorsque Roger Kemble l'épousa pour la première fois et soumise à toutes les tentations de la vie d'actrice, elle n'a jamais faibli dans son dévouement d'épouse et maintiendra jusqu'au dernier jour de sa vie que, dans certains domaines, son Roger était « sans précédent ». Son témoignage est le seul à cet effet, et nous l'imaginons plutôt comme un acteur très indifférent, mais un bel homme de bonne humeur, avec des manières de gentleman et des vues de la vie au-delà de son humble profession.

Fier, réservé, John Kemble rendit, des années après, le plus bel hommage à sa mémoire, lorsque, apprenant sa mort, il écrivit à son frère de Madrid, le 31 décembre 1802 : « Avec quelle sincérité j'ai toujours aimé mon père et respecté son bonne compréhension, vous le savez trop bien pour qu'il soit nécessaire que je vous parle même de ce que je ressens en ce moment, en ouvrant votre lettre. Dieu Tout-Puissant, reçois-le dans son bonheur éternel, et apprends-moi à être résigné et résolu, à mériter de le suivre quand mon heure fixée sera venue. Ma pauvre mère, bien que je sache qu'elle fera preuve d'une fermeté d'esprit convenable en ceci et à chaque passage de sa vie, ne peut que ressentir un vide mélancolique en perdant le compagnon de sa jeunesse, l'associé de ses années avancées et le père de sa fille. enfants. Je regrette du plus profond de mon cœur de ne pouvoir, avec la plus grande affection, lui assurer, à ses pieds, que ce qu'un fils reconnaissant peut offrir et faire ne manquera jamais de ma part pour promouvoir son contentement, son aisance et son bonheur. Comment, en vain, me suis-je réjoui de mille incidents gênants au cours de ce voyage, en pensant contempler l'incrédulité prudente de mon père pendant que je les lui racontais ! Des millions de choses, peut-être inintéressantes pour quelqu'un d'autre, que j'avais gardées précieusement pour sa surprise et son examen minutieux ! C'est le plaisir de Dieu qu'il soit parti de nous. La résignation que j'avais longtemps observée en lui à la volonté du ciel et sa piété habituelle ne me sont pas une mince consolation ; pourtant je ne peux m'empêcher de ressentir un gonflement de tristesse dans mon cœur, qui me maintient dans un flot de larmes pour lui, malgré tout ce que je peux faire pour les arrêter.

CHAPITRE II.
MARIAGE.

Alors que Sarah Kemble passait de l'enfance à la petite enfance, elle continua à jouer dans toutes les pièces de la compagnie, assumant des rôles plus importants à mesure qu'elle grandissait. L'atmosphère même qu'elle respirait était dramatique. Monter sur scène était pour elle une seconde nature. Elle n'était cependant pas pour autant exclue des affaires courantes du quotidien. Elle aidait sa mère dans les travaux ménagers, et passait d'une répétition à la confection d'un pudding ou au raccommodage d'une paire de bas. Il ne fait aucun doute que cette libre mixité dans la vie familiale simple de son foyer a donné un équilibre sain à son esprit. Comme sa mère, elle a toujours gardé intacte sa vie domestique au milieu de ses occupations professionnelles, et est toujours restée simple et féminine. Ses bons amis racontèrent plus tard comment ils l'avaient trouvée en train de repasser une robe pour l'un de ses enfants, ou d'étudier un nouveau rôle pendant qu'elle berçait le berceau du dernier bébé.

À l'âge de seize ans, la beauté de Sarah avait attiré l'attention de son public. Un ou deux écuyers des comtés qu'ils visitèrent lui offrirent leurs hommages ; mais avant l'âge de dix-sept ans, son affection était déjà engagée auprès d'un membre de la troupe, un ancien apprenti de Birmingham.

Nous avons déjà vu le nom de Siddons figurer sur les affiches des pièces de théâtre de Kemble, alors que Sarah n'avait que treize ans. On peut donc imaginer toutes les occasions qu'ont eu les jeunes de tomber amoureux, de répéter ensemble, d'agir ensemble, avec la continuelle communion d'intérêts suscitée par leur métier. Il n'est pas étonnant que même M. Evans, un écuyer gallois avec trois cents livres par an, qui, asservi par le chant de Sarah de *Robin, Sweet Robin*, lui ait offert sa main, ait été ignominieusement refusé. Ses parents, cependant, ont adopté un point de vue différent et, séduits par la splendeur de l'offre de M. Evans, ont révoqué le consentement involontaire qu'ils avaient donné aux fiançailles de leur fille avec Siddons et l'ont sommairement renvoyé de l'entreprise.

L'amant indigné a eu recours à une méthode de vengeance qui semble aussi nouvelle que peu distinguée. Ayant droit à un bénéfice d'adieu, il profita de l'occasion (c'était à Brecon) pour mettre le public en confiance et, dans un acharnement de la pire description, les informa de ses malheurs :

Mesdames de Brecon, dont le cœur se sent toujours

Pour des torts comme celui-ci, je suis sur le point de le révéler,

Excusez le premier produit, ne passez pas inaperçu

Les plaintes du pauvre Colin, un amant écarté.

Pourtant, tous ses espoirs reposaient toujours sur sa Phyllis,

Que ses vœux étaient si fermes qu'ils ne pourraient jamais être effacés ;

Mais bientôt elle l'a convaincu que ce n'était qu'une simple blague,

Car le devoir s'est levé *et ses vœux ont tous été rompus* .

Chères dames, évitez une tache indélébile,

Excusez-moi, je vous en supplie, si mon vers est trop simple ;

Mais un abandon, c'est le diable , comme on l'a longtemps admis,

Ce qu'un cœur comme celui du pauvre Colin doit toujours détester.

Nous ne donnons que trois versets sur les onze, soit autant, pensons-nous, que nos lecteurs pourraient se soumettre avec patience.

Comment une fille de n'importe quel esprit pourrait pardonner à un amant d'avoir ainsi exposé ses affaires privées, et comment une fille de n'importe quelle appréciation artistique pourrait pardonner à un amant de si mauvais vers et le ramener dans ses bonnes grâces, c'est plus que nous ne pouvons comprendre. Mme Kemble, sa mère, semblait avoir le point de vue le plus correct de la situation, car, au lieu d'excuser « le premier produit » du malheureux poète, « ses mérites, bien que petits », elle le récompensait amplement par une boîte à sonnerie sur le oreilles en quittant la scène.

Jones, membre de la compagnie de Roger Kemble, a conservé quelques vers écrits par Sarah à son amant, qui montrent qu'elle lui est aussi supérieure en goût et en perception poétique, qu'elle s'est montrée plus tard en puissance dramatique :

Ne dis pas, Strephon, je ne suis pas vrai,

Quand je ne pense qu'à toi ;

Si tu le fais, pense à moi

Comme moi de toi, alors tu seras

Sans rival dans mon cœur,

Qui ne pourra jamais jouer le rôle d'un tyran.

Confie-moi, Stréphon, ton amour...

Je jure par l'arc de Cupidon ci-dessus,

Rien ne me fera jamais trahir

Ta passion jusqu'à mon dernier jour :

Si je vis ou si je meurs,

Compte sur ma constance.

Siddons s'est suffisamment appuyé sur sa constance, malgré ses déclarations aux « dames de Brecon », pour suggérer à sa bien-aimée une fugue immédiate, suggestion qu'elle, comme le dit curieusement Campbell, « tempérant l'amour avec le devoir filial », a poliment décliné, et son amant est parti.

Comme il était jugé opportun de sevrer Sarah de ses anciennes associations, elle fut renvoyée pendant un certain temps et vécut « sous la protection » de Mme Greatheed, de Guy's Cliff dans le Warwickshire. Certains ont soutenu qu'elle était nourrice ou bonne ; mais les conditions qu'elle avait avec sa maîtresse, qui lui a offert un exemplaire de Milton, excluent cette idée, à moins que, par son habileté et son industrie, elle, dans un délai très court après ses fiançailles, ne se soit trouvée dans une meilleure position. Campbell souligne également qu'il n'y avait aucun enfant à soigner dans la famille Greatheed à cette époque. « Sa position parmi eux, poursuit-il, était humble, mais non servile, et son principal emploi était de faire la lecture à l'aîné, M. Greatheed. » L'histoire secrète de la salle verte nous apprend qu'elle était la servante de Lady Mary Bertie, la seconde épouse de Samuel Greatheed ; et la duchesse d'Ancaster a dit à Mme Geneste qu'elle se souvenait bien de Lady Mary qui avait amené cette jolie servante avec elle lors d'une visite.

On remarquait qu'elle aimait réciter des fragments de pièces de théâtre pour divertir la salle des domestiques. Lord Robert Bertie aimait tellement écouter et admirer sa déclamation, que Lady Mary dut le supplier de s'abstenir et « de ne pas encourager la jeune fille à monter sur scène ». Le jeune Greatheed raconta plus tard à Miss Wynn qu'il avait souvent entendu Mme Siddons lire *Macbeth* lorsqu'elle était la servante de sa mère.

Lady Mary avoua des années plus tard à « Conversation » Sharp que l'allure de la jeune fille était si royale, même à ce jeune âge, qu'elle éprouvait toujours une irrésistible envie de se lever de sa chaise lorsque sa servante venait la servir.

Nous pouvons imaginer la jeune fille romantique errant à travers les clairières solitaires et parmi les majestueuses ormes de Guy's Cliff, ou le long des rives de l'Avon au doux courant, l'Avon de Shakespeare, qui glisse au pied des rochers entre les vertes prairies, rêvant de son amour, et en lisant le poète qu'elle aimait tant, dont le lieu de naissance et le lieu de sépulture étaient si près d'où elle était. Elle a dû entendre des souvenirs du grand jubilé qui avait eu lieu en 1769, trois ans seulement auparavant, lorsque M. Garrick et un « brillant groupe de nobles et de nobles » étaient descendus à Stratford pour célébrer le centenaire de Shakespeare. Elle ne savait pas alors que c'était lors d'une répétition de la procession du Jubilé sur les planches de Drury Lane qu'elle était destinée à faire sa première révérence devant un public londonien. Il existe une tradition selon laquelle elle a rencontré Garrick lors de son séjour à Guy's Cliff. Ce n'est pas impossible puisque, après le Jubilé, il était un hôte constant des Greatheeds. Cependant, cette déclaration ne correspond guère à ce qu'il écrivit quelque temps plus tard à Moody selon lequel « il y avait une femme Siddons » agissant à Liverpool, qui pourrait convenir à la société Drury Lane, et lui demandant d'aller la voir. Cependant, il aurait facilement pu ne pas réussir à relier la jeune fille Sarah Kemble à la femme Mme Siddons.

C'est tout à l'honneur des Greatheed et de l'actrice que, par la suite, malgré le changement de circonstances, Mme Siddons soit toujours restée une amie fidèle de la famille. On retrouve Miss Berry en 1822, quarante-sept ans plus tard, écrivant dans son journal :

« Guy's Cliff, mardi 1er janvier.—Mme. Siddons et sa fille sont arrivées.

« Mercredi 2.—Mme. Siddons a lu *Othello* , les deux parties de Iago et Othello, tout à fait *à merveille* .

Nous trouvons Bertie Greatheed marraine permanente de sa fille Cecilia en 1794 ; et, plus grand test de la véritable amitié, l'écriture d'une tragédie, *Le Régent* , qui a échoué de manière désastreuse.

Malgré les parents sévères et les obstacles sociaux, « l'amour sera toujours le Seigneur de tous ». William Siddons est venu plusieurs fois à Guy's Cliff pour la voir. Là, presque en vue de Shottery, où Shakespeare a mis en scène son histoire d'amour avec Anne Hathaway, Sarah Kemble a mis en scène la sienne. Errant au milieu des champs parfumés dans lesquels Shakespeare errait, William Siddons plaida de nouveau sa cause et se vit pardonner ses mauvais vers et ses confidences intempestives au nom de sa persévérance.

Les Kemble, voyant que leur attachement était sérieux, donnèrent enfin leur consentement, et au cours de sa dix-neuvième année, Sarah Kemble devint Mme Siddons.

Le mariage eut lieu à Trinity Church, Coventry, le 26 novembre 1773, et le 4 octobre suivant, le premier enfant, Henry, naquit à Wolverhampton.

M. Siddons était exactement l'homme qui fascinait une jeune fille pleine d'entrain. Beau, calme, calme, d'humeur égale, pas surchargé de cerveaux et pas trop de volonté propre. On pourrait lui appliquer ce que Johnson disait du père de Sheridan : « Ce n'est pas un mauvais homme, non, monsieur ; si l'humanité était divisée entre les bons et les mauvais, elle se situerait considérablement dans les rangs des bons. "Un foutu joueur coquin", dit avec force le révérend Henry Bate, "mais un type civil." On dit qu'il possédait non seulement cette invention qui, dans les théâtres de province, est la première des conditions requises, mais qu'il possédait aussi la seconde, une étude rapide, dans une perfection presque inégalée. Il pouvait se rendre maître du plus long personnage dramatique entre nuit et nuit, et le livrer avec la précision qui semble résulter seulement d'une longue application ; mais l'impression fut si légère qu'elle s'échappa de sa mémoire en aussi peu d'heures qu'il avait employé à l'apprendre. Il a été dit plus tard, par les membres de la compagnie de sa femme, que même si Siddons était lui-même un mauvais acteur, il était un excellent juge, forçant toujours sa femme et très en colère à tout échec. Sa position d'époux de la « grande Mme Siddons », continuellement mise dans l'ombre par sa supériorité, était ingrate, mais nous devons avouer qu'il la remplit avec une louable sérénité.

Leur amour portait mieux que les parures de guirlandes au milieu desquelles il avait commencé. La vie domestique heureuse qui a réussi a été sans aucun doute une grande sauvegarde au milieu des dangers et des difficultés de sa vie, la sauvant de bien des choses qui sont la ruine de ses sœurs moins protégées. On raconte qu'au temps de son succès, lorsque ses admirateurs et amants potentiels étaient légion, l'oreille de son mari était celle à laquelle elle confiait tous les incidents de tentative de galanterie, qui accompagnaient invariablement la vie d'une actrice ; et nombreux furent les rires chaleureux auxquels ils se livrèrent ensemble à leur sujet. Peut-être y avait-il de temps en temps une trop grande inclination à se servir de lui. Nous trouvons le pauvre homme écrivant aux directeurs comme à leur humble serviteur obéissant, faisant des appels pitoyables à Garrick et proposant à Dun Sheridan le montant dû à sa femme ; mais au début, ils semblent avoir partagé ensemble toutes les épreuves et les luttes de leur métier.

Wolverhampton était leur première étape après leur mariage. Le Maire en titre semble avoir nourri un préjugé contre tous les acteurs. Il avait fermé le King's Head Yard et avait déclaré avec mépris que « ni le joueur, ni le chiot, ni le singe » ne devaient se produire dans la ville. Après une manifestation populaire, il fut amené à lever ce sévère interdit ; et à Noël 1773, Roger Kemble donnait deux drames de base, *The West Indian* et *The Padlock* . Sarah est apparue pour la première fois sous le nom de Mme Siddons, lors d'un « Bespeak » d'adieu. Une adresse écrite par elle-même et prononcée à cette occasion a été trouvée et publiée par une habitante de Wolverhampton :

Mesdames et Messieurs, mon conjoint et moi

J'ai eu une dispute et je vais vous dire pourquoi.

Il a dit que je devais comparaître ; non, j'ai juré que c'était vrai

Pour vous remercier des faveurs accordées ce soir.

...

Il insista encore et, pour obtenir l'accord,

Je me suis efforcé de me faire un compliment ;

M'a dit que j'étais le favori ici, j'avais régné,

Alors qu'il n'avait reçu que peu ou pas d'applaudissements.

"Écrivez-moi quelques lignes où je pourrai parler et me vanter,

Des poisons, des meurtres, commis au bol ou au poignard ;

Ou laissez-moi, avec mon accent et mon action prête,

Donnez-leur un pinceau, ma chère, de la veuve Brady.

...

D'abord pour un père qui, sur ce terrain d'exposition,

A rencontré une amitié rarement trouvée,

Puisse la Toute-Bonne Puissance nourrir chacune de vos vertus,

La santé, la richesse et le commerce prospèrent à Wolverhampton !

Ce doggrel est presque à égalité avec l'épanchement de M. Siddons envers les dames de Brecon.

L'année suivante, M. et Mme Siddons se dirigèrent vers Cheltenham, alors ville composée d'une seule rue, « au milieu de laquelle coulait un ruisseau d'eau claire, avec des tremplins qui servaient de pont ». Cependant, ses mérites en tant que point d'eau avaient déjà été vantés à l'étranger et certains « gens de qualité » avaient commencé à s'y retrouver. Voyant la pièce de *Venise préservée* annoncée pour représentation au théâtre, certains mondains prirent des billets, espérant être très distraits par la méchanceté de la représentation rustique. L'homme au box-office, qui avait écouté leurs remarques irréfléchies, les rapporta à Mme Siddons, qui devait jouer le rôle de Belvidera. La jeune actrice se sentait oppressée à l'idée de l'épreuve qu'elle allait subir. Toute sa vie, le ridicule fut la seule chose à laquelle la muse tragique ne pouvait pas faire face ; et dès le premier instant, elle fut consciente de l'influence antagoniste de l'une des loges et crut entendre des rires étouffés. Elle quitta le théâtre après la pièce, profondément mortifiée. Le lendemain, M. Siddons rencontra Lord Aylesbury dans la rue, qui s'enquit de la santé de Mme Siddons. Il lui exprima ensuite son admiration pour son jeu de la veille et déclara que les dames de son groupe avaient tellement pleuré qu'elles en avaient mal à la tête. M. Siddons s'est précipité chez lui pour réjouir le cœur de sa femme avec la nouvelle. L'actrice dut à cet incident l'une des plus vraies amitiés de sa vie, car Miss Boyle, la belle-fille de Lord Aylesbury, vint la voir le même jour pour lui exprimer en personne sa joie, et depuis lors ne laissa plus jamais l'intimité s'arrêter. . Cette dame semble avoir possédé des dons artistiques considérables à plusieurs égards, ayant, comme Campbell nous le dit avec beaucoup d'insistance, écrit *An Ode to a Poppy*, qui était considérée comme pleine de mérite à son époque. Ce qui était plus important pour la jeune actrice, cependant, que les qualifications de sa nouvelle amie pour écrire des « odes », c'était sa capacité à confectionner de ses propres mains les costumes de différents rôles et sa générosité à fournir des « propriétés » de sa propre garde-robe. Il y en avait cependant que même l'honorable Miss Boyle ne possédait pas. Pour les vêtements masculins de la veuve Brady, la jeune actrice a constaté le soir de la représentation qu'aucune disposition n'avait été prise. L'histoire raconte qu'un monsieur quitta poliment la loge où il était assis, lui prêta son manteau et resta debout dans les coulisses avec un jupon sur les épaules jusqu'à ce que ses biens lui soient restitués. On ne nous dit pas si cet individu courtois était Lord Aylesbury, mais nous savons qu'il faisait partie du groupe de Miss Boyle.

La fascination particulière du jeu de Mme Siddons à ces débuts était sa simplicité et son pathétique qui, unis à une beauté et une puissance d'expression remarquables, ont conquis le cœur de tous les publics rustiques. Son talent, cependant, semble avoir été singulièrement immature, compte tenu de la pratique continuelle dont elle avait bénéficié, presque dès son berceau, dans les affaires scéniques. Rachel atteignit le sommet de son pouvoir à dix-sept ans, Mme Siddons seulement à trente ans. Elle l'avouera elle-même plus tard, dans le récit qu'elle fait de sa première lecture de *Macbeth* : « N'ayant alors que vingt ans, je croyais, comme beaucoup d'autres le croient, qu'il ne fallait guère plus que de me mettre les mots dans la tête ; car la nécessité de discernement et le développement du caractère, à cette époque de ma vie, étaient à peine entrés dans mon imagination.

Cependant, le pouvoir de faire pleurer était déjà en elle, et des rumeurs sur le charme et la beauté de la jeune actrice s'étaient répandues jusqu'à Londres, atteignant même les oreilles du grand Garrick lui-même. Mme Siddons nous dit, dans ses souvenirs autographes : « M. King, sur ordre de M. Garrick, qui avait entendu parler de moi par la famille Aylesbury, est venu à Cheltenham pour me voir à la *Fair Penitent*. Je ne connaissais ni M. King ni son objectif à l'époque. Elle ne connaissait pas non plus le deuxième émissaire que Garrick envoya, le révérend Henry Bate, qui en 1781 prit le nom de Dudley, et fut ensuite nommé chanoine et baronnet ; un ecclésiastique meurtrier et musclé de la vieille école, qui se battait en duel un moment et écrivait des articles « tranchants » sur tous les sujets, « humains et divins », le lendemain. Il était bien connu comme censeur de théâtre et critique d'une grande perspicacité. On le connaît grâce au portrait de Gainsborough, debout dans un jardin avec son chien. On raconte qu'un opposant politique a fait remarquer que l'homme voulait « être exécuté » et le chien « pendu ». Nous trouvons Garrick l'envoyant continuellement faire des courses théâtrales. Nous donnons les lettres qu'il a écrites sur Mme Siddons presque dans leur intégralité, en raison de leur humour suranné caractéristique et de leur finesse d'observation ; et aussi parce qu'ils exonèrent, dans une certaine mesure, Garrick de certaines des accusations portées contre lui par Mme Siddons : —

MON CHER AMI ,

Après avoir combattu les diverses difficultés d'un des carrefours les plus difficiles de ce royaume, nous sommes arrivés sains et saufs à Cheltenham jeudi dernier, et avons vu l'héroïne théâtrale de cet endroit dans le personnage de Rosalind. Bien que je l'aie vue depuis l'aile latérale de la scène (une grange à environ trois mètres de là), et par conséquent dans presque tous les désavantages, j'avoue qu'elle m'a fait une si forte impression que je pense qu'elle ne peut manquer d'être une acquisition précieuse pour Drury lane. Sa silhouette doit être remarquablement belle, bien que gâchée pour le moment. Son visage (si je pouvais en juger d'où je l'ai vu) est l'un des plus beaux pour l'effet scénique que j'ai jamais vu, mais je vous surprendrai davantage lorsque je vous assurerai que cela n'a rien à voir avec son action et son comportement général sur scène. qui sont remarquablement agréables et caractéristiques ; enfin je ne connais aucune femme qui marque les différents passages et transitions avec autant de variété et en même temps de justesse d'expression. Dans la dernière scène de fumisterie avec Orlando avant qu'elle ne se révèle, elle en a fait plus que quiconque que j'ai jamais vu, pas même votre divine Mme Barry à l'exception. Il faut cependant, après ce panégyrique, vous dire que sa voix m'a paru d'abord assez dissonante, et je crois, d'après la conversation privée que j'ai eue avec elle, que dans les scènes passionnées, elle doit être un peu irritante ; cependant, comme je l'ai trouvé s'user à mesure que l'affaire devenait plus intéressante, j'incline à penser que ce n'est qu'une erreur d'affectation, qui peut être corrigée, sinon totalement supprimée. Elle m'a informé qu'elle était sur scène depuis son berceau. Ceci, bien que cela m'ait surpris, m'a donné la plus haute opinion de son jugement, de constater qu'elle n'avait contracté aucune habitude de flânerie, qui a si souvent été le fléau de plus d'un génie théâtral. Elle vous sera certainement d'une grande utilité, en tout cas, à cause du grand nombre de personnages qu'elle incarne, qu'elle remplit tous, j'oserais l'affirmer, de convenance, quoique je ne l'aie encore vue que dans un seul endroit. . Elle est, comme vous l'avez appris, une très bonne silhouette et joue admirablement dans *Widow Brady* , m'a-t-on dit. Je ne devrais pas m'étonner, à en juger par son aisance, sa silhouette et ses manières, si elle a fait trembler la *plus fière* des deux maisons dans une comédie distinguée - et même, méfiez-vous, *Great Little Man* , car elle joue Hamlet à la satisfaction des critiques du Worcestershire.

Dès que la pièce fut terminée, j'écrivis une note à son mari (qui est un foutu joueur coquin, bien qu'apparemment très courtois) pour lui demander une entrevue avec lui et sa femme, lui indiquant en même temps la nature de mes affaires. Vous ne me blâmerez pas d'avoir fait cette marche forcée en votre faveur, puisque j'ai appris que quelques Mohawks de Covent Garden étaient retranchés près de l'endroit et comptaient l'emporter par surprise. À la fin de la farce, ils m'ont attendu et, après que j'ai ouvert ma commission, elle s'est déclarée heureuse de l'occasion d'être présentée sous vos yeux, mais a refusé de proposer des conditions, vous laissant entièrement le soin de la récompenser comme tu as pensé que c'était approprié.

Vous remarquerez qu'à présent elle a toute cette méfiance qui est habituellement la première à accorder au mérite ; Je ne peux pas dire dans combien de temps la force des exemples de Drury Lane, ajoutée à la vanité naissante d'une héroïne de théâtre, pourra la transformer. Il arrive très heureusement que la compagnie vient à Worcester pour la semaine des courses, alors je profite de chaque occasion de la voir, et si je trouve la moindre raison de modifier mon opinion (peut-être formée trop hâtivement), vous me ferez immédiatement rétracter. Ma femme, dont j'ai une haute opinion du jugement en matière de théâtre, se joint à moi dans ces sentiments sur son mérite. J'aurais dû t'écrire avant, mais aucun message n'est sorti d'ici, sauf celui de cette nuit.

J'attendrai de vos nouvelles d'ici le retour du courrier, car Siddons m'appellera pour savoir si vous la considérez comme fiancée. Ma femme se joint à moi pour saluer Mme Garrick et vous-même. Je reste, mon cher Monsieur (après avoir écrit à la hâte un foutu jargon, je suppose, de trucs inintelligibles),

Toujours à vous,

H. BATE .

Worcester, 12 août 1775.

PS—Directement vers moi au « Hop Pole ».

À David Garrick, Esq., Adelphi, Londres.

Worcester, le 19 août 1775.

Mon cher ami,

J'ai reçu votre lettre très amicale, et prends le premier courrier d'ici pour y répondre. J'ai trouvé inutile de faire l'information que vous désiriez au *mari* , puisqu'il demande seulement à être employé de la manière que vous jugerez appropriée ; et comme il est beaucoup plus tolérable que je ne le pensais d'abord, il ne sera peut-être pas très difficile de le placer de manière à satisfaire l'homme, sans alourdir la propriété. Je l'ai vu l'autre soir dans Young Marlow dans Goldsmith's Comedy, et puis il était loin d'être méprisable ; ni sa silhouette ni son visage méprisables. Une jalousie régnant dans le théâtre, soupçonné de les avoir quittés, le directeur par intérim semble déterminé à ce que je ne la reverrai plus dans un personnage dans lequel elle pourrait me donner une seconde démonstration de ses pouvoirs théâtraux. Je suis cependant résolu à continuer le siège jusqu'à ce qu'ils lui donnent quelque chose de capital, sachant *que cela* doit arriver rapidement, ou que la garnison tombera par la famine.

Elle est déjà partie depuis *six mois* , de sorte qu'au début de décembre elle sera apte au service ; comme vous avez certainement l'intention d'ouvrir la campagne qui va suivre, en chargeant en personne à la tête de vos lignes, je conçois qu'elle viendra à une crise très favorable pour prendre un second commandement, lorsque la retraite du champ de bataille pourra être politiquement nécessaire. Je suis fortement pour sa première apparition dans *Rosalind* ; mais vous pourrez peut-être mieux juger, après avoir lu la liste de l'autre côté ; les caractères marqués sous [en *italique*] sont ceux qu'elle préfère aux autres :—

- Jane Shore.

- *Alicia.*

- Roxane.

- *Fille grecque.*

- Mathilde.

- *Belvidera.*

- Caliste.

- Monimie.

- Juliette.

- Cordélia.

- Horatie.

- Imogène.

- Marianne.

- *Dame Townley.*

- *Portia.*

- Mme Belville.

- Violante.

- *Rosalinde.*

- Mme Strickland.

- Clarinde.

- Mlle Aubrey.

- Charlotte.

- *Veuve Brady.*

Vous avez certainement raison concernant un mémorandum entre vous ; Dès que j'en recevrai une de votre part, elle leur sera transmise à Cheltenham, où ils reviendront la semaine prochaine, et ils ont promis de me rendre une réponse immédiatement à Birmingham, pour quel endroit je partirai dès que j'aurai J'ai reçu votre lettre de quelque manière que ce soit en ville, afin de conclure définitivement cette affaire et à la satisfaction de toutes les parties. Je suis prié de demander votre réponse aux trois précisions suivantes : -

1er. Puisqu'ils sont prêts à assister à votre convocation à tout moment, ne leur permettra-t-il pas de subsister de quelque chose lorsqu'ils viendront en ville avant son apparition ?

2ème. Avez vous des objections à l'employer dans une situation dans laquelle vous pensez qu'il est susceptible d'être « utile » ?

3ème. Quand avez-vous choisi qu'ils devraient vous assister ?

Quant à la première, sans que vous soyez enclin à les avoir à l'ouverture de la maison, peut-être que le fait qu'elle reste à la campagne, en leur compagnie, où ils se portent très bien, vous soulagera peut-être de quelques dépenses ; mais c'est vous qui devez être le meilleur juge. En ce qui concerne lui, je pense que vous ne pouvez avoir aucune objection à l'accepter aux conditions qu'il propose lui-même. J'ai oublié de vous dire que Mme Siddons a environ vingt ans. Il serait injuste de ne pas remarquer une circonstance en faveur des deux ; Je veux dire le bon caractère universel qu'ils ont conservé ici pendant de nombreuses années, en raison de leur conduite publique aussi bien que privée. Je vous prie d'être très précis dans votre réponse aux trois questions, et aussi de mentionner expressément l'heure à laquelle vous désirez les voir, afin qu'ils puissent arranger leurs petites affaires en conséquence.

Dans un *post-scriptum*, il ajoute :

C'est l'étude rapide la plus extraordinaire dont j'ai jamais entendu parler. Cela ne peut pas être un problème, car, si je me souviens bien, nous avons déjà un nombre suffisant de *têtes de plomb* à D. Lane.

Viennent ensuite des lettres de Siddons, en réponse à certaines de Bate, concluant des fiançailles. On voit l'inquiétude tremblante du jeune couple. «Ils étaient très inquiets», dit-il, «de ne pas avoir entendu plus tôt», car d'après la ligne qu'il lui avait montrée de la main de M. Garrick, il avait été sûr des fiançailles de Mme Siddons. En conséquence, ils avaient informé ses associés de direction de Cheltenham de son intention de partir ; Par conséquent, si quelque chose s'était produit pour empêcher leurs fiançailles, cela aurait été « une circonstance très malheureuse ». Il aborde ensuite un point très nécessaire : leur besoin urgent d'argent pour les aider à surmonter l'accouchement prévu de Mme Siddons. "M. Garrick, dit-il, s'est conféré une obligation éternelle par son aimable offre d'argent.

Dans sa lettre suivante, datée de Gloucester, le 9 novembre 1775, il écrit : « D'après mes anciens récits du temps de Mme Siddons, vous serez surpris lorsque je vous dirai qu'elle est mise au lit ; elle est tombée malade de façon inattendue alors qu'elle jouait sur scène, et tôt le lendemain matin, elle m'a donné une brave fille. Dieu merci, ils ont toutes les chances de réussir ; mais je crains, monsieur, malgré cela, de ne pas pouvoir partir beaucoup plus tôt que l'heure que j'ai mentionnée la dernière fois. Il fait ensuite allusion aux vingt livres empruntées au nom de Garrick pour répondre à des demandes pressantes.

Cette « belle fille » était Sarah, la fille de Mme Siddons, dont la mort prématurée a failli briser le cœur de sa mère.

CHAPITRE III.
"DAVEY."

«Avez-vous déjà entendu parler», demanda Garrick, dans une lettre inédite à Moody, alors à Liverpool, «d'une femme Siddons, qui se promène quelque part près de chez vous?» Quatre mois plus tard, grâce au rapport favorable du révérend Henry Bate sur ses pouvoirs, elle fit sa première apparition à Drury Lane. Les portes dorées du Temple de la renommée ont été ouvertes. La jeune prêtresse n'avait qu'à entrer, aurait-on cru, et à allumer la flamme sacrée ; mais le génie ne doit pas être limité par l'opportunité ou l'opportunité.

C'est en 1775, l'année où Garrick abandonna la direction, que Mme Siddons apparut au conseil d'administration de Drury Lane. Elle avait atteint le point culminant de son ambition : elle devait jouer avec le plus grand acteur de son temps devant un public dramatique rendu exigeant et critique par les grandes traditions.

C'est la partie la plus malheureuse de sa vie à raconter. L'échec et la déception accompagnaient chaque pas qu'elle faisait ; et cet échec et cette déception, bien qu'ils ne l'aient pas du tout découragé dans la poursuite de son art, l'ont précipitée dans une amertume et un injuste sentiment de rancune contre Garrick, qu'un examen des circonstances de l'affaire ne justifie en aucun cas. L'une des faiblesses de Kemble était une sensibilité orgueilleuse à tout ce qui ressemblait à la négligence ou à la négligence, et ces affronts étaient le plus souvent des fantômes de leur propre imagination.

Cela donne un triste sentiment d'injustice de voir l'accusation de jalousie qu'elle porte ouvertement répétée par le premier biographe qui a écrit sur elle - alors que nous, qui avons une lumière plus complète jetée sur la vie du grand acteur par la publication de sa correspondance, savons à quel point il était issu des péchés tenaces de son métier. Pour être populaire, un homme doit avoir les défauts de ceux parmi lesquels il est placé. Garrick était traité d'avare parce qu'il ne jetait pas son argent comme ses collègues ; raide, parce qu'il était un homme moral au milieu d'un laxisme des manières devenu proverbial ; jaloux, car il plaçait l'honneur de son art et de son théâtre au-dessus des considérations personnelles. Il était un objet d'envie en raison de son succès sans précédent. Les deux nuages qui cachaient la noblesse de son caractère, l'amour de l'argent et l'amour des bons amis, s'évanouissaient comme des brumes au soleil s'il était réellement appelé à aider un cas de détresse ou à prêter attention à un vieil ami. Ces défauts ont cependant été soulignés par Johnson, Foote et une foule d'autres. Garrick pourrait bien, le soir de ses jours, assis sur la terrasse de sa maison à Twickenham, faire l'amère observation, pour lui : « Je n'ai pas toujours rencontré de gratitude dans une salle de spectacle. »

C'était sans doute à l'époque un baume à la déception de Mme Siddons d'entendre l'insinuation spécieuse de M. Sheridan sur la jalousie de Garrick ; mais c'est un fait curieux, si Sheridan était sincère dans ses déclarations, que lorsqu'il succéda à Garrick comme directeur, il n'essaya jamais de la réengager ; au contraire, il a brusquement et discourtoisement mis fin à toutes les négociations et annulé tous les accords conclus avec l'actrice et son mari pour une réapparition à Drury Lane.

Nous permettrons cependant au lecteur de juger l'histoire selon ses propres mérites.

Après les rapports favorables de King et de Bate, Garrick, comme nous l'avons vu par les lettres de Bate, engagea Mme Siddons et son mari. L'énergie qui la distingua ensuite à un degré si extraordinaire était maintenant manifestée.

Bien qu'elle ne soit pas du tout forte (sa fille aînée et son deuxième enfant, comme nous l'avons vu, n'étant née que le 5 novembre 1775), elle commença au début du mois de décembre à préparer son voyage à Londres, ce qui n'était pas une plaisanterie à l'époque. alors que, « partant deux heures avant le jour, ou aussi tard dans la nuit », il lui fallait trois jours pour atteindre Bristol.

Cinq jours, nous dit Mme Delaney, en empruntant la même route que les Siddons devaient maintenant affronter, il fallut pour atteindre la maison de son père dans le Gloucestershire. « Toutes les demi-heures, nous nous retrouvions dans un bourbier, non pas renversés, mais coincés. Nous avons été tirés et la voiture a été remise en place avec beaucoup de difficulté.

Mais pleine d'espoir et d'enthousiasme, la jeune actrice, accompagnée de son mari et de ses bébés, se préparait pour leur expédition. Aucun pèlerin s'approchant du sanctuaire de La Mecque n'a jamais été plus enthousiaste qu'elle s'approchant du lieu de tous les acteurs de l'époque, Drury Lane. Mais déjà, à travers toute sa joie, on entend une note d'insatisfaction qui déplaît. Garrick s'était arrangé pour lui donner cinq livres par semaine, un salaire magnifique pour un débutant à l'époque. Mme Abington et Mme Yates n'en ont reçu que dix. Elle avait entendu l'accusation d'avarice portée contre lui et, tel un perroquet, elle l'avait répété, sans vraiment se demander si dans son propre cas c'était vrai.

Nous raconterons cependant l'histoire avec ses propres mots, tirés de Souvenirs écrits plusieurs années après, mais pleins d'autant d'amertume que s'ils étaient écrits sous son revers encore cuisant.

«Heureux d'être placé là où j'ai présomptueusement auguré que je ferais tout ce que j'ai accompli depuis, si seulement je pouvais en saisir l'occasion, j'ai immédiatement rendu hommage au grand homme. J'étais alors beau ; et certainement, tout bien considéré, une actrice qui vaut bien mes pauvres cinq livres par semaine. Ses louanges m'ont été très généreusement accordées. Campbell nous dit qu'il l'a complimentée dans cette interview pour ne pas avoir le « tie-tum-tie » ou le chant habituel de l'actrice provinciale. «Mais», poursuit-elle, «ses attentions, aussi grandes et incessantes qu'elles aient été, ont abouti à pire que rien. Comment toute cette admiration devait-elle être expliquée de manière cohérente avec sa conduite ultérieure ? Pourquoi, ainsi, je crois : il se retirait de la direction de Drury Lane et, je suppose, souhaitait à ce moment-là se laver les mains de toutes les préoccupations et de tous les détails. Quoi qu'il en soit, il s'est toujours opposé à mon apparition dans un personnage très important, me disant que Mme Yates et Miss Young m'empoisonneraient si je le faisais. Bien sûr, je le considérais non seulement comme un oracle, mais aussi comme mon ami ; et, à la suite de ses conseils, Portia, dans le *Marchand de Venise*, fut choisie pour mes *débuts*, personnage dans lequel il n'était pas probable que je susciterais une grande sensation. *J'étais donc simplement toléré.* »

Nous nous permettons ici de mentionner qu'il est difficilement exact que Mme Siddons pensait qu'elle ne ferait aucune impression dans Portia, car elle avait souligné Portia dans la liste qu'elle avait donnée à M. Bate de ses parties préférées, et nous la voyons la choisir plus tard comme le personnage dans lequel apparaître devant Horace Walpole lorsqu'on veut apaiser le critique impitoyable. Mais nous continuerons à raconter la malheureuse histoire de cette période avec ses propres mots.

« L'adulation totale qui courtisait Garrick au théâtre ne peut être imaginée ; et quiconque était le malheureux qui devait être honoré par ses sourires distingués et enviés devenait bien sûr un objet de méchanceté et de malveillance. Je n'imaginais pas que j'étais moi-même désormais cette misérable victime. Il me passait parfois de mon propre siège dans le salon vert pour me placer à côté du sien... Lui aussi, poursuit-elle, m'a choisi pour incarner Vénus à la reprise du *Jubilé*. Cela m'a valu le surnom malveillant de « Vénus » de Garrick, et les dames qui me l'ont si gentiment accordé se sont précipitées devant moi dans la dernière scène, de sorte que s'il (M. Garrick) ne nous avait pas amenés avec lui de ses propres mains, , mon petit Cupidon et moi-même, dont les situations désignées étaient sur le devant de la scène, aurions tout aussi bien pu être dans l'île de Paphos à ce moment-là.

Thomas Dibdin, l'Amour à cette occasion, dit ensuite à Campbell que, comme il lui fallait sourire en tant que divinité, Mme Siddons le maintenait de bonne humeur en lui demandant quelle sorte de dragées il préférait : et lui en promettant une grande quantité. Après la représentation, elle a tenu parole. C'est un trait caractéristique ; la plupart des jeunes actrices, dans ces circonstances, auraient été plutôt préoccupées de l'effet de leur propre beauté sur le public que des sourires de leurs Amours.

Enfin arriva le jour où son sort allait se décider. C'était la semaine de Noël 1775, et le public présent est décrit comme « nombreux et splendide ».

Ce qui suit est une copie de l'affiche de jeu : -

(Pas joué ces deux années.)
Par la Compagnie de Sa Majesté au Théâtre Royal de Drury Lane. Cette journée sera jouée

LE MARCHAND DE VENICE.

Shylock	M. KING .
Antoine	M. REDDISH .
Gratien	M. DODD .
Lorenzo (avec des chansons)	M. VERNON .

etc. etc.

Puis Jessica (avec une chanson)	Mlle JARRETT .
Nérissa	Mme DAVIES .

Portia, par une jeune femme (sa première apparition).

Le résultat peut être mieux connu par le jugement des critiques des journaux. L'un d'entre eux dit : « Devant nous chancelait plutôt que marchait une jeune créature très jolie, délicate et d'apparence fragile, vêtue d'une manière très inconvenante, avec un sac et un manteau couleur saumon délavé, et ne sachant pas où fixer ses yeux ou ses yeux. pieds. Elle parlait d'un ton brisé et tremblant ; et à la fin de chaque phrase, sa voix s'enfonçait dans un « murmure horrible » presque inaudible. Après sa première sortie, le jugement de la fosse fut unanime quant à sa beauté, mais la déclara maladroite et provinciale.

Dans la célèbre scène du Procès, elle reprit courage et prononça le grand discours devant Shylock avec « une convenance critique », mais avec une faiblesse dans l'élocution qui semblait être le résultat d'une faiblesse physique plutôt que d'un manque d'esprit ou de sentiments. Un autre journal, qui « comprit que la nouvelle Portia avait été l'héroïne d'une de ces petites soirées de comédiens ambulants qui errent à travers le pays », avoua qu'elle avait une belle figure de théâtre ; ses traits étaient expressifs ; elle était d'une grâce inhabituelle ; mais sa voix manquait de variété de ton et de clarté. Cela pourrait cependant être l'effet d'un rhume ou d'une nervosité. Ses paroles ont été prononcées avec bon sens et bon goût, mais il n'y avait ni feu ni esprit dans la performance. « Rien, conclut le critique, n'est aussi dépourvu de profit ou de renommée qu'une froide correction. »

Connaissant l'échec de Kemble en matière de surétude et de retenue, cela semble une critique assez juste. Elle représenta Portia à nouveau quelques nuits plus tard, mais son nom n'apparaissait pas sur les factures. Elle a fait preuve de plus d'assurance, et a un peu mieux réussi, mais ne semble pas avoir conquis son public.

Garrick était à cette époque employé à monter un abrégé par Colman de *l'Epicœne de Ben Jonson*, et se fiant, concluons-nous, à la déclaration de son ami M. Bate, selon laquelle la *débutante* avait « une très bonne silhouette en culotte », il la choisit pour le rôle de l'héroïne. Le résultat fut un échec. Les critiques se sont plaints de « la confusion, lorsque Mme Siddons, déguisée dans la pièce en femme, s'est révélée à la fin comme un garçon ». Le *Morning Post*, édité par Parson Bate, fut le seul journal à se prononcer en faveur de cette tentative.

Le rôle suivant dans lequel elle fut placée fut celui de ce même Bate, *The Blackamoor White-washed*. Nous pouvons voir comment Garrick a été contraint par les exigences de ses obligations envers Bate de mettre cette pièce sur scène ; la seule erreur qu'il fit fut de soumettre la jeune actrice aux risques et aux chances de la première représentation, qui, à cause de la plume tranchante et des poings vigoureux de son auteur, ne devait pas être reçue avec une approbation sans mélange. Malheureusement, il ne comprit pas la fière timidité de la jeune fille à qui il avait confié cette tâche. Ses autres dames ne craignaient pas une rebuffade et feraient n'importe quoi pour un critique qui les féliciterait, comme M. Bate avait fait l'éloge de « Portia ». Quant à une émeute théâtrale, ils en jouissaient plutôt que autrement, si elle ne se retournait pas contre eux personnellement. Même si elle a eu droit à de nombreuses personnes par la suite, Mme Siddons n'a jamais oublié cette première expérience. Une bande de combattants, censés être des partisans du pasteur, fit irruption dans la fosse et, frappant à droite et à gauche, fit taire les détracteurs potentiels de la pièce. La nuit suivante, les deux camps se rassemblèrent en force et la scène défia toute description. Les officiers dans les loges combattaient avec les messieurs de la fosse et des galeries. Les dames furent chassées des loges, les laissant en possession des combattants. Garrick, qui semblait essayer d'apaiser la foule, se fit lancer une orange et une bougie allumée passa près de King, qui venait de la part de l'auteur pour annoncer le retrait de la pièce. Même cette déclaration n'a eu pour effet de rétablir le calme qu'après minuit, lorsque, lassés de leurs efforts, les émeutiers se sont dispersés. Le lendemain, tous les journaux injurièrent la Julia de l'article, à qui on n'avait pas laissé la chance de se faire entendre. "Mme. Siddons, n'ayant aucune comédie dans sa nature, dit l'un d'eux, a rendu ce ridicule que l'auteur voulait évidemment plaisanter.

Le 15 février, Garrick la laissa de nouveau comparaître ; cette fois dans Mrs. Cowley's *Runaway* — un rôle léger mais révélateur, qui fit dire à l'un de ses critiques qu'elle tombait dans la gentlewoman ambulante et qu'elle n'avait pas le droit de faire une longue promenade avant de devenir la « Runaway ». Garrick lui fit alors le compliment de lui confier le rôle de Mme Strickland à son Ranger dans la vieille comédie du *Mari suspect*. Une dame avoue avoir été émue aux larmes par Mme Siddons dans cette partie, mais la majorité du public et les journaux semblent l'avoir ignorée dans un silence complet.

Garrick commença alors ses représentations d'adieu. Il la choisit pour jouer le rôle de Lady Anne auprès de son Richard III, choix qui était un honneur convoité par la plupart des dames de la compagnie. L'acteur a dépassé ses plus beaux jours ; la jeune actrice était presque pétrifiée par la férocité et le feu de son regard. Elle oublia, dans son agitation, son ordre important de se lever pour que *son* visage puisse être présenté au public. Le regard qu'elle reçut la fit presque s'évanouir de terreur et trahit sans doute sa frayeur dans son jeu. Les critiques la qualifièrent de « lamentable » et le public resta complètement indifférent. C'était sa dernière apparition. C'est ainsi que s'est terminée sa première saison désastreuse à Drury Lane. Nous pensons que toute personne impartiale qui lira le récit absoudra entièrement Garrick des accusations portées contre lui. D'autres causes étaient à l'œuvre que l'actrice offensée n'a pas prise en considération.

Garrick ne pouvait pas pardonner la grossièreté et le manque de finition. Lui-même était monté sur la scène londonienne avec autant d'aisance naturelle, notamment dans sa représentation de Richard III. avait pris la ville d'assaut aussi complètement la première fois que la dernière fois qu'il l'avait fait. Il ne faisait jamais de concession à la timidité et s'impatientait par manque de confiance. Nous savons qu'il était complètement désespéré de Mme Graham, plus tard la grande Mme Yates, lorsqu'il l'a vue pour la première fois dans le rôle de Marcia ; et Miss Barton, puis Mme Abington, il l'autorisa d'abord à quitter Drury Lane parce qu'il ne pouvait pas, dit-il, lui donner un rôle convenable. Le génie Kemble, en revanche, était une plante à croissance lente, nécessitant beaucoup de culture et de nombreuses années pour parvenir à la perfection.

Garrick était avant tout un directeur qui avait à cœur l'honneur de son théâtre. Il avait occupé la tête de Drury Lane pendant des années, guidant la fortune de la compagnie à travers les eaux tumultueuses en toute sécurité jusqu'au havre d'une réussite financière et artistique telle qu'aucun théâtre n'en avait jamais connu auparavant ; mais à quel prix ! Tourmenté par les jalousies, l'insolence et l'avidité de ses principales dames, découragé par l'envie et la trahison de ses plus vieux amis, il a dû être heureux d'envisager de se retirer de la tourmente, de jouir sans être dérangé des compétences qu'il avait pu sauver d'un longue vie passée au service de son art et du public. Il ne lui restait plus qu'un an de servitude, mais le harnais commençait à devenir presque insupportable. Quand il rentrait chez lui malade et épuisé après de longues répétitions, il trouvait des lettres irritantes auxquelles il fallait répondre, quand il retournait au théâtre des attaques hostiles à éviter, tandis qu'à l'extérieur étaient rangés secrets et déclarés ennemis, jaloux de son succès, soucieux de retrouver un défaut dans son honneur ou dans son génie. Soudain, il pensa à une méthode, essayée auparavant avec succès, pour freiner le caractère ardent des dames de « son royaume ». Il avait entendu parler d'une charmante jeune actrice, membre d'une troupe ambulante en province. Il a décidé de l'engager et de l'utiliser comme un repoussoir contre les membres rebelles de son personnel féminin, pendant la dernière année de son mandat. Il était peu probable que, venant d'un milieu humble et d'un travail acharné, elle l'affligeât de tant d'airs et de grâces ; et avant qu'on lui ait donné le temps de la gâter, son mandat de directeur aurait pris fin. Garrick n'avait jamais eu beaucoup de raisons d'avoir une haute opinion des femmes au cours de sa longue vie d'acteur – à l'exception de sa propre femme – et il plaçait très probablement Sarah Siddons sur le même plan que les autres – sordides, comme Miss Pope ; jaloux, comme Mme Yates ; ou de mauvaise humeur, comme Mme Clive, capable de prendre soin d'elle-même et non douée de ces deux qualités rares parmi les dames de théâtre, la modestie ou la sensibilité. Comment pouvait-il deviner, même avec toute sa perspicacité et toute son expérience, que cette jeune créature, dont la vie jusqu'alors s'était déroulée à flâner de lieu en lieu avec les vagabonds et les aventuriers que son métier lui donnait, était fière, sensible, timide, nourrissant le même idéal le plus élevé de son art, et indifférente à tout hommage rendu à sa personne et non à sa puissance intellectuelle d'interpréter les œuvres des grands poètes de son pays ? Comment pouvait-il deviner que sous les jolis dehors de cette jeune et tremblante recrue se cachait l'âme fougueuse de la majestueuse et terrible Lady Macbeth ? Il la traitait avec une considération et une courtoisie inhabituelles même chez lui, lui envoyant des loges pour toutes ses grandes performances, lorsque les ministres imploraient des places et devaient être refusées. Il la remettrait du salon et la mettrait à la place d'honneur à côté de lui ; et lui donna des rôles qui, selon son jugement, formés à la hâte sur ce qu'il avait eu l'occasion de voir, lui convenaient le mieux. Et comment a-t-il été récompensé ? Par un ressentiment nourri toute sa vie, et par une accusation constamment répétée par ses amis, selon laquelle la grande « Roscius » était jalouse d'une actrice country sans talent ni formation ! Pourquoi, alors, n'avait-il pas montré de jalousie envers Mme Abington, Mme Clive ou, plus encore, envers les messieurs de sa compagnie, Barry et Smith, les Roméo et Charles Surface de leur époque. Il y a si peu de personnages dans la vie publique aussi complets et admirables que celui de David Garrick, si loin au-dessus de la mesquinerie et de l'égoïsme qui accompagnent le succès, que c'est avec douleur que nous lisons les accusations de Mme Siddons et pensons que la seule façon de l'excuser est de montrer le l'angoisse éprouvée par son mari et elle-même dans la misérable suite de la triste histoire d'échec et de déception, et d'attribuer son injustice à la misère de vies amères et de perspectives gâchées, pour l'époque, lui faisant toujours voir par la suite les faits de l'affaire. à travers un médium déformé. Nous raconterons dans ses propres mots ce qui se passa alors :

« Il (Garrick) a promis à M. Siddons de me procurer un bon engagement auprès des nouveaux directeurs, et lui a demandé de ne pas s'inquiéter à ce sujet, mais de remettre ma cause entièrement entre ses mains. Il me laissa tomber cependant, après toutes ces protestations, de la manière la plus humiliante, et, au lieu de me rendre justice à ces messieurs, il déprécia un peu mes talents. C'est ce que M. Sheridan m'a dit plus tard ; et a déclaré que lorsque Mme Abington avait entendu parler de mon licenciement imminent, elle leur avait dit qu'ils se comportaient tous comme des imbéciles. Une fois la saison londonienne terminée, je m'engageai à Birmingham pour l'été suivant, ne doutant guère de mon retour à Drury Lane pour l'hiver suivant ; mais, tandis que j'accomplissais mon engagement à Birmingham, à mon grand désarroi et à mon grand étonnement, je reçus une lettre officielle du souffleur de Drury Lane, m'informant que mes services ne seraient plus nécessaires. Ce fut un coup stupéfiant et cruel, qui anéantit tous mes ambitieux espoirs et mettait en péril même la subsistance de mes enfants sans défense. C'était très près de me détruire. En effet, mes perspectives désastreuses provoquaient un état d'esprit qui mettait à mal ma santé, et pendant un an et demi, j'étais censé me précipiter vers un déclin. Cependant, pour le bien de mes pauvres enfants, je me suis réveillé pour me débarrasser de ce découragement, et mes efforts ont été couronnés de succès, *malgré la dégradation que j'avais subie en étant banni de Drury Lane en tant que candidat sans valeur à la gloire et à la fortune . »*

Siddons écrivit piteusement à Garrick le 9 février 1776, sollicitant son « amitié » et ses « efforts » pour leur maintien à Drury Lane. « J'estime que nous avons été doublement malheureux à nos débuts au théâtre : d'abord, des circonstances particulières nous ont empêchés de nous y joindre au moment opportun, et nous ont ainsi rendu impossible de nous mêler aux affaires de la saison, où notre utilité pourrait être utile. ont été plus observés; deuxièmement, que nous allons être privés de vous comme directeur, et laissés à ceux qui, peut-être, n'auront peut-être pas l'occasion cet hiver de nous observer du tout : ces considérations, Monsieur, ont motivé cette adresse, dans l'espoir que vous poserez devant M. Lacy et ces messieurs vos successeurs ; et comme il n'y a pas eu d'accord entre vous et nous sur le salaire, il faudra peut-être maintenant proposer cet article, pour leur faire connaître ainsi ce à quoi nous nous attendons, ce qui (comme nous sommes si jeunes au théâtre) n'est plus que ce avec quoi nous pouvons décemment subsister et faire honneur à la profession. Autrement dit, pour Mme Siddons, trois livres par semaine, pour moi deux ; cela, je me flatte, nous en serons tous les deux dignes pour la première année ; après cela (car on peut présumer que nous serons plus expérimentés dans notre métier) nous souhaiterons nous élever selon nos mérites. Je suis, Monsieur, avec toutes mes excuses pour cette liberté, votre très obéissant et très humble serviteur, WM. SIDDONS .

Cela montre à quel point l'effet de son jeu d'acteur a dû être désastreux : malgré la petitesse de leurs demandes, Lacy, Sheridan & Co. a refusé d'accepter leur proposition.

C'est un fait curieux, si, comme elle le dit, le traitement qu'elle a reçu de la part de Garrick était injuste, qu'à ce moment-là les directeurs du théâtre rival de Covent Garden, qui avaient déjà signé un traité avec elle et se croyaient traités injustement. avec quand Garrick l'a sécurisée, ne s'est pas manifesté maintenant. Il est clair que l'inquiétude des directeurs de Covent Garden quant à son aide a été éteinte par sa performance ; ces talents qu'ils étaient prêts avant son apparition à contester avec Garrick, ils ont ensuite renoncé sans effort à l'obscurité d'une compagnie ambulante. Nous avons un corollaire curieux à sa déclaration, « que Mme Abington leur a dit qu'ils se comportaient tous comme des imbéciles », dans les Mémoires de Crabbe Robinson récemment publiés, dans lesquels il raconte une conversation qu'il a eue en 1811 avec Mme Abington sur le sujet. de Mme Siddons. Elle n'était en aucun cas chaleureuse, dit-il, dans ses éloges. Elle s'est opposée à l'accent mis sur des mots très insignifiants. "C'est eux qui l'ont apporté", a-t-elle ajouté avec vérité, faisant allusion à la faiblesse de la famille. Peut-être que les éloges de la belle Abington furent au début un signe d'échec aussi concluant que le licenciement de Sheridan.

Le bon enfant Pivey Clive était plus honnête en ne disant rien à ce moment-là ; mais en allant la voir plus tard avec Mme Garrick, alors qu'elle était à l'apogée de son succès, elle déclara que la jeune actrice, à sa façon caractéristique, était « toute vérité et lumière du jour ».

Nous n'entendons plus jamais le nom de Garrick mentionné avec le sien, sauf dans une note relative à deux in-folio Shakespeare de 1623. « En 1776, dit Payne Collier, Garrick avait présenté le volume (l'un des exemplaires in-folio avec les autographes de David Garrick et Sarah Siddons) à Mme Siddons comme témoignage de ses mérites et de son obligation. Jusqu'à présent, Payne Collier. Un autre auteur, commentant cette note, démontre qu'il est peu probable que Garrick ait présenté à Mme Siddons un trésor aussi grand que le folio Shakespeare de 1623, d'autant plus que les mots « un témoignage de ses mérites et de son obligation » étaient un ajout de Payne Collier. Il raconte ensuite les circonstances de sa première comparution. Garrick, dit-il, entre autres choses, a remarqué un mouvement maladroit de ses bras et a déclaré que « si elle les agitait de cette façon, elle lui ferait tomber sa perruque », ce à quoi elle a rétorqué à la personne qui lui avait dit : « Il était j'avais seulement peur de lui cacher le nez. Un sentiment mutuel peu susceptible de déboucher sur un tel cadeau. Il serait donc intéressant de savoir par quelles mains le volume est passé de Garrick à Mme Siddons, et de Mme Siddons à Lilly la libraire. Elle fut ensuite liée d'amitié avec la femme du grand acteur ; et lorsque Mme Garrick mourut, elle lui laissa dans son testament une paire de gants qui appartenaient à Shakespeare, « et qui furent présentés à mon défunt mari par un membre de la famille lors du jubilé à Stratford-on-Avon ». Et ainsi « Davey » disparaît de sa vie.

CHAPITRE IV.
TRAVAIL.

La rebuffade qu'elle avait subie à Drury Lane faisait ressortir tout ce qu'il y avait de meilleur dans la nature de Mme Siddons. Le coup avait été « stupéfiant et cruel », comme elle le dit ; mais la nature vaillante et résolue qu'elle avait héritée de sa mère se réaffirma bientôt. En dépit d'une santé délicate, dont Wilkinson, qui a joué avec elle dans *Evander*, craignait « qu'elle ne l'empêche de supporter les fatigues du devoir », nous la voyons se déplacer d'un endroit à l'autre, sans relâche dans ses études, atteignant un échelon plus haut à chaque nouvelle représentation qu'elle représente. a essayé, élevant constamment son public à son niveau, sans descendre au leur.

Elle ne mène plus la vie « vagabonde » de ses premiers jours de promenade, mais toujours une vie d'anxiété et de trouble constants. La jeune actrice revint en province avec le prestige d'avoir joué avec le grand Garrick, et d'avoir même excité la jalousie de « Roscius » par sa puissance dramatique – rapport assidûment diffusé par ses amis et ses directeurs, et sans doute confirmé. par l'actrice elle-même. Ainsi, inconsciemment, l'intérêt personnel influence nos opinions.

En disant qu'elle ne menait plus la vie « vagabonde » de ses débuts, nous entendons qu'au lieu d'errer, comme étaient obligés de le faire les joueurs ambulants, de ville en ville, se fiant aux hasards du moment, plantant leur tente dans un grange ou auberge, et se fiant au caprice et à l'humeur des fonctionnaires des lieux où ils venaient, elle obtint maintenant des engagements fixes dans les meilleurs théâtres de province, qui, en raison des difficultés et des dépenses d'un voyage à Londres, étaient suivis. pendant la saison par de nombreux magnats du comté, et les petites étoiles suivent et entourent les planètes les plus brillantes.

Bath était à la tête de ces théâtres provinciaux. York, Hull, Manchester, Hereford, Liverpool, Worcester et bien d'autres sont venus ensuite par ordre de mérite.

Le premier engagement qu'elle reçut en quittant Drury Lane fut à Birmingham, où elle resta tout l'été 1776, jouant des rôles de plus haut niveau. Ici, elle jouit du privilège d'avoir pour coadjuteur Henderson, qui, nous dit Campbell, fut si frappé par ses mérites, qu'il écrivit immédiatement à Palmer, le directeur du Bath Theatre, le pressant dans les termes les plus forts de l'engager. Palmer n'a pas pu suivre ce conseil à ce moment-là, mais il l'a fait plus tard.

La seule communication directe que nous ayons d'elle pendant cette période de travail et de lutte est une lettre à Mme Inchbald, dont l'amitié avec les Kemble avait commencé en 1776. Les accusations constituaient en effet des « circonstances terribles » pour elle qui, au meilleur de ses connaissances, à cette époque, il ne touchait qu'un salaire de trois livres par semaine. Ses observations sur les « exotiques » sont amusantes, car elle-même apparaît si largement plus tard dans ce personnage, au grand effroi de toutes les actrices de province :

« J'ai joué contre *Hamlet* à Liverpool, pour près de cent livres, et j'aurais aimé l'avoir pris pour moi ; mais la crainte d'accusations, qui, vous le savez, sont des circonstances des plus terribles, m'a persuadé de prendre part à une prestation avec Barry, pour laquelle j'ai depuis été très blâmé ; mais lui, je crois, était très satisfait, et, en un mot, moi aussi. D'étranges résolutions se prennent dans notre ministère théâtral ; L'un d'eux me paraît très prudent : ce petit voyou, Harry, bavarde à un tel degré que je sais à peine de quoi je parle. [Son fils aîné avait alors quatre ans.] Mais poursuivons : nos managers ont décidé de ne plus employer d'exotiques ; ils ont constaté que la visite tardive de Miss Yonge (dont vous devez avoir entendu parler) leur a plutôt fait du mal qu'elle ne leur a rendu service ; de sorte que Liverpool doit, à partir de maintenant, se contenter des plats simples que nous, les petits gens, pouvons fournir à son sens délicat... Présentez nos aimables compliments à M. et Mme Wilkinson, et dites au premier que je ne mentionne jamais son mais j'aimerais me régaler avec lui d'une pincée de son excellent tabac à priser irlandais, dont je n'ai jamais reniflé, mais en idée, depuis que j'ai quitté York. Il est difficile de concevoir la divine Melpomène prenant du tabac, bien qu'elle l'ait fait toute sa vie ; mais à cette époque-là, c'était la mode pour tout le monde de prendre du tabac.

Au début de 1777, elle joua à Manchester, où elle fit une si grande impression que l'astucieuse et entreprenante Tate Wilkinson, locataire du York Theatre, lui proposa un engagement. Sa gamme de personnages comprenait désormais « la fille grecque », Alicia, Jane Shore, Matilda, Lady Townley – tous les drames larmoyants de l'époque, que la jeune actrice mettait à la mode à la place de la comédie artificielle de l'époque précédente. A Manchester, on est étonné d'apprendre que l'un de ses personnages les plus applaudis était *Hamlet* .

Comme nous le dit M. Bate, le fait qu'elle jouait cette grande pièce lors de ses jours de promenade était probablement «un simple phénomène de jeune fille». Son jeu d'acteur montre désormais qu'elle cultivait son génie dramatique dans toutes les directions, travaillant hors du domaine restreint de Jane Shore, la Fille Grecque et de Calista, non plus contente d'émouvoir son public par son pathétique et sa grâce, mais déterminée à apporter les a mis debout grâce à sa puissance intellectuelle. Il est curieux que, bien que plusieurs années après elle l'ait joué à Dublin, elle n'ait jamais pu être persuadée d'y apparaître à Londres. Son aversion pour tout ce qui approchait des vêtements masculins était presque morbide, et même à Rosalind, elle amusait énormément la ville par son costume – des « vêtements mystérieux et indescriptibles », qui n'étaient ni masculins ni féminins, conçus pour satisfaire une pruderie qui, dans un tel personnage, était totalement hors de propos. de lieu.

À York, où Mme Siddons représenta Tate Wilkinson, le gérant, de Pâques à la Pentecôte 1777, elle connut un succès sans équivoque. "Tous levèrent les yeux avec étonnement qu'une telle voix, un tel jugement et un tel jeu d'acteur aient pu être négligés par un public londonien et par le premier acteur du monde!" - un autre succès sur Garrick réalisé par Wilkinson, qui , généreusement aidé par Garrick au début de sa carrière, s'était retourné contre son bienfaiteur et ne manquait jamais une occasion de lui nuire.

Les censeurs locaux les plus critiques n'ont pas tari d'éloges, même si tous ont remarqué « à quel point elle était malade et pâle, et se demandaient comment elle s'en sortait ». Elle a joué le tour de ses personnages. Ses attitudes et sa silhouette étaient grandement admirées ; on la trouvait « si élégante ». Wilkinson s'efforça de la retenir de façon permanente comme membre de sa compagnie et, dans ses Mémoires, raconte comment il s'efforça de la tenter par de beaux vêtements, en lui fournissant pour l'un de ses rôles un « sac à dos des plus élégants, entièrement garni de passementerie d'argent ». Il ne comprenait pas plus que Garrick la nature de la femme à qui il avait affaire. Le 17 mai, elle joua le rôle de Sémiramis pour son compte et la saison de York se termina. Palmer, du Bath Theatre, n'avait pas oublié la forte recommandation d'Henderson et, trouvant enfin une ouverture, il conclut un engagement avec elle.

Bath était le premier en importance parmi les théâtres provinciaux. Le public, en effet, était en très grande partie composé des « fashionables » londoniens qui venaient boire les eaux ; aucun « sac à dos », par conséquent, « partout des garnitures d'argent », n'était autorisé à interférer avec sa détermination, car, même si dans ses moments irritables, elle avait l'habitude de déclarer qu'elle préférait la campagne et qu'elle avait été traitée si cruellement à Londres. elle n'y jouerait plus jamais, dans son cœur elle était résolue à régner en maître sur ces planches qu'elle avait autrefois parcourues avec Garrick.

«Je me suis maintenant fiancée à Bath», dit-elle dans ses *mémorandums* . « Là, mes talents et mon industrie furent encouragés avec la plus grande indulgence et, je puis dire, avec une certaine admiration. Les tragédies, presque bannies, reprenaient leur véritable intérêt ; mais j'avais néanmoins la mortification d'être obligé d'incarner de nombreux personnages subordonnés dans la comédie, le premier étant, par contrat, en possession d'une autre dame. À cela, j'ai été obligé de me soumettre ou de renoncer à une partie de mon salaire, *qui n'était que de trois livres par semaine* . Les tragédies étaient de plus en plus à la mode. Cela était favorable à mes pouvoirs ; et, tandis que je travaillais dur, je commençai à me forger une réputation distincte et flatteuse. C'était effectivement un dur travail ! car, après la répétition de Bath, et un lundi matin, je devais aller jouer à Bristol le soir du même jour, et revenant à Bath, après un trajet de douze milles, je fus obligé de jouer un rôle fatigant. là-bas le mardi soir. Quand je me souviens de tout ce travail de l'esprit et du corps, je m'étonne d'avoir eu la force et le courage de le supporter, interrompu comme je l'étais par les soins d'une mère et par les jeux enfantins de mes petits, qui étaient souvent étouffés à contrecœur. au silence pour avoir interrompu les études de leur mère.

Dans les pages d'Horace Walpole, de Mme Montagu et de Fanny Burney, nous pouvons présenter distinctement devant nous les tuiles de Pan de Tunbridge Wells ou le défilé de Bath, avec leurs perruques, leurs poudrières et leur scandale. Arrêtons-nous un instant sur le cortège et observons les personnages remarquables, muses, poètes, hommes d'État, qui s'y sont rassemblés, en 1778, pour boire de l'eau. On pouvait voir les ducs et les princesses royaux se promener, jouer au whist et à l'EO le soir et prendre « trois verres d'eau, un petit pain grillé, un gâteau de bain et une promenade froide le matin ». A côté d'eux, la célèbre duchesse de Devonshire, la plus belle des belles, la plus gaie des gays, attire le plus l'attention. Sa beauté éblouissante et ces yeux avec lesquels l'ouvrier irlandais lors de l'élection de Fox a déclaré qu'il pouvait allumer sa pipe, auraient enlevé la promptitude de la main et le bonheur du toucher du jeune peintre « réputé avoir un certain talent », nommé Gainsborough. , en la peignant cette année à Bath.

Après la reine de beauté vient la reine du blues, Mme Montagu, « brillante dans ses vêtements, solide dans son jugement, critique dans ses paroles, avec l'air et les manières d'une femme habituée à être distinguée et à jouer de grands rôles ». Elle écrit dans ses lettres qu'elle déteste « les gens des points d'eau », mais semble assez heureuse de se battre pour la préséance « avec la seule autre candidate à l'éminence familière » qu'elle jugeait digne d'être son pair : petite, rondelette et vive Mme. .Thral; d'un côté un effort intellectuel placide et tendu, de l'autre une plaisanterie exubérante, sans la moindre méchanceté chez aucun des deux. Tout le « Johnsonhood », comme Horace Walpole appelle le cercle, se rassemble autour des deux brillantes dames, la Grande Ourse au centre, car lui et Boswell s'arrêtent au Pelican Inn. La conversation tourne autour d' *Evelina* , le sujet universel du jour ; Johnson déclarant qu'il était resté assis toute la nuit pour le lire, au grand plaisir de Fanny Burney, qui, assoiffée de flatterie, est assise avec des yeux observateurs et une petite bouche sarcastique, qui dément les mains prudemment jointes et l'air primitif. De groupe en groupe se déplace le brillant Sheridan, marchant avec son père et sa femme, et entouré de la famille Linley, à qui la charmante Cecilia raconte les honneurs qui leur ont été accordés à Londres.

Parmi tous ces grands personnages, on remarque inaperçu un petit garçon écossais boiteux, destiné à devenir le plus grand de tous. Mme Siddons a très probablement vu et connu à ce moment-là le petit garçon, qui est ensuite devenu un si fidèle ami, car Walter Scott, dans son autobiographie, nous raconte qu'il était fréquemment emmené à Bath à cause de sa boiterie et, après s'être baigné le matin , avait suivi un cours de lecture chez la vieille dame près du cortège et avait fait une promenade dans les downs, son oncle l'emmenait parfois au vieux théâtre. À une occasion, alors qu'il assistait à *As You Like It* , son intérêt était si grand que, au milieu de la scène de lutte du premier acte, il a crié : « N'est-ce pas des frères ?

Parmi ce « brouhaha », nous sommes soudain frappés par une belle jeune créature, dont l'arrivée semble faire frémir les gens à la mode. Elle est accompagnée d'un bel homme blond et de deux beaux enfants. C'est la nouvelle actrice qui fait tourner toutes les têtes. À partir du dessin au crayon de couleur que Lawrence a réalisé pendant ce séjour à Bath, nous pouvons nous faire une idée distincte de ce à quoi elle ressemblait. Il a dessiné son visage de trois-quarts, son chapeau et son panache de velours noir, sa cravate de cavalier en mousseline blanche, son cavalier marron à gros boutons et revers retournés. Sous l'ombre du chapeau se trouve le visage raffiné et noble, avec des sourcils délicats et arqués, un nez aquilin, une bouche finement modelée et un menton rond et fendu. Elle n'est pas encore la muse tragique de Reynolds, ni la beauté à la mode de Gainsborough, mais une charmante jeune Diana, avec de grands yeux francs et tournés vers l'extérieur, et un joli air de défi et de résolution, dont l'éclat n'est pas atténué par l'anxiété et le travail acharné des jours ultérieurs ; la jeune beauté est visiblement déterminée à conquérir l'univers.

C'était un monde étrangement en conflit avec ses propres idées dans lequel elle était entrée – un monde élégant et cérémonieux, plein de dames et de messieurs spirituels et méchants, qui jouaient aux cartes et soutenaient les chevaux ; mais, heureusement pour elle, un monde à la fois plein d'enthousiasme enfantin, un âge de pâleur, d'évanouissement et d'hystérie. Des hommes et des femmes adultes assis la nuit, pleurant et riant des malheurs et des escapades de Clarissa Harlowe et Evelina ; des dames écrivant à Richardson : « Je vous en prie, monsieur, rendez Lovelace heureux ; vous pouvez le faire si facilement. Priez, réformez-le ! Ne sauverez-vous pas une âme ?

Le même vif intérêt était porté aux situations dramatiques. Il était courant que les femmes – et d'ailleurs les hommes aussi – soient évanouies ; et quant aux pleurs et aux sanglots, ils étaient généralement audibles dans toute la maison. Dans un article pathétique, Miss Burney décrit deux jeunes dames, assises dans une boîte au-dessus d'elle, toutes deux si choquées par la mort de Douglas qu'« elles se mirent toutes deux dans un grand rugissement et sanglotèrent ensuite pendant près de la moitié du temps ». farce." Inutile donc de dire l'enthousiasme qu'une belle jeune actrice comme Mme Siddons susciterait. Cela n'a cependant pas été immédiat ; elle était obligée, comme nous l'avons vu, d'incarner des personnages subalternes et de jouer des comédies qui ne lui convenaient pas.

Les jeudis étaient les soirs des bals du Cotillon à Bath et des assemblées chez Lady Miller de la célébrité du vase Easton de Bath, auxquelles Horace Walpole fait allusion : « Ils tiennent une foire du Parnasse tous les jeudis, avant les bals, distribuent des comptines et des chansons. les thèmes et tout le flux à Bath se disputent les prix. Un vase romain, habillé de rubans roses et de myrtes, reçoit la poésie qui se dessine à chaque fête. Six juges de ces Jeux Olympiques se retirent et sélectionnent les compositions les plus brillantes, ce que reconnaissent les dix candidats retenus.

Ces événements vidaient toujours le théâtre, et c'était un des griefs de la jeune actrice d'être mise en avant pendant un temps — sans doute à cause des prétentions des principales dames — à ces occasions. Peu à peu, cependant, son attrait grandit et, à plusieurs reprises, elle réussit à attirer au théâtre les habitués des bals. Elle mit les tragédies à la mode, et dans *The Mourning Bride*, Juliette, la reine d' *Hamlet*, Jane Shore, Isabella, réussirent à conquérir les suffrages de son public de Bath.

Nous voyons les jeunes gens du "tonish", à l'occasion de sa prestation, lui offrir soixante guinées "afin de s'assurer des billets, car ils craignaient que la demande ne soit si grande d'ici là". "N'était-ce pas élégant?" elle demande. Un de ces bénéfices lui rapporta cent quarante-six livres, une belle somme à l'époque. Avant que deux années sur les quatre années de son séjour à Bath ne se soient écoulées, nous la voyons comme la préférée et l'amie de tous les grands gens de l'endroit. La duchesse de Devonshire manifesta sa faveur particulière ; et par la suite, lorsque ses fiançailles à Drury Lane étaient en jeu, elle jeta le poids de son influence, qui était suprême, dans la balance.

On ne peut s'empêcher de remarquer, malgré les accusations si fréquentes portées contre elle sur son amour des bons amis, que ceux qui se rassemblaient autour d'elle au début de Bath occupaient la même place dans son cœur trente ans plus tard. L'un d'eux, le Dr Whalley, et sa femme, ont été des amis fidèles et dévoués toute sa vie, et les lettres qu'elle lui a adressées constituent l'un des matériaux les plus précieux dont nous disposons pour écrire sa vie. Le Dr Thomas Sedgwick Whalley était un gentleman de goût et de bons revenus, provenant de ses propres domaines privés et du riche salaire d'une vie malsaine dans le Lincolnshire, qu'un évêque au bon cœur lui avait donné à condition qu'il n'y réside jamais. Il jouit d'une certaine célébrité littéraire en tant qu'auteur d'un long poème narratif, *Edwy et Edilda* . Il occupait une des plus belles maisons du Croissant ; était intime avec Mme Piozzi; correspondu avec la volumineuse écrivaine de lettres, Miss Seward ; et c'était, en fait, un beau spécimen du gentleman *dilettante* de la vieille école.

La plume pointue du petit Burney décrit exactement Whalley :

L'un des membres du clergé était M. W — , un jeune homme qui possède une maison sur le Crescent et qui est l'un des meilleurs partisans du vase de Lady Miller à Bath Easton. Il est immensément grand, mince et beau, mais affecté, délicat et sentimentalement pathétique ; et sa conversation sur ses propres « sentiments », sur ses « motifs aimables » et sur le vent – qui, au Crescent, dit-il avec un ton d'horreur mourant, « soufflait d'une manière vraiment effrayante ! soirée. Mais Miss Thrale, non contente de ses divertissements privés, se moqua de ses expressions, jusqu'à ce que je sois sûr qu'il perçoive et comprenne sa gaieté.

Plus tard, elle mentionne : -

Le soir, nous avons eu Mme Lambart, qui nous a apporté un conte intitulé *Edwy et Edilda* , du sentimental M. Whalley, et il est illisible, doux, tendre et insensé.

Il était de l'école douce et tendre ; Le cœur de Miss Seward « vibre à chaque phrase de sa dernière charmante lettre » ; ils s'adonnent à la « communication d'idées réactives » ; et en quittant Bath, elle lui parle ainsi :

Edwy, adieu ! Au bosquet sombre de Lichfield,

Le cœur serré et les soupirs grandissants, je pars.

Pourtant, garde un esprit reconnaissant pendant que j'erre,

Pour tout ce qui a baume sur toi un malheur incurable.

Nous ne pouvons pas dire si la « communication d'idées sensibles » avec tant de belles dames a finalement éveillé la jalousie de Mme Whalley, ou si une incompatibilité d'humeur en a été la cause, mais en 1819 Mme Piozzi écrit :

J'entends des histoires merveilleuses sur le docteur et Mme Whalley ; la moitié de la ville se disait lésée et l'autre moitié déplorait le sort de la dame. Deux sages, bien sûr, de vieilles connaissances de quarante ans, et tous deux âgés de plus de soixante-dix ans !

Lorsque Mme Siddons les a connus pour la première fois à Bath, il n'y avait évidemment rien de tel. Elle lui écrit de Bristol :

« Je ne peux pas exprimer à quel point je suis honoré par votre amitié ; il ne faut donc pas s'attendre à des mots, mais à autant de gratitude que peut habiter le sein d'un être humain. J'espère, avec une ferveur inhabituelle en de telles occasions, que vous ne serez pas déçu de vos attentes à mon égard ce soir ; mais je suis désolé de dire que j'ai souvent observé que j'avais fait les moins bons résultats alors que je souhaitais le plus ardemment faire mieux que jamais. Étrange perversité ! Et cela m'amène à observer — comme je crois l'avoir déjà fait auparavant — que ceux qui agissent mécaniquement sont sûrs d'avoir en quelque sorte raison ; tandis que nous qui faisons confiance à la nature, si nous ne sommes pas de bonne humeur (ce qui, Dieu soit loué, arrive rarement), sommes ennuyeux comme on peut l'imaginer, parce que nous ne pouvons pas feindre. Mais j'espère que Mme Whalley se souviendra que ce sont vos éloges qu'elle a entendus, et jugera de vos éloges par le cœur bienveillant dont ils procèdent, plus que par les critères de mon mérite. Heureusement, j'ai pu me procurer des places au premier rang, à côté de la loge, à votre gauche en entrant. Celles-ci, j'espère, vous plairont.

Entre-temps, Henderson, qui l'avait auparavant si fortement recommandée au directeur de Bath, vint passer une ou deux nuits et joua le rôle de Benoît auprès de sa Béatrice ; retourna à Londres si plein de ses louanges que les gérants de Drury Lane lui proposèrent de se fiancer à l'été 1782. « Après mon ancien renvoi de là, dit-elle plus tard dans ses *mémorandums*, on peut imaginer que ce a été pour moi un moment triomphant.

En même temps, elle hésitait à quitter ses amis reconnaissants à Bath et, curieusement, hésitait au dernier moment à accepter ; de sorte que le poème de félicitations de Whalley pour ses fiançailles à Drury Lane, contribué au « Roman Vase » de Lady Miller, était un peu prématuré. Finalement, son départ fut officiellement annoncé et elle fit ses adieux. Elle a joué dans La *Mère en détresse* et *Le Diable à payer*, puis elle s'est présentée et a récité quelques vers *de sa propre composition*, dont nous ne donnons au lecteur qu'un bref extrait, car la « Muse Vierge » ne monte pas très haut :

N'ai-je pas suscité ici des attentes ?

« A écrit toute seule ? Quoi! auteur et joueur ?

C'est vrai, nous l'avons entendue » – c'est ainsi que je suppose que
vous diriez –

« Avec décence, récitez le laïc d'autrui ;

Mais jamais entendu, et nous n'avons jamais pu rêver,

Elle-même avait bu le ruisseau Heliconian.

Peut-être avez-vous dit plus loin : Excusez-moi, je vous prie,

Car en supposant ainsi tout ce que vous pourriez dire :

« De quoi va-t-elle traiter dans cette même adresse ?

Est-ce pour lui montrer son apprentissage ? Peux-tu deviner?"

Ici, laissez-moi répondre : non. Des points de vue très différents

J'ai possédé mon âme et j'ai renvoyé ma muse vierge.

"C'était une honnête gratitude, à la demande de qui

Ce serait honteux d'avoir un cœur qui ne ferait pas de son mieux !

Elle les informe alors qu'ils doivent se séparer ; que, si seulement elle
rencontrait autant de bonté ailleurs,

L'envie, vaincue, lancera sa fléchette inutile,

Et le culot critique peut être jeté sans son intelligence.

Rien ne pourrait la faire quitter Bath, dit-elle, mais une chose : ici, elle se
dirigea vers l'aile et conduisit ses enfants en avant :

Ce sont les taupes qui me portent à tes côtés,

Là où j'étais enraciné, là où j'aurais pu mourir.

Les taupes sont désormais au nombre de trois, sa deuxième fille et son
troisième enfant, Maria, étant nées le 1er juillet 1779.

Levez-vous, elfes ! et plaide la cause de ta mère,

Vous, petits aimants, dont la douce influence attire

Moi d'un point où chaque douce brise

J'ai poussé mon aboiement vers le bonheur et la facilité—

Cela m'envoie aventureux sur une route plus grande,

Dans l'espoir que vous puissiez profiter de mon gain.

Ai-je été pressé ? Suis-je donc responsable ?

Répondez, vous tous qui possédez le nom d'un parent !

Ainsi je t'ai fatigué avec une muse inculte,

Qui pour votre faveur poursuit encore très humblement ;

Que vous recevrez pour l'apprentissage classique

Les meilleurs vœux de mon âme, que je donne librement :

Pour des époques polies, rondes et touchées d'art,

L'offrande fervente de mon cœur reconnaissant.

Alors Mme Siddons s'est inclinée. Lorsqu'elle apparut ensuite à Bath, c'était comme la plus grande actrice tragique alors sur scène.

Vers la fin du mois d'août, elle partit, déterminée à se rendre lentement à Londres, jouant dans divers théâtres country au fur et à mesure. Ses lettres écrites aux Whalley sont pleines de plaisir et montrent qu'elle avait la plume d'un écrivain prêt.

« Vous serez heureux d'apprendre, dit-elle, que Mme Carr a été très polie avec moi : elle m'a donné un lit confortable et j'ai très bien dormi. Nous étions cinq dans la machine, toutes des femmes sauf une, un jeune d'environ seize ans, l'être le plus civilisé qu'on puisse concevoir, originaire de Bristol également.

« Une des dames était, je crois en vérité, un peu folle. Sa tenue était la plus particulière et ses manières les plus offensantes que j'aie jamais vues ; sa personne était plus grande et plus maigre qu'on ne peut l'imaginer ; ses cheveux d'un noir de corbeau, tirés aussi serrés que possible sur son coussin devant et derrière ; et au sommet de sa tête était placé un unique bonnet anti-mouches du siècle dernier, composé d'une vingtaine de matières, et aussi sale que la terre ; son cou, qui n'était qu'un mince morceau d'un quart de mètre de long et couleur de noix, elle le portait découvert, pour le réconfort de tous les spectateurs ; son Circassien était un coton de couleur olive de trois sortes différentes, large d'environ deux largeurs dans la jupe, et attaché exactement au milieu en un seul endroit. Elle avait un jupon noir tacheté de rouge, et par-dessus un jupon en mousseline blanche très fine, avec un long tablier de gaze noire, et sans le moindre cerceau. Je n'ai jamais vu de ma vie une apparence aussi étrange ; et mon opinion n'était pas singulière, car partout où nous nous arrêtions, elle inspirait soit la joie, soit l'étonnement, mais elle en était elle-même tout à fait innocente. En prenant place parmi nous à Bristol, elle entra dans une violente colère en voyant une des fenêtres baissée. J'ai dit que je le mettrais en place, si elle le voulait. « Certes, dit-elle ; "Je n'ai aucune ambition d'attraper ma mort!" A peine en avait-elle fini avec moi qu'elle commença à gronder la femme qui était assise en face d'elle pour lui avoir touché le pied. « Vous n'avez pas l'habitude de monter en *carrosse* , j'imagine, bonne femme. Elle trouva chez cette dame un peu plus d'entrain qu'elle n'en trouva chez moi, et nous lui fûmes reconnaissants d'avoir tenu cette malheureuse femme dans un ordre passable pour le reste de la journée. Bénissez-moi! J'avais presque oublié de vous dire qu'on me demandait de faire du thé au petit déjeuner. Mes efforts pour plaire à cette étrange créature étaient vains. Elle avait désiré prendre son thé dans une bassine, et j'ai suivi ses instructions d'aussi près que possible pour préparer son thé ; mais à peine y avait-elle goûté qu'elle sauta à la fenêtre et le jeta dehors, déclarant qu'elle n'avait jamais rencontré une telle bande de gens aussi maladroits et mal élevés. En effet, que pouvait-on attendre d'une diligence ? Elle m'a arraché le bidon, en a versé une grande quantité dans la bassine avec du sucre, de la crème et de l'eau, et a bu le tout ensemble. Avez-vous déjà entendu parler de quelque chose d'aussi étrange ? Quand nous nous sommes assis pour dîner, elle semblait morte de terreur à l'idée que quelqu'un d'autre qu'elle puisse manger.

« Le reste de notre voyage a été rendu presque intolérable par son agitation. Une minute, elle criait de peur que le cocher ne nous renverse ; elle en était sûre, car elle ne lui donnerait rien pour avoir négligé de garder sa malle au sec ; et, bien qu'il fasse une chaleur immodérée, nous étions très souvent obligés de nous asseoir les fenêtres ouvertes, car on lui avait dit que l'air était pestilentiel après le coucher du soleil, et que, quel que soit le goût des gens, elle ne voulait pas risquer sa vie en assis avec les fenêtres ouvertes. Tous étaient disposés, pour la paix, à la laisser faire, sauf la personne à qui nous étions vraiment obligés de la calmer de temps en temps. Elle avait été belle, mais elle avait maintenant, je suppose, soixante ans. Je plains son caractère et je regrette sa situation, que j'ai qualifiée de celle d'une vieille fille déçue.

« Vers sept heures, nous sommes arrivés à Dorchester. A ma descente de voiture, un monsieur me tendit très poliment la main. Qui devrait-il être sinon M. Siddons ! qui était venu exprès pour me rencontrer. Il se portait très bien, et la nuit même j'ai eu le plaisir de revoir mon cher garçon, plus profité de la mer qu'on ne peut le concevoir. Il désire que je remercie M. Whalley pour le fruit, qu'il a beaucoup apprécié. Nous avons un logement des plus déplorables, et l'eau et le pain sont intolérables ; "mais les voyageurs doivent être contents." M. Whalley a eu la gentillesse de s'intéresser à mon bain. Y a-t-il quelque chose que je pourrais refuser de faire à sa ou à votre demande ? J'ai l'intention de me baigner demain matin, coûte que coûte. Je m'attendais à trouver plus de compagnie ici.

« Je suis allé hier à Dorchester pour dîner avec M. Beach, qui est en visite chez un parent et qui souffre de la goutte, mais qui se rétablit très rapidement. Il a hâte de voir Langford, et j'ai hâte qu'il le voie. Je suppose que M. Whalley a entendu quand M. Pratt arrive. [M. Pratt était une libraire de Bath qui lui avait donné des leçons d'élocution ; et ensuite, lorsque le directeur de Drury Lane ne lui a pas permis d'agir dans sa tragédie, il a déclaré qu'il écrirait une ode sur l'ingratitude et la lui consacrerait.] Veuillez présenter les vœux les plus aimables de M. Siddons, du petit Harry et de moi-même. . J'espère que M. Whalley me fera la faveur de choisir le ruban pour mon cordon de montre. Je la voudrais aussi proche que possible de la couleur de l'oreille de mon cher Paphy. Je n'ai pas très bien compris ce que Lady Mary (Knollys) a dit à propos des boucles. Voudriez-vous lui faire mes respectueux compliments, et lui dire que je lui demande pardon d'avoir différé de lui parler de ce sujet à un moment si gênant, mais j'espère que ma maladie le dernier jour où j'ai eu l'honneur de voir madame sera mon excuse. . J'espère que je serai favorisé par une ligne de votre part, et que Madame s'expliquera alors plus complètement. Harry m'a beaucoup intrigué. En allant manger des noisettes après le dîner, je lui ai dit que vous souhaitiez qu'il n'en mange pas ; « Mais, dit-il, qu'auriez-vous fait si M. Whalley l'avait souhaité ? Je suis resté debout pendant un petit moment, et finalement il a trouvé un moyen de me tirer de mon embarras en disant : « Mais vous savez que M. Whalley ne voudrait pas que vous les mangiez s'il pensait qu'ils vous feraient du mal. « Très vrai, Harry, dis-je ; donc ça s'est terminé là.

Ce qui suit montre que l'engagement avec le manager londonien n'était pas encore complètement ratifié ; elle se distinguait probablement par de meilleures conditions, qu'il n'était pas enclin à lui accorder.

« J'attends avec un plaisir inexprimable nos soirées douillettes et j'ai le plaisir de vous informer que je n'irai pas à Londres cet hiver. M. Linley pense que ma comparution partielle ne profitera ni à moi ni aux propriétaires. Mme Crawford menace de les quitter très souvent, dit-il, mais je suppose qu'elle connaît mieux son propre intérêt. Je suppose qu'elle a une très bonne fortune, et je lui serais extrêmement reconnaissant si elle voulait bien y vivre très confortablement. Je lui donnerai la permission de rester et de rendre autant de services que possible à la tragédie de mon bon et cher ami, puis je la laisserai prendre sa retraite dès qu'elle le voudra. J'espère que je ne vous fatiguerai pas ; M. Siddons a peur que je le fasse, et conformément à lui (qui, avec moi, vous rend ses remerciements reconnaissants pour toutes vos gentillesses), je conclus avec, je l'espère, une assurance inutile, que je serai toujours votre serviteur reconnaissant et affectueux, S. SIDDONS .

« PS – Veuillez présenter nos compliments communs à M. Whalley, Mme Whalley et Miss Squire, et, en bref, à tout le cercle, sans oublier Mme Reeves, à qui je suis très reconnaissant. D'une manière particulière, je demande qu'on se souvienne de la cruelle beauté Sappho. Elle connaît son pouvoir et me traite donc comme un petit tyran. Adieu! Que Dieu vous bénisse à jamais, vous et les vôtres ! La plage ici est la plus belle que j'aie jamais vue.

Morval de Whalley , qui fut jouée plus tard avec elle comme héroïne. Ce fut un échec complet et ne fut joué que trois soirs.

Mme Siddons aimait Weymouth et y revenait souvent des années plus tard. Miss Burney, dans ses *Mémoires* , nous raconte avoir été là une fois en service auprès du roi et de la famille royale. Ils ont rencontré l'actrice, qui a fait une grande révérence en marchant sur le sable avec ses enfants. Le roi ordonna une représentation au théâtre, mais la famille royale, partie en expédition, ne revint pas à temps et fit attendre tout le monde. Le roi et la reine, arrivés enfin, envoyèrent un page chercher leurs perruques, afin de ne pas faire attendre plus longtemps le public.

CHAPITRE V.
SUCCÈS.

Enfin, toutes les difficultés furent arrangées entre le directeur de Drury Lane et Mme Siddons, et le jour se leva où elle était de nouveau destinée à s'incliner devant un public londonien. Nous étions le 10 octobre 1782. Des changements importants s'étaient produits dans le théâtre depuis le funeste décembre, sept ans auparavant. La fière prééminence de Drury Lane était décédée ; le cercle magique du génie théâtral que Garrick maintenait grâce à son influence personnelle avait été brisé et dispersé sous la direction erratique de Sheridan. Mme Abington, Mme Yates et Miss Young avaient déserté pour rejoindre d'autres entreprises. De sorte que la belle sélection de pièces, toujours prêtes avec le même groupe d'acteurs à portée de main pour les jouer, assurant une perfection jamais atteinte auparavant, était maintenant montée sans souci de réflexion et jouée par celui que le manager capricieux choisissait de sélectionner pour le moment. . De vieux ouvriers exercés, habitués au gouvernement méthodique de Garrick, ne se soumettraient pas à être transférés de partie en partie, sans préavis, et, surtout, ils ne se soumettraient pas à l'irrégularité des arrangements monétaires qui avaient commencé presque immédiatement. après que l'Irlandais impécunieux ait pris les rênes du gouvernement. Il n'y avait presque plus de noms remarquables sur les billets, à l'exception de ceux de Smith, Palmer et King, et ils parlaient ouvertement d'abandonner le navire en perdition.

Il y a donc quelque chose de presque héroïque dans l'apparition de la jeune actrice sur les planches de Drury Lane à ce moment précis. Seule et sans aide, contre des obstacles énormes, elle a sauvé de la ruine artistique et financière le célèbre théâtre, cher à tous les amateurs d'art dramatique. Elle s'était jusqu'alors montrée d'une industrie et d'une énergie indomptables, de toutes les qualités d'une artiste travailleuse et minutieuse ; maintenant, elle allait soudain éclater dans toute la splendeur de son génie et de sa puissance. Et pourtant, comme elle restait simple et féminine. On ne comptait pas indûment sur ses propres dons, malgré les éloges aveugles qui lui avaient été adressés à Bath par des amis trop zélés. Elle fit la sourde oreille à Miss Seward – « tous astérisques et exclamations », et au Dr Whalley – « tous soupirs et admiration » ; mais j'ai écouté les sages suggestions de M. Linley et du vieux Sheridan, le père de Richard Brinsley Sheridan, lui-même acteur à la retraite connaissant parfaitement la scène et ses exigences. Elle et eux craignaient que sa voix ne soit pas à la hauteur de remplir un grand théâtre londonien. «Mais nous avons vite eu des raisons de penser», nous dit-elle, «que la mauvaise construction du théâtre de Bath, et non la faiblesse de ma voix, était la cause de nos craintes mutuelles.»

Isabella, dans la pièce pathétique de Southerne, *The Fatal Marriage* , était le rôle que Sheridan lui recommandait de choisir pour sa première apparition, et la sélection montrait sa connaissance appréciable à la fois de ses pouvoirs et du public devant lequel elle devait jouer ; la tendresse, la douleur et l'indignation combinées montrant la variété et la gamme d'expression dont elle était capable. Hamilton a peint une photo d'elle dans cette partie, vêtue de noir profond, tenant son garçon par la main et appelant à l'aide son beau-père, ce qui fait encore maintenant monter les larmes aux yeux quand on le regarde. Son fils Henry, alors âgé de huit ans, jouait avec elle. On raconte que, observant sa mère en répétition dans les angoisses de la scène mourante, il prit la fiction pour la réalité et fondit en larmes. Elle-même, pendant les quinze jours précédant son apparition, souffrit d'une agitation nerveuse plus qu'on ne peut l'imaginer. Le récit complet de son état mental est mieux raconté dans ses propres mots.

« Pas étonnant que j'étais nerveux avant ce jour *mémorable* dont dépendait mon propre sort et celui de ma petite famille. J'avais quitté Bath, où tous mes efforts avaient été couronnés de succès, et je craignais qu'un second échec à Londres n'influence grandement l'esprit public à mon préjudice, dans le cas de mon retour de Drury Lane, déshonoré comme je l'avais été autrefois. Le moment venu, j'ai été convoqué à la répétition d'Isabella. Qui peut imaginer ma terreur ? Je craignais d'émettre un son au-dessus d'un murmure audible ; mais peu à peu l'enthousiasme me fit oublier mes craintes, et je jetai inconsciemment ma voix, qui ne manqua pas d'être entendue dans les parties les plus reculées de la maison par un ami qui se chargea gentiment de s'assurer de l'heureuse circonstance.

« Les visages, non moins que les larmes et les encouragements flatteurs de mes compagnons, m'enhardirent de plus en plus, et la deuxième répétition fut encore plus touchante que la première. M. King, qui était alors directeur, a applaudi vivement. Cette seconde répétition eut lieu le 8 octobre 1782, et le soir de ce jour je fus pris d'un enrouement nerveux qui me rendit extrêmement malheureux ; car je redoutais d'être obligé de différer ma comparution au 10, désirant, comme je le faisais très sincèrement, connaître au moins le pire. Je me couchai donc dans un état d'attente épouvantable. Cependant, en me réveillant le lendemain matin, bien que sortie d'un sommeil agité et non réparateur, j'ai découvert, en parlant à mon mari, que ma voix était beaucoup plus claire. Ceci, bien sûr, m'a été d'un grand réconfort ; et, de plus, le soleil, complètement obscur depuis plusieurs jours, brillait à travers mes rideaux. Je l'ai salué, bien qu'en larmes, mais avec reconnaissance, comme un heureux présage ; et même maintenant, je n'ai pas honte de *cette* (comme on peut peut-être l'appeler) superstition enfantine. Le 10 au matin, ma voix était, très heureusement, parfaitement restaurée ; et encore « *le soleil béni brillait sur moi* ». En ce jour mouvementé, mon père est arrivé pour me réconforter et être témoin de mon procès. Il m'a accompagné jusqu'à ma loge au théâtre. Là, il m'a laissé; et moi, dans une de ce que j'appelle mes tranquillités désespérées, qui m'impressionnent habituellement dans des circonstances terribles, j'ai complété mon habillement, au grand étonnement de mes serviteurs, sans prononcer un mot, bien que souvent en soupirant très profondément.

La jeune actrice avait déjà été industrieusement critiquée par Sheridan dans les programmes de théâtre, et il avait sans aucun doute fait circuler, avec sa dextérité, que la cause de son échec précédent était la jalousie de Garrick, comme nous savons d'ailleurs qu'il l'a dit à l'actrice. se.

Il y a eu une certaine attente et des discussions. La maison était remplie de tout ce qu'il y avait de plus brillant, d'intellectuel et de plus « tonique » dans le Londres de cette époque. Ils étaient tous venus la tête poudrée, l'habit galonné d'or et le cou cerclé de diamants pour voir une jolie femme jouer une pièce touchante ; mais ils n'étaient guère préparés à la passion et au pathétique qui les sortaient momentanément de leur chagrin artificiel en mouchoir de dentelle et inclinaient les têtes poudrées avec une véritable émotion. Elle était bien soutenue : Smith, Palmer, Farren, Packer et Mme Love agissant avec elle, sans parler du vétéran Roger Kemble, son père, qui était, nous dit-elle, un peu moins agité qu'elle. Son mari n'osait même pas paraître dans les coulisses ou devant les coulisses, tant son agitation était grande.

« Enfin, je fus appelé à mon épreuve enflammée. L'horrible conscience que l'on est le seul objet d'attention sur cet espace immense, pour ainsi dire tapissé d'intellect humain de haut en bas et tout autour, peut peut-être être imaginée, mais ne peut jamais être décrite, et ne peut jamais être oublié."

Si cette nuit ne devait jamais disparaître de la mémoire de Mme Siddons, elle ne disparaîtrait jamais non plus de la mémoire de ceux qui étaient présents, ni ne serait jamais effacée des annales de la scène anglaise, dont ce visage et cette forme magnifiques et pathétiques devait être pendant de nombreuses années la principale fierté.

L'histoire d' *Isabelle, ou du Mariage fatal* , est de construction simple, l'intérêt étant centré sur une figure, celle de l'héroïne. Biron, fils d'un homme fier et mondain, épouse une fille en dessous de lui, contrairement au souhait de son père. Un fils est né, mais Biron a à peine eu le temps de se réjouir de sa naissance qu'il est appelé à la guerre et, après quelques mois, est signalé comme tué au combat. La femme apparaît avec l'enfant dans la première scène, appelant en vain, par pitié, à son beau-père de lui donner de quoi subvenir à ses besoins et à ceux de l'enfant. Alors que l'huissier entre pour l'arrêter pour dettes, Villeroy (dont elle avait repoussé les attentions, tant elle était en deuil pour son mari) se présente, la libère des importunités de ses créanciers et l'engage, pour le bien de son enfant, à l'épouser. . A peine est-elle l'épouse de Villeroy que Biron revient. Désespérée, elle se suicide.

Il y a eu des moments, des phrases qui sont devenues traditionnelles après cette première nuit, comme lorsque, en réponse à la question qui lui était posée à l'arrivée des créanciers sur ce qu'elle allait faire, elle répondait : « Fais ! Rien!" le ton même des mots racontait toute son histoire. Miss Gordon s'évanouit en entendant le cri : « Biron ! Biron ! tandis qu'on connaît le récit de Madame de Staël dans *Corinne* du rire hystérique quand Isabelle se suicide à la fin.

C'était une soirée extraordinaire. La maison fut emportée dans une tempête d'émotion ; les hommes n'avaient pas honte de sangloter et de nombreuses femmes tombaient dans de violentes crises de colère. Il nous est en effet difficile aujourd'hui de comprendre une telle agitation ; nous gaspillons nos sentiments dans les affaires ordinaires de la vie :

La ville à cette époque était principalement située

Entre la taverne et la pièce de théâtre.

La presse à un sou n'était pas encore à la portée de tout le monde, et les hommes dépendaient du théâtre pour leur excitation fictive. Une nouvelle pièce de théâtre, un jeune acteur ou une jeune actrice, étaient des sujets d'intérêt plus grands que le dernier discours de M. Pitt ou de M. Fox, dont ils n'entendaient parler que fragmentairement.

Mme Siddons a eu la chance de jouer encore devant un public qui jouissait pleinement de son pouvoir d'appréciation naturel et critique. Elle a déployé tous ses pouvoirs pour susciter leurs émotions. Elle les a touchés au vif par son pathétique et sa puissance. Le public se rendit en toute discrétion à l'appel de la jeune enchanteresse. Son propre récit simple de tout cela est très attrayant ; et ensuite, dans l'histoire de sa vie, lorsqu'il faut regretter un peu de dureté, ou une affirmation un peu trop brusque de supériorité, on se tourne vers ce récit spontané, presque enfantin, de son premier triomphe - à travers lequel on voit les sourires rayonnant, les larmes scintillantes – de plaisir et de soulagement.

« J'ai atteint mon propre coin de feu tranquille », dit-elle, « en me retirant de la scène des cris et des applaudissements répétés. J'étais à moitié mort ; et ma joie et ma reconnaissance étaient d'une nature trop solennelle et accablante pour admettre des mots, ou même des larmes. Mon père, mon mari et moi nous sommes assis pour un souper frugal et soigné dans un silence ininterrompu sauf par les exclamations de joie de M. Siddons. Mon père appréciait ses rafraîchissements, mais s'arrêtait de temps en temps, et, posant son couteau et sa fourchette, levant son vénérable visage et rejetant en arrière ses cheveux argentés, il pleurait de bonheur. Nous nous séparâmes bientôt pour la nuit ; et moi, épuisé par un repos continuellement interrompu et par un effort laborieux, après une heure de rétrospection (qui peut concevoir l'intensité de cette rêverie ?), je tombai dans un sommeil doux et profond, qui dura jusqu'au milieu de la journée suivante. Je me suis levé alerte dans mon esprit et dans mon corps.

Ainsi les sept longues années passées à tempérer son génie, à travailler à gagner en force et en confiance, avaient porté leurs fruits, car nous n'admettons pas, comme le dit M. Fitzgerald, que son succès actuel soit dû à l'absence « de la retenue ». de l'instruction condescendante de Garrick », ou de toute autre circonstance extérieure. Le changement était venu de l'intérieur et non de l'extérieur. C'était essentiellement un génie de croissance tardive, tant physiquement que mentalement, elle n'atteignit son plein épanouissement qu'à l'époque où la plupart des actrices connurent sept ou huit ans de succès. Elle avait travaillé et, comme tous les autres ouvriers, elle avait récolté sa récompense ; cependant, contrairement à la plupart des travailleurs, qui avaient du génie pour la soutenir, la récompense qu'elle en récoltait n'était pas seulement un succès temporaire, mais la gloire. Le souvenir de cette nuit nous a été transmis en compagnie de la première apparition de Garrick dans *Richard III.* et celui d'Edmund Kean dans Shylock en 1814.

Le lendemain, les critiques furent unanimes à saluer ses éloges. Certains ont trouvé la voix un peu dure, la passion un peu trop « agitée et palpitante », mais tous étaient d'accord sur le fait qu'un grand événement s'était produit dans le monde dramatique. Il ne sert à rien de répéter les éloges et les critiques, tout *ce qu'on* peut faire dans une revue de sa vie artistique ; on s'intéresse davantage à l'histoire personnelle de celle qui avait ainsi remué les eaux qui menaçaient de stagner depuis la retraite de Garrick. Il est naturel pour nous de préférer entendre des anecdotes personnelles sur ceux qui comparaissent publiquement devant nous plutôt que des pages de verbiage éculé sur leur jeu et leur apparence.

Elle écrivit au docteur Whalley une de ces lettres authentiques et spontanées qui montrent combien elle était incomprise par ceux qui la croyaient dure et réservée : « Ma chère, chère amie, le moment difficile est passé, et je suis couronnée d'un succès qui dépasse de loin mes espérances. Dieu soit loué ! Je suis extrêmement pressé, étant obligé de dîner chez Linley ; J'ai été à la répétition d'une nouvelle tragédie en prose, une pièce des plus touchantes, dans laquelle j'ai un rôle que j'aime beaucoup. Je crois que mon prochain personnage sera Zara dans The *Mourning Bride* . Mon ami Pratt était, je crois en mon âme, aussi agité et aussi joyeux que moi. Comme je sais que cela vous fera plaisir, j'ose vous assurer que je n'ai jamais entendu de pareils applaudissements de ma vie. Je pensais qu'ils n'auraient pas laissé M. Packer mettre fin à la pièce. Oh! comme j'ai souhaité, hier soir, que vous partagiez une joie que je ne pouvais supporter seule ! Mon pauvre mari était si agité qu'il n'osait s'aventurer près de la maison. Je joins un épilogue que mon bon ami a écrit pour moi, mais que je n'ai pu, à cause d'une fatigue excessive de l'esprit et du corps, prononcer. Ne me laisse jamais, jamais oublier sa bonté envers moi. J'ai subi des tortures pour (des ?) malchanceux ces trois jours et nuits passées, et je crois que je ne suis pas en parfaite possession de moi à présent ; excusez donc, mon cher M. Whalley, l'inexactitude de ce gribouillage, et acceptez-le comme le premier hommage d'amour (après le premier moment décisif) de votre toujours reconnaissant et vraiment affectueux, S. SIDDONS .

La nuit suivante, son succès fut encore plus grand. Les halls étaient remplis de foules de dames et d'hommes « de la plus haute mode ». Lady Shelburne, Lord North le politicien, Lady Essex, M. Sheridan et la famille Linley pleurant dans sa loge, et bien d'autres encore.

Très vite, elle a commencé à tirer des bénéfices substantiels de son succès.

« J'aurais peur de dire, continue-t-elle, combien de fois *Isabelle* a été répétée successivement, avec une faveur toujours croissante. J'étais maintenant très heureux de pouvoir quitter ma loge très indifférente et peu pratique pour me retrouver dans une loge sur le parquet, au lieu de monter un long escalier ; et cette chambre (oh, bonheur inattendu !) avait été la loge de Garrick. Il est impossible de concevoir ma satisfaction lorsque j'ai vu ma propre silhouette dans le même verre qui avait si souvent reflété le visage et la forme de ce génie sans égal - non peut-être sans un espoir vague et fantaisiste d'un peu d'inspiration de il."

Pendant huit nuits, la pièce fut jouée, et chaque fois qu'elle apparaissait, la marée de la faveur populaire augmentait. La billetterie était assiégée par des gens qui voulaient des billets, et les histoires les plus ridicules étaient racontées sur la cohue. Deux vieillards se postaient pour jouer aux échecs dehors à toute heure, afin d'obtenir des billets. Des valets de pied dormaient dès l'aube pour acheter des places à leurs maîtresses. Des années plus tard, lors d'une grande réunion à Édimbourg, la santé de Mme Siddons fut évoquée, Sir Walter Scott décrivit la scène d'une de ces nuits célèbres : le petit déjeuner près du théâtre, l'attente toute la journée, l'écrasement aux portes. à six heures, ils entraient et comptaient leurs doigts jusqu'à sept heures. Mais le premier pas, le premier mot qu'elle prononçait suffisaient à surpayer chacun de sa lassitude. La salle fut alors électrifiée, et ce n'est qu'en voyant les effets de son génie qu'on put deviner jusqu'où peut être poussée l'excellence théâtrale. «Ces jeunes gens», ajouta Sir Walter, «qui n'ont vu que le soleil couchant de cet artiste distingué, si beau et si serein qu'il soit, doivent nous laisser, à nous les vieux, qui avons vu son lever, lever la tête un peu plus haut.» .»

Après *Isabella*, l'actrice est apparue dans Murphy's *Grecian Daughter*, une pièce très indifférente, mais à laquelle elle insufflait la vie et la beauté par la puissance de son intuition.

Le 1991 du siècle dernier n'avait pas encore vu la civilisation avec sa déesse de la Raison, ses rares draperies classiques et ses beautés en sandales et pieds nus. Toupets, toques, bouffantes, cerceaux, sacsques et tout l'attirail de crin, de poudre, de pommade et d'épingles étaient encore en vogue. Charlotte Corday n'avait pas encore sacrifié sa vie pour la liberté de son peuple ; mais le murmure de l'orage à venir se faisait entendre au loin, et, avec la prescience du génie, la jeune actrice anticipait son avènement, et étonnait son public par la simple beauté de ses draperies classiques, et le secouait d'excitation par ses appels ravis. à la Liberté.

Il y avait un enthousiasme glorieux quant à la livraison de certaines portions. Elle est venue pour périr ou pour conquérir. Elle semblait grandir de plusieurs centimètres. Sa voix prit des tons insoupçonnés auparavant : -

Ne tremblera-t-il pas quand une fille viendra,

Sauvage de ses chagrins et terrible de ses torts ?

L' *Homme de sang m'entendra* ! Oui, ma voix

Doit monter en l'air sur l'aile du tourbillon.

Son mépris était magnifique. Sa réponse à Denys, lorsqu'il lui demande d'inciter son mari à retirer son armée :

Penses-tu alors

Si méchant de la part de mon Phocion ? Le considères-tu

Mal remonté à un simple accès de courage,

Fondre dans les larmes d'une femme faible ?

Oh, tu ne le connais pas beaucoup.

À la dernière phrase, nous dit Boaden, il y avait une hâte triomphale et une joie dans son mépris, que le public a perçu comme électrique et a applaudi avec ravissement, pendant au moins une minute :

Le bras d'une fille, monstre déchu, porte le coup !

Oui, *c'est d'abord* qu'elle frappe : le bras d'une fille blessée

T'envoie dévoué aux dieux infernaux !

Après cela, elle a joué Jane Shore. « Mme Siddons », comme l'a fait remarquer l'un des critiques à propos de cette performance, « a l'air de n'avoir jamais été actrice ; elle semble inconsciente qu'il y a une foule hétéroclite appelée la fosse qui attend pour l'applaudir, ou qu'une douzaine de violoneux attendent sa sortie. Son « Pardonne-moi, mais pardonne-moi », en demandant pardon à son mari, a secoué la maison en sanglots. Crabb Robinson, alors qu'il était témoin de cette performance déchirante, a éclaté de rire et, après avoir été expulsé, s'est retrouvé dans une forte hystérie.

Après Jane Shore, elle est apparue sous le nom de Calista, Belvidera et Zara. Tous ont été reçus avec le même enthousiasme.

Le 5 juin, elle joua le rôle d'Isabella pour la dernière fois de la saison, après avoir joué en tout environ quatre-vingts soirées, et six d'entre elles pour le bénéfice d'autrui ; et pendant cette courte période, on peut dire qu'elle a complètement révolutionné la scène anglaise. On n'applaudissait plus que la tragédie. Les farces qui auparavant faisaient rire n'étaient plus écoutées. La jeune actrice a tellement déprimé le moral du public que le meilleur acteur comique semblait incapable de le relever. Elle préparait déjà le terrain pour la solennité majestueuse de John Kemble et la renaissance de la tragédie shakespearienne.

La ville est devenue « née folle », comme l'a dit Horace Walpole après elle. Les journaux parlaient continuellement d'elle, de sa tenue vestimentaire, de ses mouvements. Rien d'autre ne semblait avoir le même intérêt. Son salaire, initialement de cinq livres par semaine, fut porté à vingt livres avant la fin de la saison, et son premier bénéfice atteignit huit cents livres.

À cette dernière occasion, elle adressa une lettre au public :

"Mme. Siddons ne serait pas restée aussi longtemps sans exprimer le haut sentiment qu'elle avait des grands honneurs qui lui ont été rendus à son dernier bénéfice, mais qu'après des essais répétés, elle ne pouvait pas trouver de mots adéquats à ses sentiments, et qu'elle devait maintenant se contenter de le langage simple d'un esprit reconnaissant ; que son cœur remercie tous ses bienfaiteurs des encouragements distingués et, elle le craint, trop partiels, qu'ils leur ont prodigués à cette occasion. On lui dit que l'apparence splendide de cette nuit-là et les émoluments qui en découlèrent dépassent tout ce qui a jamais été enregistré sur un récit similaire dans les annales de la scène anglaise ; mais elle n'a pas la vanité d'imaginer que cela résulte d'une quelconque supériorité sur beaucoup de ses prédécesseurs ou sur certains de ses contemporains. Elle l'attribue entièrement à cette libéralité de sentiment qui distingue les habitants de cette grande métropole de ceux de toutes les autres au monde. Ils connaissent son histoire ; ils savent que pendant de nombreuses années, par une étrange fatalité, elle a été confinée à se déplacer dans un domaine étroit, dans lequel les récompenses attachées à son travail étaient proportionnellement faibles. Avec une générosité sans exemple, ils proposèrent aussitôt d'équilibrer le compte et de payer les arriérés dus, selon le taux, le taux trop partiel, auquel ils évaluaient ses talents. Elle connaît le danger que représentent des faveurs extraordinaires et imméritées, et se gardera soigneusement de toute approche d'orgueil, qui en découle trop souvent. Heureuse elle s'estimera si, par la plus grande assiduité et l'exercice constant de ses pauvres capacités, elle parvient à diminuer, bien que sans espoir de jamais s'acquitter, l'immense dette qu'elle doit au public.

Mme Siddons aimait toujours trop mettre le public dans ses confidences. Tout dans cette lettre peut être tenu pour acquis ; et il eût été plus digne de garder le silence.

Plus agréables et plus naturelles sont les lettres écrites à ses amis. Elle écrivit ainsi au Dr Whalley à cette époque :

« En ce moment même, mon cher monsieur, vous êtes en train de vous asseoir pour souper, et « chaque invité est un ami ». Oh! que j'étais avec toi, mais pendant une demi-heure. 'Oh! Dieu pardonne!' dit ma chère Mme Whalley ; « car il parlerait si fort et si vite, qu'il se jetterait dans la fièvre et mourrait de curiosité insatisfaite par-dessus le marché. Est-ce que je me flatte, mon cher Monsieur ? Oh non! vous m'avez fait tous les deux l'honneur de m'assurer que vous m'aimez, et je ne renoncerais pour rien au monde à cette idée bénie... J'ai reçu toutes vos lettres, et je vous en remercie mille fois. Une seule réplique vaut toutes les acclamations de dix mille théâtres hurlants.

Ainsi se termine cette merveilleuse année de la vie de la grande actrice, celle qu'elle a toujours considérée comme le point culminant de son bonheur et de sa bonne fortune.

CHAPITRE VI.
DUBLIN ET ÉDIMBOURG.

Les Irlandais ont un instinct théâtral naturel, et Dublin, à l'époque dont nous écrivons, était, dans une certaine mesure, aussi appréciée que Londres comme censeur dans les affaires dramatiques. Le public de Dublin s'est souvent risqué à exprimer son désaccord avec les jugements de la métropole et, comme dans le cas de Mme Pritchard, qui, nous dit curieusement Campbell, « a électrisé les Irlandais de déception », à les renverser complètement. La plupart des meilleurs musiciens de Drury Lane avaient débuté leur carrière au théâtre Smock Alley, et nombre d'entre eux avaient du sang irlandais dans les veines. Le théâtre était le plus beau du royaume à côté de Drury Lane, se vantant de l'innovation d'une scène en baisse, représentant les Chambres du Parlement, au lieu du rideau vert conventionnel.

Les mêmes causes qui plaçaient les villes provinciales d'Angleterre dans une position importante, en ce qui concerne les affaires sociales et dramatiques, agissaient encore plus efficacement dans le cas de Dublin. Traverser Londres à cette époque était un voyage aussi long et fastidieux que d'aller à New York de nos jours ; et aucun membre même de la noblesse ne songeait à le faire chaque année. La cour vice-royale était donc bien une cour, entourée d'un certain éclat et d'une certaine splendeur. Depuis l'époque de Peg Woffington et des Miss Gunnings, les beautés irlandaises avaient osé créer la mode ; et nous lisons dans une lettre écrite de Dublin, par un leader de la mode de l'époque, qu'il ne sert à rien que les Anglaises viennent ici à moins qu'elles ne soient prêtes à « faire leur taille de la circonférence de deux oranges, pas plus » ; leurs «têtes hautes d'un pied, sans plumes, et s'étendant jusqu'à un penthouse avec une projection des plus horribles derrière, la largeur d'une aile à l'autre considérablement plus large que vos épaules; et autant de choses différentes dans votre bonnet que dans l'arche de Noé... En vérité, conclut la dame, je n'ai jamais vu de monstres tels que les têtes à la mode aujourd'hui ; Je suis aussi un monstre, mais modéré.

Autour de la petite cour voltigeaient de jeunes écuyers qui écrivaient des pièces de théâtre et se livraient au drame. Les acteurs et actrices eux-mêmes, même s'ils étaient respectables, étaient admis dans le cercle vice-royal. Mme Inchbald était intime avec de nombreuses dames à la mode et littéraires. Daly, le directeur du théâtre, était un *habitué régulier* du « Château » ; et John Kemble, arrivé en Irlande quelque temps avant sa sœur, avait été présenté par l'écuyer Jephson au « groupe », comprenant Tighe, Courtenay et d'autres.

Toute cette société fut plongée dans un bouillonnement d'excitation lorsqu'on annonça que la belle jeune actrice, qui avait fait tourner toutes les têtes à Londres, venait à Dublin. Kemble a été interviewé et harcelé par des demandes de renseignements sur le sujet. En effet, son prestige pour l'époque était considérablement accru par sa relation. Lors d'un dîner au château, Lord Inchiquin a porté un toast à « l'incomparable Mme Siddons » et a envoyé à son frère une bague contenant sa miniature sertie de diamants.

Daly s'était démené pour l'engager ; et on disait qu'elle avait refusé toutes les offres provinciales en Angleterre dans le but de gagner le cœur des critiques irlandais. Tout semblait propice et la voie préparée pour l'arrivée de l'héroïne conquérante. Les événements ne se sont toutefois pas déroulés comme prévu. Là où la vive, impudente et bon enfant Peg Woffington, avec sa « mauvaise » voix et son air fanfaron, est devenue une idole populaire, la reine Siddons, avec son air impérieux et tragique, a extorqué des éloges pour son jeu, sans aucun doute, mais n'a jamais gagné leur cœur. Malgré le sang irlandais qui coulait dans ses veines, elle n'avait aucun sentiment de sympathie pour le peuple ; et un antagonisme surgit dès le début entre elle et son public de Dublin. Elle n'aimait pas la saleté, l'ostentation, le manque de sincérité et la frivolité des Irlandais et refusait de reconnaître leur bon cœur et leur véritable appréciation artistique.

Par ses lettres, nous pouvons voir l'impression que le pays lui a faite. Elle a commencé début juillet, accompagnée d'un petit groupe composé de Brereton, de son mari et de sa sœur. Le 14, elle écrit à son ami Whalley :

« Je vous remercie mille et mille fois pour votre lettre ; mais vous ne dites pas avoir de mes nouvelles depuis que vous avez quitté l'Angleterre. Nous nous réjouissons très sincèrement que vous soyez arrivés sans aucun accident matériel, sans aucun accident dangereux je veux dire, car, il est vrai, certains d'entre eux étaient très divertissants *matériellement* . Oh! comme je ris chaque fois que l'aventure somnolente traverse mon imagination, car «ce qui était prévu était plus que ce que l'oreille pouvait imaginer». Je suis sûr que j'aurais donné tout le monde pour voir ma chère Mme Whalley sur la petite vieille baignoire. Comme tu es heureux dans tes descriptions ! Elle allait donc très bien ; alors elle doit être très plaisante. Je pense que sa conversation, ainsi intronisée et ainsi entourée, a dû être le plus grand régal du monde. Certaines parties de votre visite ont dû être enchanteresses. Comme c'était bon de votre part de me souhaiter de participer à votre dîner pastoral ! Soyez assurés, mes chers, chers amis, que personne ne peut vous remercier plus sincèrement, ni être plus sensible à l'honneur de votre considération, quoique beaucoup le méritent mieux. Quelle chose confortable de rencontrer des gens aussi agréables ! Mais la société et les conversations comme la vôtre et celle de la chère Mme Whalley doivent très bientôt rendre les sauvages agréables. Comment le pauvre petit Paphy a-t-il supporté cela ? Est-ce qu'elle a fait des remontrances avec son ton attendrissant habituel ? Je suis sûr qu'elle était très heureuse d'être au repos, ce qui n'arrive pas longtemps dans une voiture, je me souviens. Je ne conçois rien de plus provocateur ni de plus ridicule que la politesse du Français et la perplexité du pauvre Vincent. Vous aurez entendu, bien avant que cela ne vous parvienne, que notre douce D — est saine et sauve d'une très belle fille, ce qui, je le sais, ne vous fera pas un petit plaisir. Maintenant pour moi. Notre voyage fut délicieux ; les routes à travers le Pays de Galles vous offrent des montagnes insurmontables, les perspectives les plus grandioses et les plus belles à concevoir ; mais je veux que votre plume les décrive.

«Nous sommes arrivés à Holyhead en toute sécurité, puis j'ai eu l'impression qu'un grand événement allait avoir lieu, n'ayant jamais été en mer. J'étais impressionné, mais pas terrifié ; me sentir entre les mains d'un Dieu grand et puissant « dont la miséricorde s'étend sur toutes ses œuvres ». La mer était particulièrement agitée ; nous avons soulevé des montagnes très hautes, et nous sommes retombées aussi bas en un instant. Bon dieu! comme c'est formidable, comme c'est merveilleux ! Une terreur agréable s'est emparée de moi, qu'il est impossible de décrire, et je n'ai jamais ressenti aussi pleinement la majesté du Divin Créateur auparavant. J'étais terriblement malade, tout comme ma pauvre sœur et M. Brereton. M. Siddons se portait plutôt bien ; et ici, mon cher ami, laisse-moi te donner un petit conseil salutaire : couche-toi toujours (tu vois, j'ai oublié d'épeler) dès que tu montes à bord, car en te couchant horizontalement et en restant bien tranquille, tu trompes la mer. de la moitié de son influence. Nous arrivâmes à Dublin le 16 juin, à midi et demi. Il n'y a pas une taverne ou une maison d'aucune sorte dans cette capitale d'un royaume naissant, comme ils se nomment eux-mêmes, qui accueillerait une femme ; et, savez-vous, j'ai été obligé, après avoir été enfermé dans la chambre du douanier, de faire examiner les choses, laquelle pièce ressemblait plus à un cachot qu'autre chose ; après être resté ici plus d'une heure et demie, j'ai vous le dire, j'ai été obligé, malade et fatigué comme je l'étais, d'errer à pied dans les rues (car les voitures et les chaises avaient tous disparu des gradins) jusqu'à presque deux heures du matin, sous la pluie aussi, comme si le ciel et la terre se rapprochaient. Un joli début ! pensais-je; mais ces gens ont mille ans de retard sur nous à tous égards. Enfin M. Brereton, dont le père lui avait fourni un lit à son arrivée, osa dire qu'il insisterait pour que nous ayons un lit dans la maison où il devait dormir. Eh bien, nous sommes arrivés à cet endroit, et la maîtresse de maison a daigné, après nous avoir répété à plusieurs reprises qu'elle n'accueillait jamais de femmes, nous dire que nous devrions y dormir cette nuit-là.

La première apparition de l'actrice eut lieu dans *Isabelle*, le 21 juin 1783. Le théâtre était bondé jusqu'à l'étouffement, et des guinées et demi-guinées étaient payées pour les places dans la fosse et dans la tribune ; mais après la première soirée, l'enthousiasme parut s'éteindre, et Mme Crawford, au Crow Street Theatre, qui avait été complètement détrônée par Mme Siddons à

Londres, osa maintenant hardiment s'opposer à sa rivale et, à elle, son propre étonnement, ainsi que celui de tous les autres, commanda bientôt des maisons plus grandes. Les critiques ne tardèrent pas non plus à lancer leurs attaques, prenant la forme du ridicule, une méthode de guerre très éprouvante pour une personne aussi fière et sensible.

« Samedi, Mme Siddons, dont tout le monde a parlé, a exposé pour la première fois sa belle personne, inflexible, douce et avenante, au Théâtre Royal, Smock Alley. La maison était remplie de centaines de personnes, plus qu'elle ne pouvait en contenir, avec des milliers de spectateurs admiratifs qui s'en allaient sans rien voir. Elle était la nature elle-même ; elle était l' œuvre d'art la plus exquise. Plusieurs se sont évanouis avant même que le rideau ne se lève. Les violonistes de l'orchestre pleuraient comme des enfants affamés réclamant leur pain et leur beurre ; et quand la cloche sonnait pour la musique entre les actes, les larmes coulaient des yeux du bassoniste en telles pluies qu'elles étouffaient les doigts, et, faisant un bec de l'instrument, se déversaient en un tel torrent sur le livre du premier violoniste, que, ne voyant pas que l'ouverture était en deux dièses, le chef de l'orchestre jouait en fait en deux bémols ; mais les sanglots et les soupirs du public gémissant, et le bruit des bouchons tirés des bouteilles odorantes, empêchèrent que l'erreur ne soit découverte. L'étang saumâtre dans la fosse avait trois pieds de profondeur, et les gens qui étaient obligés de se tenir debout sur les bancs étaient dans cette position en larmes jusqu'aux chevilles. Une loi du Parlement contre son jeu sera certainement adoptée, car elle a infecté les volontaires, et ils lisent *Le Mariage Fatal*, pleurant et rugissant tout le temps. Que les malédictions d'une nation insultée poursuivent messieurs du Collège, messieurs du Barreau, et les pairs et pairesses qui l'ont sifflée la deuxième nuit. Il est vrai que M. Garrick n'a jamais rien pu faire d'elle et l'a déclarée au-dessous de la médiocrité ; il est vrai que le public londonien ne l'aimait pas ; mais qu'en est-il de cela ?

Sa conscience de l'antagonisme qui existait contre elle dans la presse et dans le public rendait son séjour dans la capitale ni agréable ni réussi, et elle était heureuse de commencer par la fête que Daly avait réunie pour faire le tour de la capitale. pays. Il se composait du directeur et de sa future épouse, Miss Barsanti, des deux Kemble, Miss Younge, Digges, Miss Philipps et Mme Melnotte, épouse de Pratt Melnotte, célèbre de Bath.

Un récit amusant de la tournée a été laissé par l'acteur Bernard, qui se trouvait à ce moment-là en Irlande. Les Kembles solennels semblent certainement déplacés dans ce divertissement exubérant, et nous pouvons imaginer le dégoût majestueux de Mme Siddons lorsqu'un gentleman de la fosse a appelé : « Sally, mon bijou, comment vas-tu ? ou, comme cela arriva plusieurs fois, lorsqu'une danse générale eut lieu dans la galerie dès le début de l'orchestre.

Mme Siddons ne semble pas avoir eu l'occasion de changer plus tard la première opinion qu'elle s'est formée du pays, car nous la trouvons écrivant confidentiellement à M. Whalley de Cork, le 29 août, qu'elle pense que la ville de Dublin est une puits de saleté.

« Les odeurs nauséabondes et la multitude d'objets choquants et des plus misérables m'ont fait prendre la résolution de ne sortir que de mes affaires. Je n'aime pas non plus les gens ; ils sont tous ostentatoires et peu sincères, et dans leurs idées de parure très semblables aux Français, mais pas si proprement ; et non seulement ils parlent, mais ils pensent grossièrement. Ceci est confidentiel ; c'est pourquoi, vos doigts sur vos lèvres, je prie. Ils sont tenaces envers leur pays à un degré de folie qui est très risible, et me traiteraient du plus noir des ingrats s'ils connaissaient mes sentiments à leur égard. J'ai parmi eux mille livres cet été. Je me reconnais toujours obligé envers eux, mais je ne puis les aimer. Je n'en connais qu'un parmi eux qui puisse, dans une certaine mesure, expier la barbarie des autres, qui pense qu'il existe d'autres moyens d'exprimer son estime que de forcer les gens à manger et à boire, ce qu'ils appellent au degré le plus offensant l'hospitalité irlandaise. Il me tarde d'être chez moi, assis tranquillement dans le petit salon douillet, où j'ai eu pour la dernière fois le plaisir, ou plutôt la douleur, de vous voir ce soir-là. Pour la première fois de ma vie, j'ai souhaité ne pas te voir. Je le redoutais, et avec raison. Je savais (ce qui était le cas) que je ne récupérerais pas ces adieux cruels avant plusieurs jours.

"Oh! mon cher ami, les plaisirs de la vie compensent-ils les douleurs ? Je crois que non. Certains placent tout le bonheur de la vie dans les plaisirs de l'imagination, dans la construction de châteaux ; pour ma part, je ne suis pas de ceux qui en construisent de très magnifiques. Non; Je ne construis pas de châteaux, mais des chaumières sans fin. Puisse le grand Dispensateur de tous les événements me permettre de passer la soirée de ma journée pénible et mouvementée dans une chaumière, où je pourrai parfois avoir des conversations et une société qui me rendront plus digne de ces habitations impérissables qui sont préparées pour les esprits des justes. des hommes rendus parfaits ! Oui, permettez-moi de me reposer dans ce monde près de mon bien-aimé Langford. Vous savez que cela a été mon château à tout moment ces quatre années. Et j'organise une petite fête douillette. J'ai sécurisé M. Nott et ma chère sœur, et je ne doute pas d'en gagner quelques autres. N'est-ce pas un projet délicieux ?

« J'ai joué pour une œuvre de charité depuis que je suis ici (je suis à Cork, devrais-je vous le dire), et je dois jouer pour une autre demain – votre Zara préférée, dans The *Mourning Bride* . Je suis extrêmement heureuse que tu aimes autant ta petite compagne [faisant allusion à une miniature d'elle-même qu'elle lui avait envoyée]. Je me suis assis en ce lieu avec un jeune homme, qui a fait un petit long de moi en Isabelle, à la première entrée de Biron. Vous penserez que c'est une entreprise ardue, mais il a réussi avec admiration. Je pense que cela me ressemble plus que tout ce que j'ai jamais vu. Je suis sûr que vous en auriez été ravi. Je n'ai jamais été aussi bien de ma vie qu'en Irlande ; mais, Dieu soit loué, je partirai pour ma chère Angleterre mardi prochain.

« Cette lettre a été commencée ce mois-ci et terminée par une ligne ou deux à la fois, vous la trouverez donc un beau gribouillage, et je suis encore si simple que je désespère de vous donner le le moins de divertissement. Je ne puis me vanter d'autre droit à l'honneur et au bonheur de votre correspondance qu'une affection très sincère pour vous deux, jointe à la plus parfaite estime pour vos qualités les plus aimables et votre grand talent. Dites tout ce qui est gentil pour moi à ma chère Mme W — , et croyez-moi, toujours votre plus affectueuse

« S. SIDDONS .»

« Cork, le 29 août.

"J'espère que vous me ferez le plaisir d'avoir de vos nouvelles bientôt."

« Londres, 7 octobre 1783.

« Pour l'amour de Dieu, mes chers amis, priez pour ma mémoire. J'avais oublié de payer les frais de port, comme vous l'aviez aimablement désiré, et cette pauvre lettre erre à travers le monde depuis que j'ai quitté Cork.

« Il a été ouvert en Irlande, voyez-vous, donc je ne dois plus jamais y montrer mon visage. Le roi commande *Isabelle* demain, et je joue *Jane Shore* samedi. J'ai offensé Mme Jackson en ne pouvant pas lui procurer de place. J'en suis extrêmement désolé, car j'avais pour elle la plus haute estime et son amitié pour vous l'avait attachée à mon cœur. J'ai fait tout ce que j'ai pu pour me rétablir en sa faveur, mais en vain. Le pauvre M. Nott a eu de gros ennuis ; il a perdu dernièrement un frère qui était plus étroitement lié que par le sang, et dont il est inconsolable. Il n'est pas en ville, mais j'espère le voir bientôt. Adieu! M. Siddons, etc., désirent les meilleurs vœux. La dernière lettre que je vous ai écrite, j'étais bien près de servir de la même manière. N'est-ce pas un peu alarmant ? Je crains d'être à la retraite dans quelques années.

Son acrimonie est presque incompréhensible. D'après les expressions utilisées dans la lettre ci-dessus, on comprend très bien à quel point elle s'est rendue impopulaire. Elle aurait peut-être souhaité que le secret soit gardé, mais elle n'était pas du genre à cacher ce qu'elle ressentait. Elle est également injuste lorsqu'elle affirme que les Irlandais « non seulement pensent mais parlent grossièrement ». En cette occasion comme en d'autres occasions, elle laissa sa vanité blessée obscurcir sa capacité d'observation. Cependant, la punition fut brutale et soudaine et détruisit son bonheur pendant plusieurs jours.

Pendant que Mme Siddons jouait à Dublin, Jackson, le directeur du Théâtre d'Edimbourg, entra en communication avec elle en vue de fiançailles. Ayant du mal à s'entendre, il finit par se dépasser, mais l'histoire de la négociation du début à la fin nous fait comprendre l'impopularité de Mme Siddons auprès de tous ses managers. Il y a une adhésion trop résolue à ses propres intérêts, une supériorité trop calme et froide. Elle a « marchandé » et marchandé à chaque étape, jusqu'à ce que Jackson, désespéré, abandonne presque toute l'affaire. Encouragé cependant, nous dit FitzGerald, par une bourse de 200 £, que quelques nobles et messieurs d'Écosse avaient généreusement constituée pour l'aider à conclure ses fiançailles, il accepta finalement ses conditions. Les demandes des Siddons pour neuf soirées de représentation, outre un « avantage évident », s'élevaient à 400 £. Cependant, ils entendirent bientôt parler de la souscription de 200 £, et M. Siddons écrivit alors pour savoir si cette somme devait être incluse dans les 400 £, ou si elle devait être incluse dans une émolument supplémentaire. Le directeur a clairement indiqué dans sa déclaration que les 200 £ étaient destinés à son bénéfice. Sur ce, Mme Siddons annonça qu'elle ne souhaitait aucune somme donnée, mais qu'elle prendrait la moitié des reçus clairs. Le pauvre Jackson fut obligé d'accepter cette rupture de contrat, car il était déjà allé si loin avec ses clients à Édimbourg. L'histoire de la négociation n'est cependant pas une lecture agréable pour les admirateurs de Mme Siddons, surtout quand on découvre plus tard qu'elle a réussi à se faire verser l'abonnement de 200 £ à l'insu du gérant, et qu'à la fin de sa négociation fiançailles Jackson s'est retrouvé perdant. Les « charges de la maison » ont été fixées trop bas. Des acteurs comme Pope, King et Miss Farren avaient toujours permis quelque chose de beau en échange d'un règlement. Rien ne devait être obtenu de Mme Siddons.

Le bénéfice moyen aurait été d'environ 25 £ par nuit. De Dublin, elle retourna à Londres et y joua sa deuxième saison ; c'était encore plus brillant que le premier, et rendu remarquable à la fois par sa première apparition avec son frère, John Kemble, dans *The Gamester*, qui à partir de cette époque jouait fréquemment avec elle, et par son rôle d'Isabella dans *Measure for Measure*, dans lequel En partie, elle remporte son premier succès dans un personnage shakespearien à Londres. Elle ressemblait à merveille à la novice de Sainte Claire. Au printemps, elle se dirigea vers le nord pour honorer ses fiançailles avec le directeur d'Édimbourg et le samedi 22 mai 1784, elle apparut sur la scène du Royalty Theatre, à Belvidera. L'impassibilité bien connue du public d'Édimbourg a provoqué chez Mme Siddons un intolérable sentiment de dépression.

Après quelques-uns de ses plus grands accès de passion, auxquels aucune expression d'applaudissement n'avait répondu, épuisée et essoufflée, elle haletait de désespoir, dans sa barbe : « Des gens stupides, des gens stupides ! Cette réserve habituelle qu'elle retrouva bientôt céda cependant parfois la place à des démonstrations d'enthousiasme très violentes, d'autant plus ferventes que son expression générale - une fois en effet, toute la scène du somnambulisme de *Macbeth* fut si véhémentement applaudie que, contrairement à ce qu'elle pensait, En règle générale, elle devait le revoir une seconde fois avant que la pièce puisse continuer.

Par la suite, lorsque, par ces ébullitions de sentiments réels, elle eut prouvé l'appréciation de son public, elle put se permettre de raconter des histoires sur leur flegme lorsqu'elle apparut pour la première fois parmi eux. La deuxième nuit, découragée par la réception froide de ses passages les plus passionnants, après un effort désespéré, elle s'arrêta pour répondre. Cela arriva enfin, lorsque le silence fut rompu par une seule voix s'exclamant : « Ce n'est pas mal ! un hommage qui fut le signal d'applaudissements sans limites. Un vénérable vieux monsieur, que sa fille avait emmené voir la grande actrice de *Venice Preserved* , était assis avec un calme parfait tout au long du premier acte et jusqu'au deuxième, lorsqu'il a demandé à sa fille : « Quelle était la femme Siddons ? Comme Belvidera est le seul rôle féminin de la pièce, elle n'a eu aucune difficulté à répondre. Rien de plus ne s'est produit jusqu'à la catastrophe ; il a alors demandé : « Est-ce une comédie ou une tragédie ? "Eh bien, soyez bénis, père, une tragédie." "C'est ce que j'ai pensé, car je commence à ressentir une agitation." Cet exemple était typique de l'ensemble du public – et une fois qu'ils ont commencé à « ressentir une agitation », il n'y avait plus aucun doute sur l'expression de celle-ci. En effet, la passion pour les crises de colère et les évanouissements lors de ses performances s'est transformée en une manie à la mode. Un chirurgien distingué, familièrement appelé « Sandy Wood », qui, grâce à son bon sens avisé, avait une façon de voir à travers les folies de ses patients à la mode, fut appelé de son siège dans la fosse, où il se trouvait tous les soirs. Mme Siddons a agi pour s'occuper de l'hystérie d'une des dames excitées qui se déchaînaient autour de lui. Alors qu'il traversait la foule, un ami lui dit, faisant allusion à Mme Siddons : « C'est un jeu d'acteur glorieux, Sandy. » Regardant autour de lui les dames évanouies et hurlantes dans les loges, Wood répondit : "Oui, et ad — d deal aussi." Certains versets du *Scot's Magazine* donnent une image de la scène, la fosse étant décrite comme « tout en porter et en pathétique, tout en whisky et en pleurnicheries », tandis que...

« De tous les côtés de la maison, écoutez ! le cri comme il gonfle,

Alors que les cartons sont déchirés par les cris les plus déchirants !

L'enthousiasme pour la voir était si grand qu'un jour, il y eut plus de 2 500 candidatures pour environ 600 sièges. L'oppression et la chaleur étaient si grandes dans le théâtre bondé et mal aéré, qu'une épidémie qui attaqua la ville fut attribuée avec humour à cette cause et fut appelée « la fièvre de Siddons ». Tout ce qu'il y avait de plus cultivé et d'intellectuel à Édimbourg est venu lui rendre hommage : Blair, Hume, Beattie, Mackenzie, Home, tous ont assisté à ses représentations. Elle gagna par ses fiançailles, la part de la maison, le bénéfice et la souscription, plus de mille livres sterling. Et ce succès n'était pas seulement parmi les classes instruites, la fosse et la galerie payaient en outre leur tribut. Campbell nous raconte comment une pauvre servante avec un panier de légumes verts sur le bras, s'arrêta un jour près d'elle dans High Street et, l'entendant parler, dit : « Ah ! je connais bien cette douce voix qui m'a fait saluer. dis-le à l'écran.

Avant de partir, on lui présenta une urne à thé en argent, en marque d'« estime » pour un génie supérieur et des talents inégalés. Elle évoque cette visite plus tard dans son style grandiloquent. « Comment exprimer ma gratitude pour les honneurs et la gentillesse de mes amis du Nord ? car, si je l'essayais, je passerais pour la reine des égoïstes. Mais je ne pourrai jamais oublier les marques privées aussi bien que publiques de leurs suffrages gratifiants.

CHAPITRE VII.
DES NUAGES.

Le 15 juin, elle s'arracha à toutes ces marques « privées » et « publiques de suffrages gratifiants » et effectua de nouveau une visite à Dublin, qui au début eut plus de succès que la précédente, mais vers la fin fut assombrie par des ennuis. des circonstances fâcheuses qui ont joué contre elle tout au long de sa carrière professionnelle.

Cette fois, elle est devenue l'invitée de son ancienne amie Miss Boyle, désormais devenue Mme O'Neil de Shane's Castle. Le Lord-Lieutenant l'accueillit comme si elle était une « grande dame de rang », et elle nous raconte comment elle fut reçue « par toutes les *premières familles* avec l'hospitalité la plus flatteuse, et les jours que j'ai passés avec elles resteront à jamais gravés dans les mémoires. le plus agréable de ma vie. Elle a rendu visite au château de Shane. « Je n'ai pas de mots pour décrire la beauté et la splendeur de ce lieu enchanteur qui, je suis désolé de le dire, a depuis été rasé jusqu'à la terre par un immense incendie. Ici étaient souvent rassemblés tout le talent, le rang et la beauté de l'Irlande. Parmi les membres de la famille Leinster que j'ai rencontrés ici se trouvait le pauvre Lord Edward Fitzgerald, le jeune le plus aimable, le plus honorable, quoique malavisé, que j'aie jamais connu.

« Le luxe de cet établissement a presque inspiré les souvenirs d'un spectacle des mille et une nuits. Six ou huit voitures, avec une foule nombreuse de seigneurs et de dames à cheval, commençaient la journée en faisant des excursions autour de ce paradis terrestre, et rentraient chez elles juste à temps pour s'habiller pour le dîner. La table était servie avec une profusion et une élégance auxquelles je n'ai jamais rien vu de comparable. Les buffets étaient décorés avec une magnificence adéquate, sur lesquels figuraient plusieurs immenses flacons d'argent contenant du bordeaux. Une belle bande de musiciens joua pendant tout le repas. Ils étaient postés dans les couloirs qui conduisaient à une belle véranda, où nous cueillions notre dessert sur de nombreux arbres aux fruits les plus exquis. Le pied de la véranda était baigné par les vagues d'un lac superbe, d'où venait le vent frais et agréable, pour murmurer de concert avec l'harmonie du couloir. Les grâces du génie qui présidait, la charmante maîtresse du manoir, semblaient se fondre dans toute la scène.

Les divertissements de ces mille et une nuits, si délicieux qu'ils fussent, étaient calculés pour la rendre très impopulaire dans sa profession. Des histoires sur ses airs de belle dame circulaient librement, auxquelles son propre manque de tact et la conduite peu judicieuse de son mari donnaient un certain fondement.

L'une de ces affirmations qui fut réellement crue et copiée dans les journaux de Londres, était que, après avoir été persuadé de visiter l'atelier d'un certain M. Home, un artiste local, il lui demanda de s'asseoir à ses côtés. "Impossible", fut la réponse, "je trouve à peine le temps de m'asseoir devant Sir Joshua Reynolds." L'artiste offensé insinua que son refus ne le ruinerait pas ; sur quoi elle lui aurait frappé les oreilles et aurait quitté la maison en trombe. Ceci est si manifestement méchant et si improbable, d'après une connaissance du caractère de Mme Siddons, que nous le donnons seulement, parmi une masse d'autres preuves, pour montrer comment le sentiment contre elle est né progressivement, ce qui, dans une certaine mesure, était destiné à la poursuivre tout au long de sa vie. Le bon sens de M. Siddons ne l'a pas aidée matériellement. Un jour, dînant en compagnie de John Kemble chez un marchand de Dublin, leur hôte exprima le grand désir d'être présenté à la jeune actrice. « J'aimerais beaucoup, mais je ne sais pas comment lui en parler », fut la réponse du mari, qui, il faut l'avouer, n'était pas de nature à augmenter la gentillesse des sentiments qu'on avait pour elle dans le monde en général. Elle réussit également à offenser le directeur, M. Daly, qui, de toute évidence, n'était pas une personne agréable, car nous lisons dans *les Réminiscences de Bernard* qu'il était un homme extrêmement vaniteux, au caractère jaloux, fier de son jeu et de sa beauté. Mme Siddons insinue que son aversion était née de son rejet méprisant des attentions qu'il s'efforçait de lui attirer. Quoi qu'il en soit, ce qui suit est son propre récit de la manière dont il manifesta pour la première fois son inimitié, et donne un curieux aperçu des misérables querelles et des brûlures de cœur de la profession :

« Le directeur du théâtre a également très vite commencé à adopter pour moi tous les moyens de vexation qu'il pouvait imaginer, simplement parce que j'avais choisi de suggérer à la répétition que sa véritable situation, comme Falconbridge dans *King John*, était à la droite du théâtre. Roi. Pendant la scène entre Constance et l'Autriche, il crut nécessaire, quoiqu'il le fit très maladroitement, d'adopter cet arrangement ; mais sa malveillance me poursuivit sans relâche à partir de ce moment. Il s'imaginait absurdement qu'il était de moindre importance lorsqu'il était placé à une si grande distance du devant de la scène, aux extrémités de laquelle les rois étaient assis ; mais il n'avait pas grand-chose ou rien à dire, et sa présence au premier plan aurait grandement interrompu et diminué l'effet de la meilleure scène de Constance. Il m'a cependant fait suffisamment souffrir pour ma personnalité en employant tous les journaux à m'insulter et à m'ennuyer tout le temps que je restais à Dublin, et à me poursuivre en Angleterre avec un scandale malin ; mais de cela immédiatement. Le théâtre, quant à lui, était occupé à sa guise ; en effet, l'ensemble de cet engagement a été aussi profitable que mes espoirs les plus optimistes auraient pu l'espérer.

Cependant, elle devait bientôt être jugée pour une accusation plus grave. Le malheureux acteur Digges, alors qu'il répétait avec elle, fut frappé de paralysie. Lee Lewes, qui s'efforce de la défendre dans toute cette affaire, nous raconte que ses fiançailles touchaient alors à leur fin, et qu'on lui annonça qu'elle jouerait à Cork quelques jours après. Invitée à jouer au profit du pauvre homme, elle a répondu qu'elle était désolée de n'avoir qu'une nuit à perdre et qu'elle avait déjà promis de jouer pour les retraités de Marshalsea. Cependant, réfléchissant mieux à cette décision, elle envoya plus tard « un messager » à Digges, lui disant qu'elle avait reconsidéré la question et qu'elle serait heureuse de jouer pour lui. Digges exprima sa gratitude, et la soirée et le jeu furent fixés ; mais, selon son propre témoignage, tout a été fait pour l'ennuyer et empêcher la réalisation de ses intentions charitables. Voici son récit de l'entreprise : -

« Une fois ma visite au château de Shane terminée, j'ai conclu un autre engagement à Dublin. Parmi les acteurs se trouvait M. Digges, qui avait autrefois occupé un rang élevé dans le drame, mais qui était maintenant réduit par son âge et son infirmité à une situation subordonnée et mortifiante. Il me vint à l'esprit que je pourrais lui être d'une certaine utilité si je parvenais à persuader le directeur de lui donner une nuit et les acteurs de jouer pour lui, à la fin de mes fiançailles ; mais lorsque j'ai présenté ma demande au directeur (Daly déclare, comme nous le verrons, que la proposition venait de lui et non d'elle), il m'a répondu que cela ne pouvait pas être le cas, car toute la société serait obligée de quitter Dublin. théâtre afin d'ouvrir le théâtre à Limerick, mais qu'il prêterait la maison à mon intention si je pouvais me procurer un nombre suffisant d'acteurs pour jouer une pièce. Par un travail infatigable et malgré de cruels ennuis, M. Siddons et moi-même avons réuni, de tous les petits théâtres de campagne, autant de personnes que nous pouvions tenter d'essayer *Venise préservée* . Oh! c'était certes une scène de dégoût et de confusion. J'ai joué Belvidera, sans avoir jamais vu auparavant le visage d'un des acteurs (car nous n'avions pas le temps de répéter), mais le motif nous a valu l'indulgence. Le pauvre M. Digges a bénéficié matériellement de cette performance des plus ridicules, et j'ai mis mon dégoût dans ma poche puisque l'argent passait dans la sienne. Ainsi se terminèrent mes fiançailles irlandaises, mais non pas ma persécution de la part du directeur, à la demande duquel les journaux furent remplis des réflexions les plus injustes et les plus malveillantes à mon égard. Pendant tout ce temps, j'étais en visite assez longue chez la duchesse douairière de Leinster, inconscient de la tempête qui se préparait, tandis que l'esprit public s'imprégnait de préjugés empoisonnés contre moi. Hélas pour ceux qui subsistent grâce à la stabilité de la faveur publique !

Ce qui précède a été écrit par Mme Siddons plus tard et est extrêmement insatisfaisant à tous points de vue. L'intervention de la duchesse douairière de Leinster, alors que nous voulons un exposé clair des faits, est irritante, et la plainte contre la faveur publique à la fin est guincée et artificielle. Sans aucun doute, le directeur était hostile, mais son premier élan ne fut pas généreux et elle s'exposa à des interprétations malveillantes de sa conduite. La véritable histoire que nous pensons être la suivante : Digges (avec qui elle n'était pas particulièrement encline à se montrer amicale, car elle lui attribuait la paternité des critiques satiriques sur son jeu à son arrivée en Irlande) a été frappée par la maladie, de manière et dans des circonstances propres à susciter la profonde sympathie des membres de sa profession, toujours charitables les uns envers les autres. Daly, le directeur, avant de communiquer avec Digges, a demandé à M. Siddons si son épouse lui offrirait ses services contre rémunération. Celui-ci, à l'instigation bien sûr d'elle, a refusé la demande. C'est sur ce refus que furent fondées, non injustement, toutes les accusations portées contre elle. Daly a alors proposé de payer pour ses services ; cela a également été refusé, et rien de plus n'a été fait jusqu'à ce que Mme Siddons, trouvant toute l'affaire mal analysée, envoie M. Siddons informer Digges qu'elle avait arrangé pour jouer pour son bénéfice. Cette grâce est arrivée trop tard ; le bruit de son refus s'était déjà répandu et des commentaires très défavorables furent émis tant par la presse que par le public. L'ennui que lui causait également la représentation inefficace de *Venice Preserved* aurait pu être évité si elle avait immédiatement accédé à la demande de Daly. En fait, toute la troupe avait été obligée de partir pour l'ouverture du théâtre de Limerick. Elle et M. Siddons furent donc obligés de créer une société de grattage et d'en donner les bénéfices une fois la saison terminée, ce qui n'aurait pas pu être aussi avantageux pour l'objet de la charité. De l'argent a été gagné, mais pas autant que si elle avait joué au milieu de la saison. Nous avons peine à croire qu'elle ait été motivée dans tout cela par l'amour de l'argent ; il est plus probable que le ressentiment fier qu'elle ressentait lorsqu'elle était critiquée défavorablement de quelque manière que ce soit avait interféré avec son impulsion plus aimable.

Dans le cas de Brereton, la même sensibilité malheureuse semble avoir été à l'œuvre. Brereton était l'acteur principal de sa troupe, il jouait toujours le rôle d'amant de son héroïne et, disait-on, il avait autrefois fait son amour d'une manière si sincère que la belle actrice dut, comme dans le cas de Daly, s'arrêter. son ardeur, ou, comme l'exprime Boaden, « en attisant son imagination, la divinité ébranla sa raison, et en serrant la déesse dans ses bras, il devint sensible aux charmes de la femme ». Quoi qu'il en soit, Brereton n'était en aucun cas amical et ne manquait jamais une occasion de l'attaquer secrètement. Lorsqu'on lui a donc demandé de jouer pour son bénéfice, elle a en fait déduit dix livres des bénéfices comme sa propre émolument. Percy Fitzgerald semble enclin à penser que « toute cette misérable confusion était l'œuvre de M. Siddons, qui, compte tenu des impôts caritatifs qui lui étaient imposés et des nombreux avantages qu'elle devait subvenir, s'est trouvé obligé, comme la plupart des maris d'argent. actrices, pour marchander et marchander ses cadeaux comme s'il s'agissait de marchandises, et pour obtenir autant d'argent qu'ils pouvaient en rapporter.

Mais nous pensons qu'à aucun moment de leur vie conjugale Siddon n'a eu assez d'influence pour l'inciter à faire quoi que ce soit contre son meilleur jugement, et nous doutons beaucoup qu'il ait jamais été autorisé à conclure un marché de quelque nature que ce soit, bien que son nom ait été fréquemment utilisé. . Ce qui éveilla plus chaleureusement la sympathie du public pour la cause de Brereton, ce fut la folie qui s'abattit ensuite sur lui.

Le meilleur côté de son caractère a toujours été mis à rude épreuve par l'adversité. Il était peut-être indigne de se défendre comme elle l'a fait – ou plutôt comme Siddons l'a fait en son nom – par une lettre de disculpation aux journaux, appelant les deux acteurs, Digges et Brereton, à déclarer si elle avait ou non joué pour eux lorsqu'on le leur demandait. On leur extorqua ainsi deux lettres déclarant qu'elle avait fait tout ce qu'il fallait pour satisfaire les appels de la charité, etc. Rien ne peut être conçu de plus fatal à sa cause que tout ce mélange de preuves. Les hommes idoles érigés pour adorer, ils se plaisent généralement à les traîner et à les piétiner s'ils l'osent. Dans ce cas, cependant, ils pouvaient insulter et humilier, mais ils ne pouvaient pas arracher leur victime du rang élevé qu'elle avait atteint.

Ses très hautes qualités d'épouse et de mère, son décorum de conduite, si différent des autres de sa profession, semblaient ajouter un piquant à l'acrimonie avec laquelle on l'assaillait. La première partie dans laquelle elle est apparue sur les forums de Londres après son retour de Dublin était Mme Beverley dans le *Gamester* du Stukeley de son frère. A peine le rideau était-il levé, qu'une tempête de huées et de sifflements éclata, et celle qu'on avait tardivement proclamée reine, qui avait vu la ville asservie à ses pieds, se trouvait désormais « l'objet du mépris public ». Elle a fait de son mieux en restant avec un calme parfait face à eux, mais dans ces quelques moments terribles, elle a ignoré toute l'adulation et le succès dont elle avait bénéficié. L'intensité des souffrances peut être constatée dans le récit écrit des années plus tard.

« J'avais quitté Londres, nous dit-elle, l'objet de l'approbation universelle, mais, à mon retour, quelques semaines seulement après, j'ai été reçue, dès ma première apparition au soir, avec l'opprobre universel, accusée de dureté de cœur, et une insensibilité totale à tout et à tout le monde sauf à mon propre intérêt. Malheureusement, des vents contraires avaient empêché depuis quelques jours la possibilité de recevoir de Dublin des lettres qui auraient réfuté ces atroces calomnies et m'auraient sauvé des horreurs de cette terrible nuit, où je fus reçu avec des sifflements et des huées. Au milieu de cette clameur affligeante, je fis plusieurs tentatives pour me faire entendre, quand enfin un monsieur se présenta au milieu de l'avant de la fosse, poussé par un sentiment bienveillant et courtois, qui, tandis que j'avançais pour faire ma dernière tentative d'être entendu : m'a abordé avec ces mots : « Pour l'amour du ciel, Madame, ne vous avilissez pas par des excuses, car il n'y a rien à dire ! Je reviendrai toujours avec gratitude sur le soutien solitaire de cet homme courageux à ma cause ; comme Abdiel, « fidèle retrouvé » ; parmi les infidèles, fidèle lui seul. Son avertissement fut suivi de clameurs réitérées, lorsque mon cher frère parut et m'emporta loin de cette scène d'insulte.

« Dès que je l'ai quitté, je me suis évanoui dans ses bras ; et, une fois rétabli, j'étais reconnaissant que mes persécuteurs n'aient pas eu la satisfaction de constater cette faiblesse. Après avoir été assez bien rétabli, j'ai été amené, par les persuasions de mon mari, de mon frère et de M. Sheridan, à me présenter de nouveau devant cet auditoire par lequel j'avais été si sauvagement traité et devant qui, mais en considération de mes enfants, je ne serais plus jamais réapparu. La pièce était *The Gamester* , qui commence par une scène entre Beverley et Charlotte.

« Grand et agréable fut mon étonnement de me trouver, au second lever de rideau, reçu dans un silence si profond que j'en fus absolument frappé, et jamais encore je n'ai pu m'expliquer ce contraste surprenant ; car je pense vraiment que la chute d'une épingle aurait pu être entendue alors sur la scène.

Lors de son entrée pour la deuxième fois, Mme Siddons rassembla assez de courage pour s'adresser au public : —

« Mesdames et messieurs, la partialité aimable et flatteuse que j'ai uniformément éprouvée dans cet endroit me rendrait la présente interruption vraiment pénible, si j'avais le moindre degré de conscience d'avoir mérité votre censure. Je ne ressens pas une telle conscience.

« Les histoires qui ont circulé contre moi sont des calomnies. Lorsqu'ils seront prouvés vrais, mes calomniateurs seront justifiés ; mais, en attendant, mon respect pour le public me porte à être sûr que je serai protégé contre une insulte imméritée.

Ces paroles, prononcées par la Muse de la Tragédie, avec sa dignité majestueuse et ses yeux flamboyants, eurent un effet instantané. Elle s'est retirée ; le rideau est tombé.

King, l'acteur, s'avança pour demander quelques instants l'indulgence du public ; et lorsqu'elle reparut, pâle mais calme, on n'entendit aucune tentative d'interruption. A plusieurs reprises après, on essaya de renouveler l'interruption ; mais la partie ordonnée de l'assistance était assez forte pour la réprimer. Elle reconnut les applaudissements à son arrivée et s'efforça de paraître parfaitement indifférente aux sifflements ; mais toute la confiance triomphante des premiers jours de succès semblait l'avoir abandonnée pour le moment, et elle était redevenue la *débutante incertaine et chancelante* . Son splendide génie n'était cependant qu'obscurci, et toutes ses souffrances n'étaient qu'un tremplin vers un niveau plus élevé que celui qu'elle avait encore atteint. Nous devons donner ici quelques lettres qu'elle a écrites à ses amis, les Whalley, pour donner un aperçu du cœur courageux de cette femme merveilleuse, dont « la foi victorieuse l'a soutenue » dans cette épreuve et dans bien d'autres ultérieures. Il n'est pas étonnant, cependant, qu'au cours des années suivantes, elle soit devenue dure et fière – la première floraison de confiance et de croyance s'est effacée lors de ses premières rencontres avec le jugement brutal de la foule. Désormais, les jeunes filles confiantes Ophélie et Juliette disparaissent de la scène, et Lady Macbeth, avec sa confiance farouche dans le seul pouvoir intellectuel et son mépris indigné de tout jugement humain, apparaît. Elle écrivit aux Whalley :

« MES TRÈS CHERS AMIS ,

«J'ose à peine espérer que vous vous souviendrez de moi. Je sais que je ne mérite pas que tu le fasses ; mais je sais aussi que vous êtes trop ferme et trop bon pour me rejeter à cause d'une apparente négligence à laquelle mon cœur et mon âme sont opposés, et dont j'ai sans cesse regretté l'apparence. Que puis-je dire pour ma défense ? J'ai été très malheureux; maintenant c'est fini, j'oserai vous le dire, afin que vous ne « perdiez pas le droit de vous réjouir ». « Envie, méchanceté, méchanceté, tous les démons de l'enfer m'ont entouré pour me détruire » ; «mais béni soit Dieu qui m'a donné la victoire», etc. J'ai été accusé de presque tout ce qui est mauvais, sauf l'incontinence, et cela m'est attribué comme pensant qu'une femme peut être coupable de tous les crimes de la liste des crimes, à condition qu'elle conserve sa chasteté.

« Que Dieu les aide et leur pardonne, ils me connaissent peu. J'imagine que vous vous étonnerez qu'une favorite puisse tenir si longtemps sur ses positions ; et en vérité moi aussi. J'ai été dégradé ; Je suis maintenant redevenu le serviteur préféré du public, et j'ai gardé le ton silencieux de mon caractère dans ces extrêmes. Mon esprit a été attristé, mais ma foi victorieuse me soutient. J'attends avec impatience un monde meilleur pour le bonheur, et je suis placé dans cette miséricorde pour être candidat à cela. Mais ce qui rend la blessure plus profonde, c'est que l'ingratitude, l'hypocrisie et la perfidie ont aiguisé les fléchettes. Mais c'est fini et je suis heureux. Bon dieu! que donnerais-je pour vous voir tous les deux, sinon une heure ! Combien de milliers, de milliers de fois je me souhaite d'être avec toi et j'ai envie de te confier mon cœur. Je ne supporte pas l'idée que tu sois absent si longtemps. Je sais que vous vous attendez à entendre ce que j'ai fait ; et j'aimerais pouvoir le faire à votre satisfaction. Qu'il suffise de dire que j'ai joué Lady Macbeth, Desdemona et plusieurs autres choses cette saison avec l'approbation la plus illimitée ; et vous n'imaginez pas à quel point l'innocence et la simplicité enjouée de ce dernier ont conquis le cœur des gens. J'en suis très flatté, car personne n'a jamais rien fait avec ce personnage auparavant. Mon frère est charmant à *Othello* ; en fait, je dois rendre justice au public en disant qu'il a été extrêmement indulgent, sinon partial, envers chacun des personnages que j'ai interprétés.

« Je n'ai jamais revu M. Pratt depuis que j'ai eu de vos nouvelles, mais il découvre son indignité envers ma propre famille ; il me maltraite, semble-t-il, auprès d'une de mes sœurs de la manière la plus complète. Comme c'est pénible d'être ainsi trompé ! Notre vieille Mary, dont vous devez vous souvenir, s'est également révélée une très vipère. Elle s'est récemment mise à boire, nous a escroqué une grande somme d'argent qui lui avait été donnée pour payer les commerçants, et dans ses tasses, elle a abusé de M. Siddons et de moi au-delà de toutes limites ; et je crois dans mon âme que tous les rapports scandaleux sur les mauvais traitements infligés par M. Siddons à mon égard proviennent entièrement d'elle. On peut payer pour son expérience, et la conscience d'agir correctement est un réconfort dont la méchanceté née de l'enfer ne peut nous priver. Lady Langham m'a fait l'honneur de venir avec sa fille. Ses dessins sont des choses très merveilleuses pour une telle fille. Dans ses compositions, elle m'a représenté *Macbeth* endormi et éveillé ; mais je pense qu'elle n'a pas réussi dans cet effort. La semaine prochaine, je verrai votre fille et les autres. Sarah est une créature élégante et Maria est belle comme un séraphin. Harry devient très maladroit, sensé et bien disposé ; et, grâce à Dieu, nous allons tous bien. Je ne peux rester plus longtemps qu'à espérer que vous êtes tous deux ainsi et heureux (voyez comme je suis désintéressé !) ; que Reeves et le cher Paphy le sont aussi ; et que vous m'aimerez et me croirez avec la plus chaleureuse et la plus vraie affection, inaltérable et reconnaissante vôtre,

« S. SIDDONS .»

« Toute ma famille désire les souvenirs les plus gentils. Nous avons acheté une maison dans Gower Street, Bedford Square ; l'arrière est le plus efficace à la campagne et délicieusement agréable.

« Que Dieu vous bénisse, ma chère Mme Whalley ! Comme je vous vois parfaitement en ce moment ; et toi aussi, mon cher ami, car il est impossible de séparer tes images dans mon esprit. Je vous en prie, écrivez-moi bientôt et donnez-moi un autre exemple de votre bonté infatigable. Adieu!"

Nous pouvons voir à quel point son cœur est meurtri et douloureux. Pour le moment, elle pense que tout le monde conspire pour la trahir.

Le M. Pratt auquel elle fait allusion était un libraire et dramaturge de Bath, très admiré par ses citadins. Cette admiration n'était pas partagée par les gérants de Drury Lane, qui n'ont pas permis à Mme Siddons de jouer dans son drame la première année de sa comparution. Elle s'était déjà sacrifiée lors d'un échec, *The Fatal Interview* , qui avait véritablement porté atteinte à sa réputation professionnelle. Pratt a soutenu, cependant, qu'elle aurait pu lui rendre ce service si elle l'avait voulu. Elle-même écrit avec gentillesse sur l'aspirant à la gloire, mais nous pouvons voir sa cause d'irritation.

« Votre lettre », écrit-elle en 1783 au Dr Whalley, « au pauvre Pratty est posée sur la table à côté de moi, et je suis assez égoïste pour lui en vouloir du fond du cœur, et pourtant je ne le ferai pas ; car en ce moment, pauvre âme, il a besoin de beaucoup de réconfort ; laissez-le donc le prendre, et que Dieu le bénisse !

Et encore:-

« *The Fatal Interview* a été joué trois fois, et c'est tout à fait terminé ; c'était la plus ennuyeuse de toutes les représentations. L'épilogue de Pratty a en effet été largement applaudi. Je ferai attention à la façon dont j'entrerai dans une telle autre pièce ; mais j'imagine que les managers s'en occuperont aussi. *Ils ne me laissent pas jouer dans la comédie de Pratty.* »

Tout cela nous montre combien elle fut souvent victime de ressentiments immérités de la part d'auteurs méprisés, et combien, très souvent, le fait de lui faire une faveur lui causa des ennuis. Elle avait accepté *The Fatal Interview* , et maintenant Pratt se sentait lésé qu'elle ne fasse pas de même pour lui. Très probablement, à tout autre moment, elle aurait haussé les épaules face aux machinations de Pratt, mais tout maintenant blessait sa sensibilité blessée.

«Je dois vous prier de ne pas mentionner (je crois que je donne une mise en garde inutile) tout ce que je vous ai dit concernant M. Pratt. Je ne voudrais en aucun cas qu'il sache que j'ai été informé de sa dernière méchanceté, car cela pourrait l'empêcher de me demander de lui faire une faveur, que je serai toujours prêt à lui accorder, lorsque ce sera en mon pouvoir. . Je dois vous dire qu'après la lettre très méchante qu'il m'a envoyée, en réponse à la mienne demandant les dix livres, je ne lui ai jamais écrit ni entendu parler jusqu'à il y a environ trois mois, lorsqu'il m'a écrit comme s'il ne m'avait jamais proposé une telle lettre. indignité, recommandant à mon attention un ouvrage qu'il venait de terminer. Il ne m'a pas dit ce qu'était ce travail, mais j'avais entendu dire que c'était une tragédie. Faire seulement une connaissance commode ne me gratifiait pas beaucoup ; mais cependant, j'ai écrit pour lui dire qu'il connaissait la résolution que j'avais été obligé de prendre (ayant fait beaucoup d'ennemis en lisant quelques-unes et ne pouvant pas me donner le temps de lire toutes les tragédies) de lire la tragédie de personne, et alors personne ne pouvait accepter infraction; mais que si cela était accepté par les directeurs, et qu'il y avait quelque chose dans lequel je pourrais lui être utile (pour me rendre justice), je serais très heureux de le servir. Je n'ai plus eu de nouvelles de lui depuis lors jusqu'à ces quelques jours, où il a écrit à ma sœur Fanny, m'accusant d'ingratitude et se faisant appeler l'échelle sur laquelle je suis monté jusqu'à la gloire et que je suis en train de faire tomber.

« Ce qu'il entend par ingratitude, je suis incapable de le deviner, et j'imagine qu'il serait embarrassé de l'expliquer ; nos obligations ont toujours été, je crois, assez mutuelles. Cependant, dans cette lettre à Fanny, il dit qu'il va publier un poème intitulé *Gratitude*, dans lequel il entend montrer au monde mon avarice et ma méchanceté, et tout le reste de mes aimables qualités, pour l'avoir laissé tomber, comme il l'avait fait. l'appelle de manière si injurieuse, et je le bannis de ma maison. Or, comme j'espère grâce, j'ai permis ses visites chez moi, après avoir découvert qu'il employait tous les moyens possibles pour attacher ma sœur à lui, ce qu'il avait, vous pouvez en être sûr, pris soin de nous cacher, et je je l'avais invité à mes soirées longtemps après que j'aie fait cette découverte.

« Enfin, jusqu'à ce qu'il décide d'écrire cette lettre à laquelle je dédaignais de répondre, il m'appela comme d'habitude. Il a eu la modestie de renoncer à nous rendre visite à partir de ce moment-là, et il a maintenant la bonté de me lancer cette injure imméritée. Je suis si bien convaincu qu'une histoire très simple le rabaissera, que ses intentions ne m'inquiètent guère. Je suis seulement attristé de voir de tels exemples quotidiens de folie et de méchanceté dans la nature humaine.

« Il convient également de remarquer qu'au moment même où il a choisi d'écrire cette agréable lettre, j'utilisais mes meilleures influences auprès de M. Siddons pour lui prêter l'argent dont je vous ai parlé auparavant. Je trouve qu'il ne pense pas qu'il soit très prudent de se quereller avec moi, mais il a l'audace de penser que je devrais faire des progrès vers notre réconciliation ; mais je mourrai le premier. « Ma vertu imposante, de par l'assurance de mon mérite, dédaigne de s'abaisser si bas. » S'il devait revenir à lui-même (car j'ai appris le meilleur de la connaissance pour pardonner), je lui rendrai, par respect pour ce que je crois qu'il était autrefois, tout ce que je peux pour lui rendre service, car je crois qu'il avait de bonnes intentions à un moment donné. l'époque où je l'ai connu pour la première fois, et la vengeance la plus noble est la plus complète. Encore une fois, vos doigts sur vos lèvres, je prie.

Nous aimerions qu'on parle moins des avantages accordés, des dix livres non mentionnées ; mais cette lettre est un bon exemple de la manière dont elle était inquiétée par les candidats, et montre combien il lui était impossible de tous les satisfaire.

Le suivant est un quatre pages ordinaire du XVIIIe siècle, mais il est si caractéristique, si sincère et plein d'affection, que nous ne pouvons nous empêcher de le citer à la fin de ce chapitre, comme la meilleure assurance de sa possession de ce cœur. a déclaré qu'elle ne possédait pas.

"Mme. Wapshawe a eu la bonté de m'accorder une demi-heure. Elle parle de vous comme je parlerais de vous, comme si elle ne trouvait pas les mots, et comme si ses sentiments ne pouvaient pas assez vous honorer tous deux. Si vous pouviez regarder dans le cœur des gens, croyez-moi, mes amis bien-aimés et toujours déplorés, vous seriez convaincus que le mien aspire à vous avec une affection croissante et inexprimable. Voyez là maintenant : comment me suis-je exprimé ? Il en est toujours ainsi pour moi : quand je vous parle ou vous écris, c'est toujours si insuffisamment que je ne me rends pas justice à moi-même ; car je remercie Dieu d'avoir une âme capable de vous aimer, et j'espère trouver un avocat dans votre sein pour assister mon incapacité et ma simplicité. Vous me connaissez depuis longtemps pour être une femme terre-à-terre.

"Mme. Wapshawe a ravivé mes espoirs. Elle me dit que tu reviendras plus tôt que je ne l'espérais. Maintenant, je vais recommencer mon chalet. Il y a longtemps qu'il est resté en tas, et j'ai versé beaucoup de larmes sur les ruines ; mais nous le reconstruirons dans la joie. Vous savez où je me suis fixé, et j'espère que je n'ai pas oublié le plan !

"Oh! quelle récompense pour tout ce que j'ai souffert, de me retirer dans les bienfaits de votre société ; car, en effet, mes chers amis, j'ai payé cher mon éminence, et j'ai souffert de la douleur imméritée qui ne devrait accompagner que les coupables ; mais c'est le sort de la charge et le rude frein que doit traverser la vertu ; et doux, « doux sont les usages de l'adversité ». J'embrasse la tige.

"Mme. Wapshawe était très enchanté de la photo de vous prise par M. Beach ; mais elle me dit que tu portes des vêtements colorés et des volants en dentelle ; et j'ai apprécié davantage mon tableau, si possible, pour avoir résisté à l'épreuve d'un changement tel que ces ornements (à mes yeux inhabituels) doivent nécessairement provoquer en vous. Je crois que j'aurai hâte de vous dépouiller de ces atours.

«Je suis si attaché aux vêtements que j'ai eu l'habitude de vous voir porter, et je pense qu'ils s'harmonisent si bien avec votre visage et votre personne, que je les souhaiterais comme leur cher porteur, qui est immuable. Je suis fier de votre réprimande, même si Dieu sait avec quelle réticence je vous ferai souffrir un instant ; bien plus, il sait que je ne me couche pas et que je n'offre pas de prières pour obtenir des bénédictions de sa part, dans lesquelles votre bien-être ne constitue pas une ardente supplication. Mais pourquoi blesserais-je vos cœurs amis avec le récit de mes contrariétés ? Je vous connais trop bien pour supposer que vous puissiez entendre mes détresses sans les ressentir de manière trop poignante.

«J'ai décidé d'écrire après avoir vaincu mes ennemis. Vous partagerez toujours mes joies, mais permettez-moi de cacher mes chagrins à votre connaissance. Maintenant, je suis triomphant, à nouveau le favori du public ; et maintenant tu as de mes nouvelles.

« Le public est un étrange maître capricieux. Cependant, une consolation plus grande que toute autre, hormis notre propre approbation, a été que ceux dont j'estimais le plus les suffrages m'ont, à travers tous mes ennuis, serré plus fort contre leur cœur ; ils ont été la pierre de touche pour prouver qui étaient vraiment mes amis. Vous me croirez lorsque j'affirmerai que votre amitié, et celle de ma chère Mme Whalley, est un honneur et un bonheur auquel je ne renoncerais pour aucune considération terrestre. Dites à ma très chère Mme Whalley que ni les occupations ni l'indolence n'auraient empêché de m'entendre il y a longtemps sans les raisons déjà mentionnées. Je vous ai écrit dimanche dernier, alors que je n'avais pas reçu vos chères lettres ; ainsi vous me rendrez justice de vous rappeler que je ne me suis rappelé de vous que de mon propre cœur, qui, tant qu'il battra, vous aimera toujours tous deux de la plus chaleureuse et de la plus vraie affection ; cependant, comme elle se trompe si rarement, nous aurons l'honneur et la gloire de nous moquer d'elle. Dieu merci, je pourrais rire, pleurer ou quoi que ce soit avec toi, mais pendant une demi-heure ! Mais, à vrai dire, vos tendres reproches m'ont donné une mélancolie dont je ne pouvais (et je ne sais si je le voulais) me débarrasser. Priez, laissez-moi de vos nouvelles très bientôt et très souvent. Je serai une meilleure femme et plus digne de votre précieuse amitié, plus je converserai avec vous. Assurément, la conversation entre des esprits bons et doux est l'approche la plus proche du ciel que nous puissions connaître ; c'est pourquoi, une fois de plus, je vous prie d'avoir souvent de vos nouvelles, et, si vous m'aimez, ne pensez pas de moi au point de supposer que mon affection puisse, dans la nature des choses, connaître jamais le moindre déclin. Je vous en conjure tous les deux, promettez-moi cela, car je ne peux pas le supporter, en effet, je ne peux pas !

CHAPITRE VIII.
DAME MACBETH.

Les critiques contemporains sont unanimes pour déclarer que Lady Macbeth est la plus belle imitation de Mme Siddons, et c'est à ce *rôle* que nous associons toujours la grande actrice. Elle s'est approprié ce rôle et s'y est identifiée dans la mémoire de tous ceux qui l'ont vue. C'est essentiellement dans Lady Macbeth que Shakespeare se révèle si profondément anglo-saxon ; toute la conception de la personne est germanique. L'idée de la meurtrière hantée par les remords, avec son fatalisme désespéré et son ambition inébranlable, est plus proche de « Vala », dans la mythologie scandinave, que de quoi que ce soit dans les tragédies de Sophocle ou d'Euripide, et c'est ce qui a rendu Mme Siddons une incarnation si parfaite du personnage. Elle était essentiellement germanique par sa grandeur, sa majesté et, en même temps, son énergie et sa vitalité soutenues. Rachel a eu des moments d'une grandeur et d'une férocité surhumaines, mais ils n'ont été que brefs ; ce fut le tournant de la passion de la race latine, mais non cette grandeur volumineuse, gagnant en force, comme un fleuve puissant à mesure qu'il coule, qui distingue les émotions héroïques du Teuton.

En étudiant les annales du génie, il est intéressant d'observer comment les circonstances agissant de l'intérieur le forcent et le mènent à son achèvement, comment les circonstances agissant de l'extérieur le façonnent, tempérant le métal fin jusqu'à ce qu'il soit souple et adaptable, mais brisant le métal inférieur par le simple poids de leur pression inexorable.

Si Mme Siddons était restée une jeune fille brillante et belle, avec une vie sans nuages, sans expérience de l'amertume et du chagrin de la vie, elle n'aurait jamais pu jouer le rôle de Lady Macbeth. Dans son indignation impétueuse d'abord, elle déclara elle-même que plus jamais « elle ne se présenterait devant ce public qui l'avait traitée avec tant de sauvagerie » ; mais l'esprit plus grand en lui s'est réaffirmé, et son génie est sorti de l'épreuve renforcé et élargi par une gamme plus large d'émotions et d'expériences.

Grâce à sa connaissance accrue de la vie, l'actrice a pu se forger une conception plus vivante du personnage. Elle était naturellement intensément magistrale, déterminée et ambitieuse, intrépide face au péril. Elle avait travaillé dur et atteint le point culminant de son ambition. Elle avait connu les motivations de la distinction, du pouvoir mondain, des applaudissements, et pourtant elle restait une femme, passionnée et capricieuse dans ses affections jusqu'au bout ; et c'est l'opinion, vue à travers son propre caractère, qu'elle avait de Lady Macbeth, et c'est par sa haute imitation de l'ambition dans sa forme la plus élevée et la plus sublimée qu'elle a terrorisé son auditoire, et par cette vision féminine. tendresse qu'elle les a émus à la sympathie et à la pitié pour l'assassin de Banquo.

Mme Siddons avait étudié le rôle de Lady Macbeth lorsqu'elle n'était qu'une petite fille. Elle nous raconte de manière graphique la première fois où elle l'a appris à des fins de représentation scénique :

« J'avais l'habitude d'étudier mes personnages la nuit, lorsque tous les soins et affaires domestiques étaient terminés. La nuit précédant celle où je devais apparaître pour la première fois dans ce rôle, je m'enfermai comme d'habitude, lorsque toute la famille était retirée, et commençai mon étude de Lady Macbeth. Comme le personnage est très court, j'ai pensé que je devrais bientôt le réaliser. N'ayant alors que vingt ans, je croyais, comme beaucoup d'autres le croient, qu'il ne fallait guère plus que de me mettre les mots dans la tête ; car la nécessité de discernement et le développement du caractère, à cette époque de ma vie, étaient à peine entrés dans mon imagination. Mais continuer. J'ai continué avec un calme passable, dans le silence de la nuit (une nuit que je ne pourrai jamais oublier), jusqu'à ce que j'arrive sur les lieux de l'assassinat, lorsque les horreurs de la scène ont atteint un degré qui m'a empêché d'aller plus loin. Je pris ma bougie et me précipitai hors de la pièce dans un paroxysme de terreur. Ma robe était de soie, et le bruissement de celle-ci, tandis que je montais l'escalier pour me coucher, ressemblait à mon imagination affolée comme le mouvement d'un spectre me poursuivant. Enfin j'atteignis ma chambre, où je trouvai mon mari profondément endormi. Je posai mon chandelier sur la table, sans pouvoir l'éteindre, et je me jetai sur mon lit sans oser rester même pour me déshabiller. Au point du jour, je me levai pour reprendre ma tâche ; mais je connaissais si peu mon rôle lorsque j'y apparais la nuit, que ma honte et ma confusion m'ont guéri de tergiverser mes affaires pour le reste de ma vie.

Les gens par la suite furent enclins à la trouver formelle et sentencieuse, et même à nier sa sensibilité en dehors de la scène ; mais il est impossible de lire le récit de la manière dont elle est entrée dans ses rôles, et comment ils l'ont prise dans ses premiers jours de travail, sans sentir qu'elle avait dans son caractère une profondeur de pathos et de sympathie dont n'auraient jamais rêvé ces personnages. qui l'a rencontrée plus tard lorsque, sous un air digne et tragique, elle avait caché sa spontanéité juvénile de sentiments. Il suffit du témoignage des acteurs avec lesquels elle a joué pour voir à quel point elle s'est investie profondément dans son rôle.

Miss Kelly a déclaré que lorsque, sous le nom de Constance, Mme Siddons pleurait sur elle, son col était mouillé de larmes. Tom Davies aurait déclaré qu'au troisième acte de La *Belle Pénitente,* elle « pâlissait sous son rouge ». Elle nous raconte elle-même que « lorsqu'on m'a demandé d'incarner le personnage de Constance, je n'ai jamais, du début de la pièce jusqu'à la fin de mon rôle, laissé fermer la porte de ma loge, pour que mon attention soit détournée. Je pourrais être constamment fixé sur ces événements pénibles que, par ce moyen, j'entendrais clairement se dérouler sur la scène, et dont je devais représenter les terribles effets. D'ailleurs, je n'ai jamais manqué de me placer, Arthur à la main, pour entendre la marche, lorsque, après la réconciliation de l'Angleterre et de la France, elles franchissent les portes d'Angiers pour ratifier le contrat de mariage entre le Dauphin et dame Blanche. parce que les bruits nauséabonds de cette marche faisaient généralement jaillir dans mes yeux des larmes amères de rage, de déception, de confiance trahie, d'ambition déconcertée et, par-dessus tout, les sentiments angoissants de l'affection maternelle.

En guise de contraste avec la déclaration ci-dessus, nous avons la description de Cumberland de Mme Siddons quittant la scène dans un élan de triomphe - après avoir tourmenté son public avec émotion - et se dirigeant vers le miroir de la salle verte pour s'observer avec un calme parfait.

Nous imaginons qu'il n'y a pas de loi à établir sur la quantité de sentiment qu'un acteur met réellement dans le rôle qu'il joue. Cela doit varier. La conventionnalité doit, chez les plus grands d'entre eux, prendre de temps en temps la place de l'émotion ; ou, comme le dit Talma, le « *Métier* doit de temps en temps remplacer *Le vrai* ».

Nous connaissons l'histoire de comment, une fois, alors que Garrick jouait le roi Lear, Johnson et Murphy entretenaient une conversation animée sur le côté pendant l'une de ses scènes les plus importantes. Lorsque Garrick est monté sur scène, il a dit : « Vous parlez si fort que vous détruisez tous mes sentiments. » « Je vous en prie, » répondit Johnson, « ne parlez pas de sentiments ; Punch n'a aucun sentiment »- une remarque qui est confirmée par un autre récit de Garrick dans le rôle de Lear se levant du cadavre de sa fille Cordelia, où il avait secoué le public avec des sanglots, courant dans la salle verte engloutissant comme une dinde pour amuser Kitty Clive et Mme Abington.

Mme Siddons aurait déclaré qu'après avoir joué le rôle de Lady Macbeth pendant trente ans, elle ne l'avait jamais relu sans y découvrir quelque chose de nouveau. Cependant, dans ses *Remarques* sur le personnage, laissées dans ses mémorandums, nous ne trouvons aucune profondeur ni originalité particulière dans sa conception, et nous doutons qu'elle ait jamais beaucoup amélioré son idéal premier. Quant à l'idée selon laquelle Lady Macbeth était une petite femme blonde aux yeux bleus, délicate et fragile, cela aurait pu n'être qu'un « caprice » des jours ultérieurs, né de sa recherche de nouvelles lectures et impressions.

Une brève analyse de certaines de ses opinions sur le personnage peut être intéressante.

« Dans cette étonnante créature, dit-elle, on voit une femme au sein de laquelle la passion de l'ambition a presque effacé tous les caractères de la nature humaine ; dans la composition desquels sont associés tous les pouvoirs subjuguants de l'intellect, et tous les charmes et grâces de la beauté personnelle. Vous ne serez probablement pas d'accord avec moi sur le caractère de cette beauté ; mais peut-être cette différence d'opinion sera-t-elle entièrement attribuable à la difficulté de votre imagination à se dégager de cette idée de la personne de son représentant que vous avez été si longtemps accoutumée à contempler. Selon moi, c'est le caractère qui, je crois, est généralement autorisé à être le plus captivant pour l'autre sexe - juste, féminin, et peut-être même fragile -

Belles comme les formes qui, tissées sur le métier à tisser de Fancy,

Flottez dans des visions lumineuses autour de la tête du poète.

« Seule une telle combinaison – respectable par son énergie et sa force d'esprit, et captivante par sa beauté féminine – aurait pu composer un charme d'une telle puissance qu'il fascinerait l'esprit d'un héros si intrépide, d'un personnage aussi aimable, aussi honorable que Macbeth, le séduire pour qu'il brave tous les dangers du présent et toutes les terreurs d'un monde futur ; et nous sommes contraints, même si nous abhorrons ses crimes, de plaindre la victime entichée d'une telle servitude.

« Ses lettres, qui l'ont informée des prédictions de ces êtres surnaturels qui l'abordaient dans la bruyère, ont allumé en déterminations audacieuses et désespérées tous ces feux endormis pernicieux que l'ennemi de l'homme veille toujours à éveiller dans le sein de son victimes imprudentes. A ses terribles suggestions, elle est si loin d'opposer la moindre opposition, non seulement pour y abandonner son âme, mais, en outre, pour invoquer les ministres aveugles de la cruauté pleine de remords pour éteindre dans son sein toutes ces visites componctives de la nature qui autrement aurait pu être interposé avec miséricorde pour contrecarrer et, peut-être, éventuellement pour vaincre, leurs instigations impies. Mais, s'étant impiement livrée aux excitations de l'enfer, la pitié même du ciel lui est retirée, et elle est abandonnée à la direction des démons qu'elle invoquait. Lady Macbeth, ainsi parée de toutes les fascinations de l'esprit et de la personne, entre pour la première fois, lisant une partie de ces lettres prodigieuses de son mari.

« Ils m'ont rencontré au jour du succès ; et j'ai appris par le rapport le plus parfait qu'ils ont plus en eux que la connaissance des mortels. Lorsque je brûlais du désir de les interroger davantage, ils se sont transformés en un vide dans lequel ils ont disparu. Pendant que j'étais émerveillé, des missives du roi me parvinrent, qui me saluèrent tous « Thane de Cawdor », titre par lequel ces sœurs m'avaient salué auparavant, et me renvoyèrent à l'avènement des temps avec « Je vous salue, Ce sera le roi ! J'ai cru bon de te le délivrer, mon très cher partenaire de grandeur, afin que tu ne perdes pas le droit de te réjouir, en ignorant quelle grandeur est promise. Mets-le sur ton cœur et adieu.

« Désormais ambition haute et audace intrépide, ravivent en un instant toutes les splendeurs de ses yeux bleu foncé. Elle décide fatalement que Glamis et Cawdor seront aussi ce que les mystérieux agents du Malin ont promis.

Lady Macbeth donne ensuite la merveilleuse analyse du caractère de son mari : « Pourtant, je crains que ta nature ne soit trop pleine du lait de la bonté humaine pour trouver le chemin le plus proche » ; prouvant qu'il était d'un caractère si irrésolu qu'il exigeait « tous les efforts, toute l'excitation que son esprit incontrôlable et son influence illimitée sur lui peuvent accomplir ».

« Quand Macbeth apparaît, elle semble si insensible à tout sauf au dessein horrible qui lui a probablement été suggéré par ses lettres, qu'elle a complètement oublié l'un et l'autre. Il est très remarquable que Macbeth exprime fréquemment de la tendresse envers sa femme, alors qu'elle ne trahit jamais un seul symptôme d'affection envers lui, jusqu'à ce que, dans la fournaise ardente de l'affliction, son cœur de fer se fonde en douceur. C'était de cette manière que Mrs Siddons avait compris le caractère de Lady Macbeth. C'est en mettant en valeur ce côté plus doux de son caractère que, tout en faisant vibrer son public d'horreur, elle lui a en même temps fait monter les larmes aux yeux avec une immense pitié stupéfaite. Elle a toujours retenu leur intérêt par les touches humaines qu'elle mettait en valeur le plus possible.

Faisant allusion aux lignes:—

J'ai sucé et je sais

Comme c'est tendre d'aimer le bébé qui me traite,

elle dit : « Même ici, horrifiée comme elle l'est, elle se montre faite par l'ambition, mais non par la nature, une créature parfaitement sauvage. L'usage même d'une allusion si tendre au milieu de son langage épouvantable persuade sans équivoque qu'elle a réellement ressenti les aspirations maternelles d'une mère envers son enfant, et qu'elle considérait cet acte comme le plus énorme qui ait jamais exigé la force humaine. nerfs pour sa perpétration. Son langage adressé à Macbeth est le plus puissamment éloquent que la culpabilité puisse utiliser. Ce n'est que dans un soliloque qu'elle invoque les pouvoirs de l'enfer pour la désexualiser. À son mari, elle avoue, et le naturel de son langage nous fait la croire, qu'elle avait éprouvé l'instinct de l'amour filial aussi bien que maternel. Mais elle fait de ses vertus mêmes le moyen de se moquer de son seigneur : « Tu as le lait de la bonté humaine dans ton cœur, lui dit-elle (en substance), mais l'ambition, qui est ma passion dominante, serait aussi à toi si tu avais du courage. Avec un désir ardent de supprimer, si vous le pouvez, toutes vos faiblesses de sympathie, vous êtes trop lâche pour vouloir l'acte, et vous ne pouvez qu'oser le souhaiter. Vous parlez de sympathies et de sentiments. Moi aussi, j'ai ressenti avec une tendresse que votre sexe ne peut connaître ; mais je suis résolu dans mon ambition de piétiner tout ce qui fait obstacle à mon chemin vers une couronne. Regardez-moi et ayez honte de votre faiblesse.

« Dans l'énorme suspense de ces moments » (quand Duncan dort), nous dit encore Mme Siddons, « tandis qu'elle se souvient de son humanité habituelle, un trait de sentiments tendres s'exprime : « S'il n'avait pas ressemblé à mon père pendant son sommeil, je je l'avais fait.'

À travers de nombreuses pages, Mme Siddons nous donne ainsi son point de vue sur le personnage de Lady Macbeth ; frisant parfois une pomposité presque johnsonienne. Ses critiques ultérieures des rôles dans lesquels elle a joué confirment l'affirmation selon laquelle elle n'avait pas une puissance intellectuelle qui se renforçait ou s'étendait après le « milieu du chemin de la vie ». Cette année 1785 vit son grand triomphe. Mais nous doutons qu'elle n'ait pas déjà maîtrisé l'idée de refroidir et de terrifier son public lorsque, comme elle le décrit, elle s'est plongée dans un paroxysme de terreur en étudiant pour la première fois le rôle alors qu'elle était une jeune fille. La puissance physique et la confiance nécessaires pour communiquer cette terreur lui appartenaient désormais, mais la compréhension intellectuelle était là auparavant et n'a certainement pas augmenté ; au contraire, il s'est détérioré avec les années. Le pouvoir d'une nouvelle compréhension disparut, et avec lui l'élasticité et la variété de ses effets antérieurs ; et de singulièrement simple et directe, elle devint théâtrale et artificielle. Un artiste fait prononcer certains mots ; il obtient l'esquisse, pour ainsi dire, du personnage qu'il doit incarner, mais l'accent et la passion qu'il y met, qui vont directement de son cœur au cœur de son public, doivent être les siens, et les siens seuls, et doit être le moins possible l'effet d'une étude ou d'une délibération. Ainsi, les ingrédients de la terreur, de l'ambition et de l'amour conjugal et maternel étaient les émotions simples imprimées d'abord dans le cerveau de Mme Siddons par l'étude du rôle ; et ce sont les influences prédominantes par lesquelles elle a influencé son public jusqu'au dernier jour où elle a joué ce rôle.

Nombreux sont les récits que nous possédons de cette grande performance — tout le monde a entendu parler de Lady Macbeth de Mme Siddons — mais, hélas ! combien ils sont insuffisants pour nous donner une idée de la merveilleuse réalité. Les tons bizarres, qui faisaient frémir involontairement la maison ; la mélancolie déconcertée ; et enfin le cri pitoyable du cœur fort brisé, nous sont parvenus comme traditions ; mais la grandeur de sa majesté, les accents sérieux alors que le démon du caractère s'emparait d'elle, doivent toujours nous rester une sensation inconnue. Celui qui l'a vue un jour le jouer dans les coulisses, avec la désillusion de l'ocre rouge, barbouillé par sa servante sous ses yeux ; son murmure, que Christopher North a qualifié avec éloquence de « soupirs et gémissements fugitifs de l'âme mise à nu » ; son visage, mélange terrible d'espoir, d'appréhension et de résolution, lui donnait un sentiment maladif de réalité. Sa langue resta collée au palais, malgré l'évidence de ses yeux que l'assassinat était une supercherie mécanique dans laquelle le pot de peinture jouait un rôle évident. Si un détective avait fait son apparition à ce moment-là, il déclare qu'il se serait immédiatement rendu comme *participeps criminis* , complice avant et après l'événement. Toute la fiction, si inimitablement jouée et si puissamment décrite, avait chassé les faits et la raison du trône.

Mais il faut revenir à la première nuit. C'était le 2 février. Toute l'intelligence et la mode de la ville étaient présentes : Burke, Fox, Wyndham, Gibbon, au premier rang, et surtout Sir Joshua Reynolds, qui s'intéressait particulièrement à son interprétation du personnage. Il avait une place dans l'orchestre, où il avait le privilège de s'asseoir en raison de sa surdité. Il l'avait constamment exhortée à jouer Lady Macbeth auparavant et avait conçu sa robe pour la scène du somnambulisme. Inutile de dire que sa nervosité habituelle était décuplée. Tous l'avaient déclarée incapable d'interpréter les plus grandes pièces de Shakespeare. Elle avait atteint, soutenaient-ils, le point le plus élevé qu'elle était capable d'atteindre, et ses efforts pour aller plus haut n'étaient que présomption. Elle savait donc que si elle avait été critiquée auparavant, les observations seraient désormais bien plus sévères. La représentation des autres parties ne la satisfaisait pas non plus. Smith, populairement connu sous le nom de « Gentleman Smith » parce qu'il jouait généralement le rôle léger et aérien de l'amant dans les rôles de comédie, était le Macbeth, Brereton le Macduff et Bensley le Banquo ; et le souvenir de la popularité de Mme Pritchard dans ce rôle semblait se dresser entre elle et son public. Elle avait déjà prié le Dr Johnson de lui faire connaître son opinion sur Mme Pritchard, qu'elle n'avait jamais vue, et elle nous raconte dans ses *Souvenirs autographes* qu'il répondit :

« Madame, c'était une vulgaire idiote ; elle parlait de sa « robe », et elle ne lisait jamais aucun rôle dans une pièce dans laquelle elle jouait, sauf le sien. Elle ne pensait pas plus au jeu dans lequel son rôle était tiré qu'un cordonnier ne pense à la peau dans laquelle est coupé le morceau de cuir avec lequel il fabrique une paire de chaussures. Est-il possible, pensai-je, que Mme Pritchard, la plus grande de toutes les Lady Macbeth, n'ait jamais lu la pièce ? et j'en ai conclu que le Docteur avait dû être mal informé ; mais j'ai ensuite été assuré par un gentleman, un ami de Mme Pritchard, qu'il avait soupé avec elle un soir après qu'elle ait joué Lady Macbeth, et qu'elle a déclaré qu'elle n'avait jamais lu toute la tragédie. Je ne peux pas le croire."

Il semblerait difficile à une travailleuse comme Mme Siddons de concevoir la possibilité qu'une femme ne maîtrise pas toute la pièce si elle devait jouer le rôle de Lady Macbeth, mais nous pensons que le Dr Johnson a dû être trop sévère lorsqu'il a appelé un actrice qui, pendant des années, avait tenu la scène avec Garrick « un vulgaire idiot ». Et il ne fait aucun doute que la tradition de son rôle de Lady Macbeth était encore fermement ancrée dans la mémoire du public. Pour preuve, nous citerons ici un incident survenu la première nuit :

« Juste au moment où j'avais terminé ma toilette et que je réfléchissais avec crainte à ma première apparition dans le grand rôle diabolique, M. Sheridan vient frapper à ma porte et insiste, malgré toutes mes supplications, pour ne pas être interrompu dans ce moment terrible. être admis. L'entrée ne lui serait pas refusée, car il protestait qu'il devait me parler d'une circonstance qui concernait si profondément mon propre intérêt qu'elle était de la nature la plus grave. Eh bien, après de nombreuses querelles, j'ai été obligé de l'admettre, afin de pouvoir le renvoyer plus tôt et de me ressaisir avant le début de la pièce.

« Mais quelle ne fut pas ma détresse et mon étonnement quand je découvris qu'il voulait que, même dans ce moment d'anxiété et de terreur, j'adopte une autre façon de jouer la scène endormie ! Il m'a dit qu'il avait entendu avec la plus grande surprise et la plus grande inquiétude que j'avais l'intention d'agir sans tenir la bougie à la main ; et lorsque j'ai argumenté sur l'impossibilité de nettoyer ce « foutu endroit », ce qui était certainement sous-entendu à la fois par ses propres mots et par ceux de sa dame, il a insisté sur le fait que si je retirais la bougie de ma main, cela serait considéré comme une innovation présomptueuse. comme Mme Pritchard l'avait toujours gardé dans le sien. Cependant ma décision était prise, et il était alors trop tard pour m'y faire changer, car j'étais trop agité pour adopter une autre méthode. Ma déférence pour le goût et le jugement de M. Sheridan était cependant si grande que, s'il avait proposé la modification alors qu'il m'était possible de changer mon propre plan, j'aurais cédé à sa suggestion ; mais même alors, cela aurait été contraire à ma propre opinion et à mon observation de la précision avec laquelle les somnambules accomplissent tous les actes des personnes éveillées.

« La scène, bien sûr, a été jouée comme je l'avais moi-même conçue, et l'innovation, comme l'appelait M. Sheridan, a été accueillie avec approbation. M. Sheridan lui-même est venu me voir après la pièce et m'a félicité très naïvement pour mon obstination.

Essayons de nous rappeler la vision de Mme Siddons alors qu'elle jouait le rôle de Lady Macbeth cette nuit-là. C'était en 1785. Elle avait trente ans. La « fille timide et chancelante », qui était apparue pour la première fois sous le nom de Portia sur cette scène, était désormais une femme royale, dans tout le méridien de sa beauté majestueuse. Le succès l'avait développée intellectuellement et physiquement, et elle marchait sur scène dans la plénitude de sa puissance, presque comme un être surhumain.

Sa tenue dans les premier et deuxième actes était une lourde robe noire, avec une large bordure, qui courait depuis ses épaules jusqu'à ses pieds, du pourpre le plus vif, sur laquelle tombait un long voile blanc. Dans la troisième, elle changea ce costume pour une autre robe noire, avec de grandes bandes d'or laçantes et des ornements d'or autour de son cou et dans ses cheveux. Ces deux robes nous paraissent « scéniques », mais elle n'a jamais eu l'art de s'habiller elle-même ; cependant, son pouvoir était si grand que tous les accessoires mineurs de tenue vestimentaire et de décor furent oubliés. Pour la scène du somnambulisme, Sir Joshua avait conçu des nuages de draperies blanches enveloppant le visage pâle et tiré ; ils donnaient à son apparence une étrange bizarrerie , tandis que le regard vitreux qu'elle parvenait à lui jeter dans les yeux complétait l'horreur.

Le public était fasciné ; ils ne voyaient que ce visage fatigué et entendaient cette voix brisée par l'agonie et le remords. Ce fut une nuit de nuits, pour elle comme pour eux, et pourtant aucun applaudissement, aucun succès ne la détourna de sa concentration sur le but et l'enjeu de son art.

« Pendant que je me levais devant mon verre, nous dit-elle, et que j'enlevais mon manteau, une circonstance divertissante se produisit pour chasser les sentiments de la nuit anxieuse, car, *pendant que je répétais et tâchais de me rappeler le ton approprié et action aux mots suivants* : « Voici encore l'odeur du sang », s'est exclamée innocemment ma commode, « Chère moi, Madame, comme vous êtes très hystérique ce soir ! Je proteste et jure, Madame, que ce n'était pas du sang, mais de la rose et de l'eau ; car j'ai vu l'homme de la propriété tout mélanger de mes propres yeux.

C'était en effet l'époque faste de la scène anglaise. Avec une énergie courageuse et rassemblée, les artistes ont alors vu et reconnu le plus grand et ont déployé tous leurs nerfs pour l'atteindre. L'effet scénique était d'une importance mineure ; le développement de l'action mentale, la représentation de la passion étaient la fin et le but de l'art de l'acteur, auquel tout le reste était subsidiaire. Ils ont passé des années à développer une conception héroïque, non pas en ce qui concerne les détails des tissus d'ameublement et des peintures de scènes, mais en ce qui concerne la présentation de l'imagination du poète qu'ils entreprenaient de représenter.

CHAPITRE IX.
AMIS.

Inutile de dire qu'à cette époque, où le génie était vénéré et où l'entrée dans les cercles les plus exclusifs de la société était accordée aux talents de toutes sortes, l'hommage social rendu à Mme Siddons était des plus enthousiastes, dépassant parfois les limites du bien. goût. La porte du logement qu'elle occupait au Strand la première année où elle exerçait son activité fut bientôt assaillie par diverses personnes qui lui étaient tout à fait inconnues, dont certaines pénétrèrent de force dans son salon, malgré les remontrances ou l'opposition.

C'était aussi gênant qu'offensant ; car comme elle jouait habituellement trois fois par semaine et qu'elle devait en outre assister aux répétitions, elle n'avait que peu de temps à consacrer inutilement. Personne pourtant n'était plus capable qu'elle de tenir à distance la curiosité vulgaire. Elle nous raconte de façon comique un entretien qui a eu lieu entre elle et certains de ces individus intrusifs :

« Un matin, alors que j'avais donné l'ordre de ne pas être interrompu, mon domestique entra très précipitamment dans la pièce en disant : « Madame, je suis vraiment désolé de vous dire qu'il y a des dames en bas qui disent qu'elles doivent vous voir. , et il m'est impossible de l'empêcher. Je leur ai répété à maintes reprises que vous étiez particulièrement occupée, mais en vain, et maintenant, Madame, vous pouvez effectivement les entendre dans les escaliers. Je me sentis extrêmement indigné d'une impertinence sans pareille, et, avant que la servante ait fini de me parler, une personne grande, élégante et d'apparence invalide se présenta (que, j'en ai bien peur, je ne reçus pas très gracieusement), et après ses quatre plus, en succession lente. Un silence très gênant s'établit. A ce moment-là, la première dame parla. « Vous devez trouver étrange, dit-elle, de voir une personne qui vous est entièrement inconnue s'immiscer ainsi dans votre intimité ; mais, sachez-le, je suis dans un état de santé très délicat, et mon médecin ne me permet pas d'aller vous voir au théâtre, aussi je viens vous voir ici. Elle s'est donc assise pour regarder, et moi pour être regardé, pendant quelques instants douloureux, puis elle s'est levée et s'est excusée. Il y a quelque chose d'horrible qui nous fait frissonner, comme nous le dit la Muse Tragique : « Je n'étais pas d'humeur à ignorer une telle insolence, et je l'ai donc laissée partir en silence. » On peut imaginer son mépris méprisant dans ces circonstances. Mais ce n'est pas seulement dans sa propre maison qu'elle a dû payer le prix de la renommée ; le théâtre était envahi chaque soir à l'extérieur par une foule impatiente de la voir traverser le trottoir jusqu'à sa voiture ; ses robes étaient copiées, et les couturières chez qui elle s'adressait étaient importunes de les confectionner pour toutes les dames du monde. Non seulement à ces débuts, mais toute sa vie, Mme Siddons a occupé une position sans exemple pour l'une de ses professions. La maison qu'elle occupait dans Gore Street pendant sa deuxième saison était, lorsqu'elle recevait, remplie de tout ce qu'il y avait de brillant en littérature et en mode ; et plus tard à Westbourne Cottage, et lorsqu'elle était à Pall Mall, Campbell nous parle de rangées de « coachs et de chaises » devant sa porte. Les invitations à la plupart des grandes maisons de Londres affluent sur elle, et elle-même raconte de façon comique la manière dont elle a été assaillie par ses fidèles à la mode lors d'une réunion chez l'irréparable Miss Monkton (plus tard Lady Cork), l'une des Les « Blues » qui ont fait de la bizarrerie vestimentaire, de l'apparence et des manières une étude, et de la course aux « gens notoires » une science.

La jeune actrice n'avait cessé de décliner de nombreuses invitations, estimant que les moments arrachés à son métier devaient être consacrés aux soins de ses enfants. Miss Monkton insista cependant pour qu'elle vienne un dimanche soir, lui assurant qu'il n'y aurait qu'une demi-douzaine d'amis pour la rencontrer.

« Le dimanche soir fixé est arrivé. Je suis allé chez elle presque en déshabillé, au petit matin de huit heures, à cause de mon petit garçon, qu'elle m'a demandé d'amener avec moi, plus pour l'effet, je suppose, que pour ses *beaux yeux* . Je trouvai avec elle, comme on m'avait appris à m'y attendre, trois ou quatre dames de ma connaissance ; et le temps se passa en conversation agréable, jusqu'à ce que je sois resté beaucoup plus longtemps que je ne l'avais prévu.

« J'étais, bien sûr, sur le point de rentrer chez moi, lorsque des coups de tonnerre incessants et répétés à la porte et l'afflux soudain d'une foule de gens comme je n'en avais jamais vu auparavant rassemblés dans une maison privée, ont contrecarré toutes les tentatives que je pouvais faire. pour l'évasion. Je fus donc obligé, dans un état de mortification indescriptible, de m'asseoir tranquillement jusqu'à je ne sais quelle heure du matin ; mais pendant des heures avant mon départ, la pièce dans laquelle j'étais assis était si bondée que les gens se tenaient absolument sur les chaises, autour des murs, pour pouvoir regarder par-dessus la tête de leurs voisins et me dévisager ; et sans la politesse bienveillante de M. Erskine, qui avait été au courant de mon arrangement, je ne sais dans quelle faiblesse j'aurais pu être surpris, surtout étant tourmenté, comme je l'étais, par les interrogations ridicules de quelques savants. des dames qu'on appelait « Blues », titre dont je n'appréciais pas alors le sens ; je comprenais encore moins le sens de la plus grande partie de leur savant discours. Ces dames profondes, cependant, fournirent beaucoup d'amusement à la ville pendant plusieurs semaines après, et je crois que je pourrais dire pendant tout l'hiver. J'étais assez heureux de me retrouver enfin en paix dans ma propre chambre.

Le Dr Doran fait se dérouler cette scène chez Mme Montagu ; mais outre le récit de cette soirée remarquable par la victime, qui donne une telle image de l'époque, nous avons ceux de Cumberland et de Miss Burney. Cumberland, dans l' *Observer*, déguisant les gens sous de faux noms, nous dit :

Je rejoignis alors un groupe de gens qui s'étaient serrés autour d'une actrice assise sur un canapé, appuyée sur son coude, dans une attitude pensive, et qui semblait compter les bâtons de son éventail, tandis qu'ils rivalisaient dans les éloges les plus extravagants. .

« Tu étais adorable hier soir à Belvidera », dit un jeune pasteur coquin avec une toupée haute. « J'étais assise dans la loge de Lady Blubber, et je peux vous assurer qu'elle, ainsi que ses filles, ont pleuré amèrement. Mais alors cette charmante scène de folie — mais, par mon âme, c'était un *chef-d'œuvre* ! Je vous en prie, Madame, permettez-moi de vous demander : étiez-vous vraiment raisonnable ?

"Je me suis efforcée de le faire du mieux que je pouvais", a répondu l'actrice.

"Avez-vous l'intention de jouer de la comédie la saison prochaine?" dit une dame en s'approchant d'elle avec beaucoup d'empressement.

«Je ferai ce que le directeur me demande», répondit-elle.

« Je serais curieuse de savoir, dit une dame âgée, quel rôle, Madame, estimez-vous vous-même le meilleur que vous jouez ?

«Je m'efforcerai toujours de faire de ce que je représente le meilleur.»

Une élégante et charmante jeune femme du monde prit alors son tour d'interroger et, avec de nombreuses excuses, demanda à ce qu'elle lui indique si elle étudiait ces regards et ces attitudes enchanteurs devant un verre ?

"Je n'étudie jamais autre chose que mon auteur."

« Alors vous les pratiquez lors des répétitions ? » » répondit l'interrogateur.

« Je répète rarement. »

« Elle a de beaux yeux », dit un poète tragique à un peintre éminent.

Vanessa s'approcha alors et, désirant la permission de présenter une jeune muse à Melpomène, présenta une jeune fille en robe blanche, avec un filet de fleurs noué autour de ses cheveux, qui pendaient dans son dos en boucles fluides. La jeune muse fit une faible révérence, et, avec la voix et le visage les plus dégagés, tandis que la pauvre actrice était couverte de rougeurs et souffrant de la torture des yeux de tous dans la pièce, elle s'écria ainsi :

« Ô toi, que la nature appelle sienne,

Fierté de la scène et favori de la ville !

Miss Burney, qui était présente, apporte également son récit de ce qui s'est passé : -

Mon père et moi étions tous deux fiancés à Miss Monckton ; Sir Joshua aussi, qui nous accompagnait. Nous y avons trouvé Mme Siddons, l'actrice. C'est une femme d'un excellent caractère et, par conséquent, je suis très heureux qu'elle soit ainsi patronnée, puisque Mme Abington, et tant de personnes blondes et fragiles, ont été ainsi remarquées par les grands. Elle se comportait avec beaucoup de bienséance, très calme, modeste, tranquille et sans affectation. Elle a un très beau visage et ses yeux sont à la fois intelligents et doux. Elle a cependant une stabilité dans ses manières et son comportement qui n'est en aucun cas engageante. Mme Thrale, qui était là, a déclaré :

« Eh bien, c'est une déesse de plomb que nous adorons tous ; cependant, nous le dorons bientôt.

Une dame qui était assise près de moi commença alors un dialogue avec M. Erskine, qui s'était placé exactement en face de Mme Siddons, et ils débattirent ensemble sur sa manière d'étudier ses rôles, discutant sur ce point avec une grande chaleur, mais non seulement indulgents. pour demander à Mme Siddons elle-même ce qui était juste, mais cela l'a complètement accablée par leur loquacité lorsqu'elle a tenté, sans qu'on lui ait demandé, d'expliquer l'affaire. Les éloges les plus véhéments de tout ce qu'elle a fait ont suivi, et la dame s'est tournée vers moi et m'a dit :

« Quelle invitation, Miss Burney, est là pour que le génie se manifeste ? Tout le monde, à ce que j'entends, est au travail pour Mme Siddons ; mais si vous vouliez travailler pour elle, quelle incitation à exceller vous auriez tous deux. Dr Burney — »

« Oh, je vous en prie, Madame, m'écriai-je, ne lui dites pas — »

"Oh, mais je le ferai. Si mon influence peut vous faire du mal, vous pouvez compter sur moi.

Elle répéta alors ce qu'elle avait dit à mon père, et il dit aussitôt :

"Votre Seigneurie peut être sûre de mon intérêt."

J'ai ensuite murmuré pour savoir qui elle était et j'ai entendu dire qu'elle était Lady Lucan. [1]

Il est amusant de voir à quel point Fanny Burney, vaniteuse, doit toujours tourner chaque incident sur elle-même. Lorsqu'elle a travaillé pour Mme Siddons, la pièce a été accueillie avec des éclats de rire et n'a été jouée qu'une nuit.

Nous trouvons dans la description ci-dessus un indice sur l'impopularité de Mme Siddons. Le petit Burney, à la tête crépue, et Mme Thrale, qui « sautillait comme un jeune enfant, toute en vivacité et enjouement », ne parvenaient pas à comprendre « la fermeté de ses manières » et sa manière digne de réprimer les admirateurs intrusifs. Personne n'appréciait plus l'admiration et l'amour de ses amis intimes que Mme Siddons, mais face à l'adoration de la société en général, elle était glaciale.

Sir Joshua Reynolds allait fréquemment la voir jouer et elle était une invitée bienvenue dans la maison de Leicester Fields.

« Il approuvait, écrit-elle, une grande partie de mes costumes et de mes cheveux sans poudre, dont on se servait alors en grande profusion, avec une teinte brun rougeâtre, et une grande quantité de pommade, qui, bien pétrie ensemble, , modelait les tresses des belles dames en de grandes boucles comme un demi-canon. Mes mèches étaient généralement tressées en un petit compas, de manière à déterminer la taille et la forme de ma tête, ce qui, pour l'œil d'un peintre, était, bien entendu, une agréable rupture avec la mode. Ma taille courte lui constituait également un agréable contraste avec les longs corsets raides et les jupons à cerceaux qui étaient alors à la mode, même sur scène, et cela obtint son approbation sans réserve. Il siégeait toujours dans l'orchestre ; et à cet endroit on pouvait voir — ô glorieuse constellation ! — Burke, Gibbon, Sheridan et Windham.

C'est chez Reynolds qu'elle a rencontré Edmund Burke pour la première fois. L'histoire raconte qu'elle lisait Milton pour le bénéfice de la compagnie, lorsqu'elle entendit les tons profonds et mélodieux du grand orateur répéter, alors qu'elle fermait le livre, les lignes commençant par « L'ange cessa ». Ce visage merveilleux, plein de puissance ardente, était visible parmi ceux qui l'entouraient. Il était ensuite fréquemment présent pendant qu'elle s'asseyait auprès de Reynolds pour son portrait. Elle a toujours considéré le mercuriel Sheridan comme un ami, malgré la manière dont il la traitait. Elle aimait sa belle et douce épouse, et certaines de ses heures les plus heureuses se passaient en leur société. Là, elle abandonna toute sa majesté et devint la jeune fille au cœur joyeux du bon vieux temps de Bath.

Sir Thomas Lawrence a entretenu toute sa vie un sentiment qui s'apparentait presque à une adoration pour le génie et la beauté de Mme Siddons. Il l'a peinte ainsi que John Kemble dans chaque robe et chaque pose. Il fut fiancé par la suite à deux de ses filles, l'une puis l'autre. Il a proposé à la fille aînée, Sarah; a été accepté ; mais, peu de temps après, il devint misérable et abattu, et finit par avouer à Mme Siddons qu'il s'était trompé sur ses sentiments et que c'était sa plus jeune fille, et non l'aînée, qui était l'objet de son affection. Fanny Kemble dit :—

Sarah a abandonné son amant et il s'est fiancé à la seconde, Maria. Cependant, tous deux sont morts de consomption. Maria, la plus jeune, une fille extrêmement belle, mourut la première et, sur son lit de mort, fit promettre à sa sœur qu'elle n'épouserait jamais Lawrence. La mort de ses filles a rompu tout lien entre Sir Thomas Lawrence et ma tante, et à partir de ce moment, ils ne se sont plus jamais vus ni n'ont eu de relations sexuelles. Pourtant, peu de temps après, Mme Siddons, dînant avec nous un jour, a demandé à ma mère comment se passait le croquis que Lawrence faisait de moi. Après la réponse de ma mère, ma tante resta quelque temps silencieuse, puis, posant sa main sur le bras de mon père, elle dit : « Charles, quand je mourrai, je souhaite être portée dans ma tombe par toi et Lawrence.

Lawrence atteignit sa tombe alors qu'elle chancelait encore au bord de la sienne.

Le jour de mon vingtième anniversaire, qui tomba peu après ma première apparition, Lawrence m'envoya une magnifique planche d'épreuve de ma tante sous le nom de « Muse tragique », magnifiquement encadrée et avec cette inscription : « Ce portrait, par le plus grand peintre d'Angleterre, du plus noble sujet de son crayon, est présenté à sa nièce et *digne successeur* par son humble ami et serviteur le plus fidèle, Lawrence. Quand ma mère a vu cela, elle s'est exclamée et a dit : « Je suis surprise qu'il se soit jamais résolu à écrire ces mots « digne successeur ».

Quelques jours après, Lawrence m'a supplié de lui restituer le tirage, car il n'était pas satisfait de la finition du cadre. On le lui avait envoyé, et quand il lui était revenu, il avait effacé les mots par lesquels il avait admis tout digne successeur à sa « Muse tragique » ; et M. H — , qui était alors son secrétaire, m'a dit que Lawrence avait laissé l'estampe avec cette inscription dans son salon pendant plusieurs jours avant de me l'envoyer, et lui avait dit : « Je ne peux pas supporter de Regarde ça."

Parmi ces artistes, poètes, hommes d'État, qui étaient continuellement présents à ses représentations et se rendaient ensuite à la porte de sa loge pour lui rendre hommage, on pouvait fréquemment voir plus tard Byron. Il la déclara « le *beau idéal* du métier d'acteur » et déclara : « Je ne verrais pas Miss O'Neill de peur d'affaiblir l'impression faite par la reine des tragédiens. Quand je lis le rôle de Lady Macbeth, j'ai Mme Siddons devant moi, et l'imagination me fournit même sa voix, dont le ton était surhumain et le pouvoir sur le cœur surnaturel. À une autre occasion, il aurait dit que parmi les acteurs, Cook était le plus naturel, Kemble le plus surnaturel et Kean le médium entre les deux, mais que Mme Siddons valait tous ensemble.

La première année où elle a joué, « les messieurs du bar lui ont orné les sourcils de laurier », comme elle le dit elle-même. Le « laurier » prenait la forme substantielle d'une centaine de guinées et d'une couronne présentées par deux avocats. Elle a déclaré qu'il s'agissait de la circonstance la plus brillante de sa vie et a fait modestement allusion à ses « faibles capacités » et à ses prétentions insuffisantes. Les messieurs du Brookes's Club ont également confectionné un beau cadeau.

"Mme. Siddons continue d'être à la mode », écrit Horace Walpole, « et d'être modeste et sensé. Elle refuse les grands dîners et dit que les affaires et les soucis de sa famille lui prennent tout son temps. Lorsque Lord Carlisle lui apporta l'argent du tribut de Brookes, il dit qu'elle n'était pas assez *maniérée* . « Je suppose qu'elle était reconnaissante ? dit ma nièce, Lady Maria.

Il est facile d'imaginer la difficulté qu'elle éprouva à conserver sa renommée intacte au milieu de ce foyer de vices qu'était Covent Garden et de toute l'adulation qu'on lui prodiguait. Il est impossible, en effet, de dire combien d'ennemis elle s'est fait en repoussant des avances inopportunes et en excitant les jalousies et l'envie ; mais le pire qu'on puisse lui reprocher, c'est qu'elle était dure et hautaine. Elle était continuellement sur ses gardes. « On penserait aussi vite à faire l'amour avec l'archevêque de Cantorbéry », dira-t-on plus tard d'elle ; mais dans les premiers jours de sa première apparition à Drury Lane, elle fut souvent obligée de recourir à une rebuffade franche envers les aspirants à sa faveur.

Comme exemple curieux de la manière insidieuse avec laquelle des attaques étaient parfois faites pour gagner son estime, John Taylor raconte qu'un matin, en lui rendant visite, il la trouva en train de brûler des lettres qui lui avaient été restituées par les exécuteurs testamentaires. de la personne à qui ils étaient adressés. Il s'assit pour l'aider et, ce faisant, une copie imprimée de quelques vers scandaleux sur elle parus dans la *St. James's Gazette* tomba. Quelques lignes de l'écriture du poète décédé, écrites en haut de la page, prouvaient l'auteur et prouvaient que l'attaquant et le défenseur étaient une seule et même personne. En discutant ensuite de la question, Mme Siddons se rappela que la même personne avait autrefois tenté de saper son affection pour son mari en lui racontant des histoires sur son infidélité.

Nous ne pouvons nous empêcher de citer ici une lettre que Mme Siddons reçut plusieurs années après sa première apparition sur scène, alors qu'on aurait pu penser que son âge et sa réputation constituaient une protection suffisante contre de telles adresses :

La plus belle des femmes ! Dans Belvidera, Isabelle, Juliette et Calista, je vous ai admiré jusqu'à ce que mon imagination menace d'éclater et que les cordes de mon imagination soient prêtes à se briser en morceaux ; mais, en tant que Mme Siddons, je vous aime à la folie, et jusqu'à ce que mon cœur et mon âme soient submergés d'affection et de désir. Ne dites pas que le temps a fait une différence en années entre vous et moi. Les jeunes de son temps ne voyaient aucune ride sur le front de Ninon de l'Enclos. Il n'appartient qu'aux âmes vulgaires de vieillir ; mais vous fleurirez dans une jeunesse éternelle, au milieu de la guerre des éléments et du crash des mondes.

2 mai, Barley Mow, Salisbury Square.

Les persécutions de ce jeune Irlandais, car il était Irlandais, devinrent si acharnées qu'elle fut obligée de rechercher la protection de la loi. Son imagination débordante fut contenue pendant un certain temps par les effets désolants d'une peine d'emprisonnement.

Parfois aussi ses prétendus adorateurs se vantaient de faveurs jamais reçues.

« Si vous rencontrez un M. Seton, écrivit-elle au docteur Whalley, qui vivait à Leicester Square, vous ne devriez pas être surpris de l'entendre parler d'être très bien avec ma sœur et moi ; car, depuis que je suis ici, j'ai entendu dire que la vieille frayeur se répandait en ville. Vous trouverez en lui une personne plutôt improbable pour être un si grand favori des femmes.

Parmi les dames à la mode, elle comptait de nombreuses amies fidèles. Les portes de la maison de Mme Montagu (centre de l'intellect et de la mode) lui étaient toujours ouvertes ; et nous entendons parler d'elle là-bas un jour où tous les « Bleus » pullulaient autour de leur « Reine des abeilles », et elle portait sa célèbre robe brodée des « ruines de Palmyre ».

Mme Damer (Anne Conway), fille du général Conway, célèbre sculpteur et femme de mode, était également l'une de ses amies les plus intimes, et plus tard dans sa vie, l'actrice a passé de nombreuses heures dans son studio lorsqu'elle s'est mordue d'amour pour le mannequinat. . Campbell dit que l'amour de Mme Siddons pour le modelage en argile a commencé à Birmingham ; et il raconte l'histoire d'elle entrant dans un magasin là-bas, voyant un buste d'elle-même, dont le commerçant, ne sachant pas qui elle était, lui dit qu'il ressemblait à la plus grande actrice du monde. Mme Siddons l'a acheté et, pensant pouvoir créer une meilleure réplique de ses propres caractéristiques, s'est mise au travail et a fait du mannequinat son activité favorite. Nous ne savons guère si l'impulsion a été ainsi donnée, mais c'était la mode de l'époque. Mme Damer, qui était déclarée par ses admirateurs « comme étant un aussi grand sculpteur que M. Nollekens », et beaucoup d'autres dames raffinées, portaient des casquettes de foule et des tabliers de toile, brandissant un maillet et un ciseau, et pétrissant de la cire et de l'argile avec leurs petites mains blanches. Mme Siddons était souvent l'invitée de Mme Damer à Strawberry Hill.

Dans son cercle d'amies, il ne faut pas non plus oublier la belle, fascinante et bègue Mme Inchbald, sa chère muse et celle de son frère John. On raconte qu'un soir, sortant de scène, elle était sur le point de s'asseoir à côté de Mme Siddons dans le salon vert, quand, regardant soudain sa magnifique voisine, elle dit : « Non, je ne vais pas m'asseoir. par toi; tu es trop beau ! à cet égard, elle n'aurait certainement pas dû craindre aucune concurrence, et moins avec Mme Siddons qu'avec quiconque, leur style de beauté étant si absolument différent.

Miss Seward était une des adoratrices de son entourage, mais, malgré les pages de rhapsodies sur le thème « du plus glorieux de son sexe », écrites à « ses chers Lichfieldiens » et les odes versées à « Isabella » et «Euphrasie», c'est un fait significatif que nous ne trouvons pas une lettre personnellement adressée à Mme Siddons, ni une de Mme Siddons qui lui est adressée. Pratique et sincère elle-même, la grande actrice n'aimait pas les « jaillissements » de toutes sortes. Miss Seward a écrit : « Mes chers amis, je suis arrivée ici à cinq heures. Pensez à ma mortification ! Mme Siddons à Belvidera ce soir, comme on le suppose, pour la dernière fois avant de se coucher. J'ai demandé à Mme Barrow s'il serait impossible d'entrer dans la fosse. « Ô ciel ! » dit-elle, impossible dans aucune partie de la maison ! Mme B— est , je trouve, dans le cercle *du petit souper ;* alors le cher joue des oratorios, et ce sera un peu trop à mon goût, hors de question. Adieu! Adieu!"

L'encens lichfieldien était un peu trop piquant pour les narines auxquelles il était offert. La grande actrice écrivit avec lassitude à son ami le docteur Whalley :

« Croyez-moi, mon cher monsieur, ce n'est pas le manque d'inclination, mais l'occasion, qui m'empêche de vous répondre plus fréquemment : mais ai-je besoin de vous le dire ? Non; vous jugez généreusement mon cœur par le vôtre. Je crains d'avoir paru très insensible, et par conséquent indigne de l'honneur que Miss Seward m'a fait ; mais la ronde perpétuelle des affaires dans laquelle je suis engagé est incroyable. Dois-je empiéter sur votre bonté pour dire que je me sens comme je le devrais à cette occasion ?

Elle fait ensuite allusion à la gentillesse du roi et de la reine qui, parfois dans une mesure gênante, lui ont été témoignées toute sa vie.

« Je crois vous avoir dit que la Reine avait gracieusement inscrit mon fils sur sa liste pour la Chartreuse ; et elle m'a fait l'honneur de marquer ma réputation par son honorable approbation. Ils m'ont vu dans tous mes personnages sauf Isabelle, qu'ils ont commandé pour lundi prochain ; mais, m'ayant vu hier soir à Jane Shore, et jugeant très humainement que des répétitions trop rapides de tels efforts pourraient nuire à ma santé, le roi lui-même envoya très gracieusement voir les directeurs et dit qu'il devait se refuser le plaisir de voir Isabelle jusqu'à ce que Mardi. C'est la deuxième fois qu'il me distingue de cette manière. Vous voyez beaucoup de moi dans les journaux, dans ma nomination à la Cour, etc. Tout cela est sans fondement ; mais j'ai le plaisir de vous informer que mon succès a dépassé même mes espérances. Ma sœur est fiancée et réussit. Dieu soit loué pour toutes ses miséricordes ! Vous me considérerez comme un égoïste, je le crains. Je serai certainement à Bath pendant la Semaine de la Passion, si je suis en vie. Je compte les heures jusque-là.

Nos lecteurs aimeront peut-être savoir que lorsque Leurs Majestés, avec le prince de Galles, la princesse royale et la princesse Augusta, se rendirent en cérémonie, le 8 octobre 1783, pour voir Mme Siddons jouer Isabella, le souverain et son épouse étaient assis sous un dôme recouvert de velours cramoisi et d'or ; l'héritier du trône était assis sous une autre de velours bleu et d'argent ; et les jeunes princesses sous un tiers de satin bleu et franges d'argent. Georges III. portait « un costume simple de couleur Quaker, avec des boutons dorés ; la reine, une robe de satin blanc, avec une coiffure ornée d'un grand nombre de diamants ; la princesse royale était vêtue d'une soie figurée blanche et bleue, et la princesse Augusta d'une soie rose et blanche du même motif que celle de sa sœur, ayant toutes deux leurs coiffures richement ornées de diamants. Son Altesse Royale le Prince de Galles portait un costume de velours de Genève bleu foncé, richement bordé de dentelles dorées.

On nous dit en outre qu'à cette occasion, Mme Siddons était très indisposée avant de monter sur scène ; et, après que le rideau fut tombé à la fin du cinquième acte, elle fut si gravement malade qu'elle ne fut pas capable de marcher sans appui jusqu'à sa loge. Malgré sa souffrance, elle a vécu ce rôle comme inspirée. La reine était si affectée par sa performance que Sa Majesté semblait alarmée et détournait souvent son attention des situations et des passages susceptibles de la chagriner.

Le grognement suivant a été trouvé parmi les papiers d'Horace Walpole :

Pour la *Chronique du matin* . Sur le roi commandant la tragédie de *la fille grecque* le jeudi 2e inst. 10 janvier 1783.

ÉPIGRAMMATIQUE

Siddons à voir : le roi, les seigneurs et les communes courent,

Je suis heureux d'oublier que la Grande-Bretagne est défaite.

Le jésuite Shelburne, l'apostat Fox,

Et des taureaux et des ours, ensemble dans une boîte.

Thurlow néglige ses promesses envers ses amis ;

Et Townsend gribouillant n'envoie plus de lettres.

Les villes abandonnent leurs fêtes, et les sots abandonnent leur vin ;

Chaque jeune crie « Charmant ! » et chaque servante : « Divine ! »

Voyez, de fausses larmes coule un abondant torrent,

Mais pas un seul, pour les malheurs de leur pays.

Le club des dépensiers, le bar des rapaces

C'est par les mots, et non par les armes, que nous soutenons la guerre sans effusion de sang.

Laissons l'Espagne obtenir Gibraltar, nos îles la France,

Alors Siddons agit, ou Vestris mène la danse.

Courez, nation folle ! la ronde frénétique du plaisir ;

Pour que le théâtre, le violon et la danse soient réputés !

Bientôt, les flottes étrangères domineront le continent occidental ;

George n'occupe aucun trône autre que celui de Drury Lane.

Merlin.

Georges III. il l'admirait, dit-il, « pour son repos », ajoutant : « Garrick ne pouvait jamais rester immobile ; c'était un grand agité. La reine lui dit, dans un anglais approximatif, que la seule ressource était de se détourner de la scène ; le jeu des acteurs était en effet trop « désagréable ». Elle était fréquemment appelée pour lire au Palais et pour donner des leçons d'élocution aux jeunes princesses.

Dans les mémorandums de Mme Siddons, nous trouvons le récit d'une de ces lectures. Elle se sentait extrêmement mal à l'aise, nous dit-elle, dans le « sac » avec « des volants à cerceaux et triples qu'il était jugé nécessaire de revêtir, selon l'étiquette de la cour ». A son arrivée, elle fut conduite dans une antichambre, où se trouvaient des dames de haut rang qu'elle connaissait, tandis que bientôt le roi apparut, entraînant une de ses petites filles dans un « kart ». Cette petite princesse avait environ trois ans ; et lorsque Mme Siddons fit remarquer à la dame qui se tenait à côté d'elle qu'elle avait envie d'embrasser l'enfant, celle-ci lui tendit sa petite main… si tôt elle avait appris cette leçon de royauté. Mme Siddons fut obligée de rester debout pendant toute une longue soirée, préférant cela à leurs offres de rafraîchissement dans une pièce voisine, car elle était terrifiée à l'idée de se retirer à reculons dans « toute la longueur d'un long appartement, avec des bruits très intenses ». sol ciré et glissant. Sa Majesté exprima en privé beaucoup d'étonnement de la voir ainsi recueillie, et fut heureuse de dire que l'actrice s'était conduite comme si elle avait été habituée à une cour. « J'ai certainement souvent incarné des reines », a déclaré l'actrice.

Il peut être mentionné comme un fait remarquable que la première personne en dehors de la famille royale qui semble avoir soupçonné que la folie s'emparait du roi était Mme Siddons. Lors d'une visite qu'elle rendit alors au château de Windsor, le roi, sans aucun motif apparent, lui remit entre les mains une feuille de papier ne portant que sa signature - incident qui lui parut si inexplicable qu'elle la porta immédiatement au château de Windsor. Reine, qui la remercia avec gratitude pour sa discrétion.

Mais plus que toutes les attentions de la royauté, plus que toutes les flatteries que lui prodiguaient les grands personnages, plus que tous les applaudissements et les adorations qu'elle recevait des foules qui assiégeaient le théâtre, elle appréciait les éloges avec parcimonie et les secousses sincères du théâtre. main minable, noble, couverte de tabac, de « la Grande Ourse », devant le grondement de laquelle tout le monde tremblait.

La Vie de Johnson de Boswell, il nous dit que le Docteur avait un préjugé singulier à l'égard des joueurs, des « gars futiles » qu'il n'évaluait pas plus haut que les danseurs de corde ou les chanteurs de ballades. Ce préjugé ne l'a cependant pas empêché de s'en aller voir la pauvre Mme Porter, infirme, abandonnée par le reste du monde. Le début de son attachement pour Mme Siddons est tout à fait caractéristique. Il parlait toujours à son cercle d'adoratrices de cette jade, Mme Siddons, jusqu'à ce qu'une des « belles femmes » lui suggère de voir l'actrice.

« Mais en effet, docteur Johnson, » dit Miss Monckton, « vous *devez* voir Mme Siddons. Ne la verras-tu pas dans un beau rôle ?

"Eh bien, s'il *le faut* , Madame, je n'ai pas le choix."

"Elle dit, Monsieur, elle aura très peur de vous."

"Madame, cela ne peut pas être vrai."

"Pas vrai?" » dit Miss Monckton en regardant fixement. "Oui c'est le cas."

"Cela *ne peut pas* être le cas, Madame."

«Mais elle me l'a dit; Je l'ai entendue le dire moi-même.

« Madame, ce n'est pas *possible* ; rappelez-vous donc à l'avenir que même la fiction doit s'appuyer sur la probabilité. »

Miss Monckton parut toute étonnée, mais insista sur la vérité de ce qu'elle avait dit.

« Je ne crois pas, Madame, dit-il chaleureusement, qu'elle connaisse mon nom.

"Oh, c'est une note trop basse", a déclaré un gentleman inconnu.

"En ne connaissant pas mon nom", continua-t-il, "je ne veux pas dire littéralement, mais que lorsqu'elle le verra abusé dans un journal, elle se souviendra peut-être qu'elle l'a déjà vu abusé dans un journal."

"Eh bien, monsieur," dit Miss Monckton, "mais vous devez la voir pour tout cela."

« Eh bien, Madame, si vous le désirez, j'irai ; je ne la verrai pas, je ne l'entendrai pas ; mais j'y vais, et ça suffira. La dernière fois que j'étais à une pièce de théâtre, j'y ai été commandé par Mme Abington, ou par une Mme Quelqu'un, je ne me souviens plus très bien qui, mais je me suis placé au milieu de la première rangée des premières loges, pour montrer que lorsque On m'a appelé, je suis venu.

Il tint sa promesse, et l'énorme silhouette négligée, vêtue d'un manteau brun gras et de gros bas noirs en laine, fut vue à plusieurs reprises prenant des poignées de tabac à priser et critiquant l'actrice avec sa manière franche et grogneuse. Elle lui rendit ensuite visite dans son antre de Bolt Court, à laquelle il fait allusion dans une de ses lettres à Mme Thrale :

"Mme. Siddons, lors de sa visite chez moi, s'est comportée avec beaucoup de modestie et de bienséance, et n'a rien laissé derrière elle qui puisse être censuré ou méprisé. Ni l'éloge ni l'argent, les deux puissants corrupteurs de l'humanité, ne semblaient l'avoir dépravée. Je serai heureux de la revoir. Son frère Kemble m'appelle et me plaît très bien. Mme Siddons et moi avons parlé de pièces de théâtre, et elle m'a fait part de son intention de montrer cet hiver le personnage de Constance, Catherine et Isabelle dans Shakespeare.

Boswell nous donne également le récit de ce qui s'est passé : -

"Quand Mme Siddons entra dans la pièce, il n'y avait pas de chaise prête pour elle, ce qu'il observa, dit avec un sourire : 'Madame, vous qui causez si souvent le besoin de sièges à d'autres personnes, excuserez plus facilement le vous en voulez un vous-même.

« Après s'être placé auprès d'elle, il entreprit avec une grande bonne humeur l'étude du drame anglais ; et, entre autres demandes, lui demanda particulièrement lequel des personnages de Shakespeare elle était le plus satisfaite. En répondant, elle pensait au personnage de la reine Catherine dans *Henri VIII.* le plus naturel : « Je le pense aussi, Madame, dit-il ; « et chaque fois que vous le jouerez, j'irai moi-même au théâtre une fois de plus. Mme Siddons a promis qu'elle se ferait l'honneur de jouer pour lui son rôle préféré, mais elle n'a pas pu le faire avant que le grand vieux Samuel ne soit enterré dans son dernier repos.

CHAPITRE X.
1782 À 1798.

La vie de Mme Siddons entre les années 1785 et 1798 s'est déroulée sur le tapis roulant professionnel, et son histoire au cours de cette période est mieux racontée par le récit des personnages qu'elle incarnait.

Après son apparition dans le rôle de Lady Macbeth le 2 février, elle a choisi de jouer Desdémone dans Othello de son frère et, à la surprise générale, l'a joué avec une tendresse, un enjouement et une simplicité à peine attendus de la majestueuse actrice, qui avait terrifié son public. par sa représentation de l'épouse du Thane de Cawdor. Campbell nous raconte que même des années plus tard, lorsqu'il la vit jouer ce rôle à Édimbourg, sans reconnaître au début qui jouait le rôle, il fut fasciné par sa « grâce exquise » et pensa qu'il était impossible que « cette douce et douce créature puisse être les Siddons ». ", jusqu'à ce que, sous l'émotion et les applaudissements du public, il comprenne qu'il ne pouvait en être autrement.

Malheureusement, dans sa première représentation de cette partie, on lui a négligemment donné un lit humide sur lequel s'allonger dans la scène de la mort, et elle a attrapé un rhume si grave qu'il a failli menacer de rhumatisme articulaire aigu. De cette époque, sa délicatesse semble dater, car nous la voyons maintenant continuellement se plaindre et incapable de paraître à cause d'une mauvaise santé.

Après Desdémone, elle est apparue dans Rosalind, que l'on peut rejeter en critiquant l'acteur Young : « Sa Rosalind ne voulait ni enjouement ni douceur féminine, mais elle était totalement dénuée de malice – non pas parce qu'elle ne l'avait pas bien conçue ; mais comment un tel visage pourrait-il être maussade ? Sa robe, elle aussi, suscitait un grand amusement : « des vêtements mystérieux et indescriptibles ». Nous avons une lettre qu'elle a adressée à l'artiste Hamilton, lui demandant « s'il aurait la gentillesse de lui faire un léger croquis pour une robe de garçon afin de cacher la personne autant que possible ». La femme qui était capable d'adopter cette vision de la représentation de Rosalind n'était pas capable de jouer ce rôle.

Imogen, Ophélie, Catherine dans La *Mégère apprivoisée* et Cordélia, toutes ont joué avec son frère, se sont succédées rapidement. Ce dur travail lui donnait droit à un salaire de vingt-quatre livres dix shillings par semaine, tandis que son frère touchait dix livres. Non contente de cela, elle fit cependant une tournée dans les provinces, Liverpool, Manchester, Birmingham, etc. Ces tournées à la campagne étaient fatigantes non seulement en raison de la quantité de voyages à effectuer, mais aussi en raison du public antipathique auquel il fallait faire face et de l'inconfort des théâtres de campagne. Le système d'absorption de tous les bénéfices des acteurs provinciaux la rendait également très impopulaire dans la profession. Certaines histoires ridicules sont racontées à propos de ces tournées.

Alors qu'on jouait la « scène endormie » dans *Macbeth* , à Leeds, un garçon qu'on avait envoyé chercher un porteur apparut par erreur sur la scène et, s'approchant, la lui présenta. En vain elle le repoussa, en vain il fut rappelé en coulisses ; la maison éclata de rire et toute illusion fut dissipée pour le reste de la soirée. À une autre occasion à Leeds, alors qu'il s'apprêtait à boire du poison sur scène, l'un des spectateurs de la galerie a hurlé « Soop it oop, mass ! » Elle essaya de froncer les sourcils, mais sa propre solennité céda. Elle fréquentait également les théâtres de campagne, souvent soumise à une querelle locale ou à des facéties dirigées contre un ou plusieurs membres du public. Une fois à Liverpool, la pièce de *Jane Shore* , qui avait plongé le public londonien dans des crises de sanglots et d'hystérie, fut annoncée. La salle était pleine, et Miss Mellon, dont nous tenons l'histoire, dit que les acteurs en coulisses s'attendaient à une répétition de la même émotion ; mais les gens de la galerie, voyant présents les principaux marchands avec leurs familles, trouvèrent là une délicieuse occasion de faire preuve d'esprit sur le « soldat ». En conséquence, ils formèrent deux groupes, un de chaque côté de la galerie, et, du début à la fin de la pièce, entretinrent un dialogue croisé d'impertinence, sur « le chargement des fusils avec du sucre roux et des noix de coco » et « des petits bras avec de la cannelle en poudre et de la muscade.

Miss Mellon souffrait de l'objet de sa dévotion théâtrale. Elle pleurait, elle courait derrière les ailes comme si elle perdait la raison. Mme Siddons, cependant, calme quoique d'une pâleur mortelle, lui dit simplement, avec un léger tremblement dans la voix : « Je passerai le *temps* requis pour les scènes, mais je ne les prononcerai pas.

Elle est montée sur scène ; dit à haute voix : « Cela ne sert à rien d'agir », croisa les bras et se contenta de murmurer les discours ; et c'est un fait que, le premier soir où l'un des chefs-d'œuvre de Mme Siddons a été joué à Liverpool, elle a assisté à toute la représentation dans un spectacle stupide.

En décembre 1785, son deuxième fils, George, naquit. Dès qu'elle fut capable d'écrire, elle en fit part à ses amis, les Whalley, dans une de ses lettres vives et légères :

« J'ai un autre fils, sain et beau comme un ange, né le 26 décembre ; ainsi, voyez-vous, je profite de la première occasion pour soulager l'anxiété que je sais que vous et ma chère Mme Whalley ressentirez jusqu'à ce que vous entendiez parler de moi. Mon adorable garçon ressemble tellement à une personne de la famille royale que j'ai un peu peur qu'il me déshonore. Ma sœur me dit en plaisantant qu'elle est sûre que « ma dame, sa mère a joué un faux rôle avec le prince », et je dois admettre qu'il lui ressemble plus que n'importe qui d'autre. Je vais juste vous laisser entendre que mon père ressemblait autrefois beaucoup au roi, ce qui sauve un peu mon crédit. Je me réjouis que vous alliez bien et que vous ayez une société si agréable , mais je souhaite à Dieu que vous reveniez ! Je n'ai pas de nouvelles pour vous, sinon que le prince va se consacrer entièrement à une Mme Fitzherbert, et le monde entier en est en émoi. Je sais très peu de choses sur son histoire, si ce n'est que tout le monde s'accorde à dire qu'elle est une femme très ambitieuse et très intelligente, et que « tout ce qui semble bon par sa révolte sera considéré comme un crime », car elle était considérée comme un exemple. de bienséance. J'apprends aussi que la duchesse de Devonshire doit lui prendre la main et lui donner le premier dîner lorsque les préliminaires seront réglés ; car il semble que tout se passe avec la plus grande formalité : les dispositions prises pour les enfants, etc. Certains se réjouissent et d'autres pleurent cet événement. Je n'ai pas entendu ce que sa mère en dit. La famille royale a été presque entièrement malade, mais elle est maintenant en convalescence, et elle a gracieusement l'intention de m'ordonner de jouer dans *The Way to Keep Him* dès le premier soir de ma représentation. Ils me font une grâce au-delà de toute mesure en toutes occasions et profitent de toutes les occasions pour montrer au monde qu'ils le sont. Comme c'est bon et prévenant ! Ils savent à quel point leur visage est une sanction et ils sont aimables au-delà de toute description. Depuis mon confinement, j'ai reçu de leur part les messages les plus aimables ; ils me donnent suffisamment d'importance pour souhaiter que je ne pense à jouer que lorsque je me sentirai assez fort, et mille autres bonnes choses. Je perçois un petit tir dans mes tempes qui me dit que j'ai assez écrit.

« Je ne vous quitte cependant pas sans vous dire que je suis très déçu de la photo de moi que Sherriffe a faite et que j'ai peur de l'embaucher pour votre tabatière. Je ne sais qu'en faire, car cela promettait si bien que je l'ai presque engagé de tout mon cœur à le faire. Je n'ai pas été en face ces quatre derniers mois ; mais maintenant que je suis de plus en plus aimable, je vais me présenter le plus tôt possible. Que Dieu Tout-Puissant vous bénisse tous les deux !

"Le vôtre,

« S. SIDDONS .»

Plus tard, elle écrit de nouveau à Whalley :

« J'ai enfin, mon ami, atteint les *dix mille livres* auxquelles je tenais, et je suis maintenant parfaitement à l'aise en ce qui concerne la fortune. Je remercie Dieu qui m'a permis de me procurer un revenu si confortable. Je suis sûr que ma chère Mme Whalley et vous serez ravis d'entendre cela de ma part. Quelle chose ce serait un ballon ! mais, tant pis pour eux, je ne crois pas qu'ils soient susceptibles d'être utiles à quelque chose. Bon ciel! quel plaisir ce serait de vous voir pour quelques jours seulement ! J'ai une belle maison et je pourrais faire un lit. Je sais que vous et ma chère Mme Whalley accepteriez mes efforts sincères pour vous accommoder ; mais ne me laisse pas surprendre , mon cher ami, car si je te voyais d'abord au théâtre, je ne puis répondre des conséquences.

« Je supporte quelques coups avec une fermeté passable, je suppose par habitude ; mais celles de joie étant infiniment moins fréquentes, je conçois qu'elles doivent être plus difficiles à soutenir.

« Vous constaterez que j'ai été avare de mes louanges, quand vous verrez votre Fanny. Oh! mon ami bien-aimé, tu ne pourrais pas parler à quelqu'un qui comprend mieux que moi les angoisses dont tu parles. Il va sans dire que personne ne prie plus ardemment que Dieu Tout-Puissant, dans sa miséricorde, évite la calamité ; et sûrement, sûrement il y a tout à espérer de telles dispositions, améliorées par une telle éducation. Ma famille va bien, Dieu soit loué ! Mes deux sœurs sont mariées et heureuses. Mme Twiss nous présentera une nouvelle relation vers février. A Noël, j'amène mes chères filles de Miss Eames, ou plutôt elle me les amène. Eliza est la créature la plus amusante au monde ; Sally est extrêmement intelligente ; Maria et George sont magnifiques ; et Harry, un garçon avec de très bons rôles, mais pas disposé à apprendre.

Malgré sa déclaration selon laquelle une fois qu'elle aurait gagné dix mille livres, elle serait contente, nous la voyons travailler sans interruption pendant les deux années suivantes, allant de York à Édimbourg, d'Édimbourg à Liverpool. En 1788, Kemble succéda à King à la direction de Drury Lane et sa sœur revint pour l'assister, tout d'abord, dans sa renaissance spectaculaire de *Macbeth* , dans laquelle, entre autres innovations, il introduisit les esprits noir, gris et blanc, sous forme de bandes de petits garçons. L'un de ces diablotins s'est montré insubordonné et a été renvoyé en disgrâce ; son nom était « Edmund Kean ».

Ils ont ensuite joué *Henri VIII.* ensemble, Kemble se contentant de « doubler » les personnages de Cromwell et Griffith, Bensley possédant déjà le rôle de Wolsey. La représentation fut un succès à tous points de vue, et la reine Katherine de Mme Siddons était désormais considérée comme l'égale de son Lady Macbeth.

Le 7 février suivant, elle joue pour la première fois Volumnia avec Coriolanus de son frère. Un témoin oculaire nous dit :

« Je me souviens qu'elle descendait sur scène lors de l'entrée triomphale de son fils Coriolanus, lorsque son spectacle stupide suscitait des applaudissements qui secouaient le bâtiment. Elle venait seule, marchant et battant la mesure au rythme de la musique ; roulant (si ce n'est pas un terme trop fort pour décrire son mouvement) d'un côté à l'autre, se gonflant du triomphe de son fils. Telle était l'ivresse de joie qui jaillissait de ses yeux et illuminait tout son visage, que l'effet était irrésistible. Elle me semblait récolter pour elle toute la gloire de ce cortège. Je ne pouvais pas la quitter des yeux. Coriolan, bannière et spectacle, tout cela ne m'a servi à rien, une fois qu'elle a marché jusqu'à chez elle.

Nombreux sont les témoignages d'acteurs et d'actrices qui montrent son extraordinaire puissance personnelle. Young raconte qu'il jouait autrefois le rôle de Beverley avec elle à Édimbourg. Ils avaient atteint le cinquième acte, lorsque Beverley avait avalé le poison, et Bates entra et dit au mourant : « Jarvis vous a trouvé en train de vous disputer avec Jewishson dans les rues la nuit dernière. » Mme Beverley dit : « Non, je suis sûre que non ! » à quoi Jarvis répond : « Ou si je le faisais ? ce qui signifie, peut-on supposer, ajouter : « La faute n'en était pas à mon maître ». Mais au moment où il prononce les mots « Ou si je le faisais ? Mme Beverley s'exclame : « C'est faux, vieil homme ! Ils n'ont pas eu de querelle, il n'y avait aucune raison de se disputer ! » En prononçant cela, Mme Siddons attrapa Jarvis et poussa l'exclamation avec une douleur si perçante que Young dit que sa gorge était enflée et que sa voix était étouffée. Il était incapable de répéter les paroles que, en tant que Beverley, il aurait dû prononcer immédiatement. Le souffleur répéta le discours plusieurs fois, jusqu'à ce que Mme Siddons, s'approchant de son collègue acteur, posa le bout de ses doigts sur ses épaules et dit à voix basse : « M. Jeune, souviens-toi de toi.

Macready raconte un exemple tout aussi remarquable de son pouvoir. Dans le dernier acte de *Tamerlan de Rowe* , lorsque, sur ordre du tyran Moneses, l'amant d'Aspasia est étranglé sous ses yeux, elle s'est mise à un tel point d'agonie que, alors qu'elle coulait un tas sans vie devant le meurtrier, le public resta quelques instants stupéfaite, puis réclama à grands cris que le rideau tombe, croyant qu'elle était bien morte ; et seules les assurances sincères du directeur pouvaient les satisfaire. Holman et l'aîné Macready étaient parmi les spectateurs et se regardaient avec horreur. "Macready, est-ce que j'ai l'air aussi pâle que toi ?" demanda le premier.

À une autre occasion, lors de l'interprétation *d'Henri VIII*. avec un brut « surnuméraire » qui jouait à l'Arpenteur, lorsqu'elle le mit en garde contre tout faux témoignage contre son maître, son regard était si effrayant que le malheureux sortit en transpirant de terreur et en jurant que rien ne l'inciterait à croiser les yeux de cette femme. encore.

Si Mme Siddons avait vécu de nos jours, chaque vitrine aurait été remplie de photographies de son beau visage classique, dans toutes les poses et dans tous les costumes. Heureusement, elle a vécu à l'époque de Gainsborough et de Reynolds et est donc l'original de deux des plus beaux portraits féminins jamais peints. Sir Joshua aurait emprunté sa conception à une figure conçue par Michel-Ange sur le toit de la chapelle Sixtine. Elle est assise sur une chaise d'État, avec deux personnages derrière lui tenant le poignard et le bol. La tête est rejetée en arrière dans une attitude d'inspiration dramatique, la main droite jetée sur un accoudoir du siège, la gauche relevée, pointée vers le haut. Un diadème, un collier et de splendides plis de draperie rehaussent la majesté de la composition. C'est sans aucun doute le chef-d'œuvre du grand peintre. "La photo", dit Northcote, "le maintenait en fièvre." L'accueil défavorable qu'avaient reçu ses tableaux de l'année précédente le décida à montrer aux critiques qu'il n'avait pas dépassé son apogée, tandis que la grandeur et la magnificence du modèle le stimulaient à l'effort de tout son génie.

Mme Siddons aimait, plus tard, décrire ses séances. «Montez sur votre trône incontesté», dit le peintre en la conduisant vers l'estrade. "Donnez-moi une idée de la muse tragique." Et puis, quand elle fut terminée, le grand peintre insista pour inscrire son nom sur sa robe, disant qu'il ne pouvait pas perdre l'honneur de descendre à la postérité sur le bord de son vêtement. Nous, qui ne connaissons sa grandeur que par ouï-dire, pouvons nous faire une idée de ce qu'elle a dû être à partir de cette magnifique conception.

Le portrait de Gainsborough est presque aussi noble et beau. La délicatesse d'un teint anglais raffiné n'a jamais été aussi joliment peinte, tandis que le ton et la couleur sont aussi exquis que tout ce que Gainsborough a jamais fait. Le bleu clair transparent, le jaune froid, le pourpre, le marron et le noir forment un écrin enchanteur pour la jolie tête, qui ressort claire et délicate. On raconte que pendant que Gainsborough la peignait, après avoir travaillé dans un silence absorbé pendant un certain temps, il s'écria soudain : « Bon sang, Madame, votre nez n'a pas de bout ! Et effectivement, cela ressort un peu nettement. Mais la grande caractéristique des Kemble était la mâchoire. L'actrice elle-même s'est exclamée en riant : « La mâchoire de Kemble ! Eh bien, c'est aussi célèbre que celui de Samson ! Mme Jameson déclare avoir vu Mme Siddons assise près du portrait de Gainsborough deux ans avant sa mort, et, regardant l'une après l'autre, elle dit : « C'était encore comme elle, à l'âge de soixante-dix ans. »

Des années plus tard, Fanny Kemble, sa petite-fille, alors qu'elle se promenait dans les rues de Baltimore, a vu une gravure de la « Muse tragique » de Reynolds et la photo de Lawrence du « Hamlet » de John Kemble. « Nous nous sommes arrêtés, dit-elle, devant eux, et mon père a regardé avec beaucoup d'émotion ces belles représentations de sa belle parenté. Ce fut une sorte de triste surprise de les rencontrer dans cet autre monde, où nous sommes des extraterrestres et des étrangers errants.

À partir des nombreux portraits existants de Mme Siddons, nous pouvons nous faire une idée de son apparence, dont de nombreux récits légendaires ont été transmis. Elle était bien au-dessus de la taille moyenne ; lorsqu'elle était jeune fille, elle était extrêmement maigre et maigre, et cela resta sa caractéristique jusqu'à l'âge de vingt-deux ou trois ans environ. "Sarah Kemble serait une belle femme un de ces jours", remarqua un ami de son père, "à condition qu'elle puisse seulement ajouter de la chair à ses os et que ses yeux soient à nouveau aussi petits."

C'est en fait ce qui s'est produit. Son embonpoint croissant arrondissait tous les angles, rendant les yeux moins saillants ; et à l'âge de vingt-quatre ou vingt-cinq ans, elle était dans la fleur de sa merveilleuse beauté. Elle avait une énergie et une élasticité de mouvement singulières. Sa tête était magnifiquement posée sur ses épaules. Ses traits étaient fins et expressifs, le nez un peu long, mais contrebalancé par la hauteur du sourcil, et le menton bien dessiné. Les sourcils étaient marqués et couraient droit sur le front ; ses yeux brillaient parfois positivement. Une pâleur fixe recouvrit plus tard ses traits, rarement teintés de couleur. Il est difficile, en regardant la belle dame majestueuse peinte par Gainsborough, d'imaginer les accès de passion qui la bouleversèrent sur scène. Sa voix, à mesure que les années mûrissaient sa puissance, était capable de toutes les inflexions de sentiments ; tandis que son articulation était singulièrement claire et exacte. Il n'y a pas eu d'élévation indue de la voix, pas d'excès d'action ; tout était modéré et calme jusqu'à ce que la passion soit exigée, puis elle éclata rapidement et soudainement.

À la manière de Kemble, il y avait parfois un sacrifice d'énergie à la grâce. Cette observation, nous dit Braden, a été faite par Mme Siddons elle-même, qui admirait son frère en général autant qu'elle l'aimait. Elle illustra sa pensée en se levant et en se plaçant dans l'attitude d'une des vieilles statues égyptiennes ; les genoux se rejoignirent et les pieds se tournèrent un peu vers l'intérieur. Plaçant ses coudes près de ses côtés, elle croisa les mains et les tint droites, les paumes pressées l'une contre l'autre. Après avoir fait remarquer aux personnes présentes qu'elle avait adopté l'une des positions les plus contraintes, et par conséquent les plus disgracieuses possibles, elle se mit à réciter la malédiction du roi Lear sur sa progéniture indigne, d'une manière qui faisait *dresser les cheveux et faire ramper la chair*, et puis nous a fait remarquer l'effet supplémentaire obtenu par l'énergie concentrée qu'impliquait en elle-même la posture inhabituelle et disgracieuse.

C'est un trait caractéristique que la famille Kemble aurait dû considérer John comme un meilleur joueur que Sarah. Nous savons qu'il lui donnait continuellement des directives et des instructions, qu'elle acceptait en toute humilité et suivait jusqu'à ce qu'elle se soit assurée *de* son terrain. Personne, aussi doué soit-il, ne pouvait alors ébranler son adhésion consciencieuse à ses propres opinions.

La différence subtile qui existe entre le génie et le talent sépare les deux. Kemble répéta convenablement de belles paroles ; Mme Siddons était magnifique avant de parler, ravissant son auditoire avec un silence plus significatif que tout le reste dans le développement de l'émotion humaine. On voit combien elle était grande, indépendamment de son auteur, par les misérables pièces qu'elle rendait célèbres ; quand son génie n'était plus présent pour leur insuffler vie et passion, elles tombèrent dans l'oubli.

Le nombre de pièces indifférentes dans lesquelles on la suppliait de jouer était légion. Tous ses amis semblaient penser qu'ils pouvaient écrire des pièces de théâtre et qu'elle était la seule et unique personne à pouvoir y jouer. On la voit écrire piteusement à un ami qui lui avait envoyé une tragédie :

« Il vous est impossible de concevoir à quel point il est difficile de dire qu'Astarté *ne* fera pas ce que vous et moi voudrions qu'il fasse. Dieu merci, c'est fini ! Cette phrase a été si amère à prononcer pour moi, qu'elle a arraché des gouttes de tristesse du fond même de mon cœur. Permettez-moi de vous supplier, si vous avez l'idée que je suis trop tenace envers votre honneur, que vous me permettiez de demander l'avis des autres, ce qui peut se faire sans nommer l'auteur. Je dois cependant partir du principe que ce qui est charmant dans le placard cesse souvent de l'être lorsqu'il est question de scène.

La vaniteuse Fanny Burney doit écrire une tragédie, *Edwin et Elgitha*. Sa pierre d'achoppement était « les évêques ». À cette époque, il existait une boisson populaire appelée « Bishop », composée de certains ingrédients enivrants. C'est pourquoi, lorsque, dans l'une des scènes précédentes, le roi donna l'ordre « Faites entrer l'évêque », le public éclata de rire. La scène de la mort ne semblait avoir aucun effet sur leur gaieté. Un inconnu de passage proposa, sur un ton tragique, de porter l'héroïne expirante de l'autre côté d'une haie. Cette haie, bien qu'éloignée de toute habitation, se révéla être une retraite commode, car, quelques minutes après, la dame blessée fut amenée derrière elle sur un lit élégant et, après être morte en présence de son mari, fut emmenée. une fois de plus au fond de la haie. L'effet s'est avéré trop ridicule pour le public, et Mme Siddons a été emportée au milieu de nouveaux éclats de rire.

Le Dr Whalley dut alors lui imposer sa propre tragédie, *Le Château de Mowal*, qui fut bâillé pendant trois nuits. On dit que lorsque l'auteur s'est rendu chez M. Peake, le trésorier, pour savoir quel avantage aurait pu lui rapporter, cela n'a abouti à rien. « J'ai été, dit le docteur, vieux joueur de piquet, piqué et repiqué » ; Il se retira donc du lieu de sa déconfiture et se rendit à Bath, où il se vanta d'avoir « couru pendant trois nuits ».

Son essai suivant pour la cause de l'amitié fut dans la tragédie de Bertie Greatheed, *The Regent* . Elle écrit à ce propos :

« L'intrigue de la pièce du pauvre jeune homme, il me semble, est très boiteuse, et les personnages sont très–très mal soutenus en général ; mais plus particulièrement la dame, pour laquelle l'auteur m'avait dans les yeux. Cette femme est un de ces monstres (je pense que c'est eux) de perfection, qui est un ange avant l'heure, et si entièrement résignée à la volonté du Ciel, que (à un mortel comme moi) elle apparaît comme la plus provocante. morceau de nature morte qu'on a jamais eu le malheur de rencontrer. Ses luttes et ses conflits sont si faiblement exprimés, que nous concluons qu'ils ne lui coûtent pas beaucoup de douleur, et elle est si pieuse que nous sommes satisfaits qu'elle considère ses afflictions comme autant de convois vers le Ciel, et lui souhaite d'y aller, ou ailleurs que ailleurs. dans la tragédie. Je leur ai dit tout cela, et dix fois encore, à tous deux, avec autant de délicatesse que j'en suis maîtresse ; mais M. G. dit que cela ne lui poserait pas beaucoup de peine de le modifier, pourvu que j'accepte la dame laiteuse. Je suis dans une situation très angoissante car, à moins qu'il ne fasse d'elle un personnage totalement différent, je ne peux rien avoir à faire avec elle.

La pièce fut finalement jouée pendant douze nuits, puis condamnée à l'oubli ; mais l'auteur était si satisfait qu'il donna un souper, qui fut suivi d'une beuverie au « Brown Bear » de Bow Street, au cours de laquelle un acteur subalterne nommé Phillimore était suffisamment ivre pour avoir assez de courage pour combattre son seigneur et maître. , John Kemble, assez élevé pour se défendre et assez généreux pour oublier l'affaire le lendemain matin.

D'autres parties ont été refusées par elle pour d'autres raisons. Colman avait écrit un épilogue à *Julia* de M. Jephson , dont elle a refusé de parler parce qu'elle l'a déclaré « grossier » ; et pour le rôle de Cléopâtre, elle a dit qu'elle ne jouerait jamais, parce qu'« elle se détesterait si elle le jouait comme elle pensait qu'il devrait être joué ». Et là, elle avait raison ; le « Serpent du Vieux Nil » n'était pas à sa portée.

Un de ses admirateurs nous dit que sa personne majestueuse et imposante, ainsi que le caractère imposant de sa beauté, ont milité contre l'effet qu'elle produisait dans le rôle de Mme Haller. « Aucun homme, vivant ou mort, dit-il, n'aurait osé prendre une liberté avec elle ; Elle était peut-être méchante, mais elle ne pouvait pas être faible, et quand elle raconta sa mauvaise conduite dans la pièce, personne ne la crut. Un autre témoin oculaire, parlant de « la belle pénitente », dit que cela valait la peine de s'asseoir seul pour sa scène avec Romont, de voir « un si splendide animal dans une si magnifique rage ».

Et pourtant, quel bon cœur pour une sœur égarée ! « Charmante et belle Mme Robinson », écrit-elle en faisant référence à Perdita Robinson, « je la plains du fond de mon âme ». Et quelle généreuse main secourable elle a tendue à ses jeunes collègues. Alors que Miss Mellon, de vingt ans sa cadette, jouait avec elle à Liverpool, Mme Siddons se tourna un matin, lors d'une répétition, vers un acteur, un de ses amis, qui la connaissait depuis des années, et lui dit :

"Il y a ici une jeune femme que je suis sûr d'avoir vue à Drury Lane."

Il lui dit que c'était Miss Mellon, qui venait de sortir.

« Elle a l'air d'une jolie et jolie jeune femme, » répondit la grande actrice, « et je plains sa situation dans ce foyer d'iniquité qu'est Drury Lane ; il est presque impossible pour une jeune femelle jolie et non protégée de s'échapper. Comment s'est-elle conduite ?

La personne à qui elle s'adressait, qui raconte l'histoire, répondit :

"Avec la plus grande convenance."

"Alors s'il te plaît, présente-la-moi."

La jeune femme, très colorée et très belle, s'avança. La Reine de la Tragédie lui prit la main et, après quelques paroles aimables et encourageantes, la fit avancer parmi la compagnie et lui dit :

« Mesdames et Messieurs, quelqu'un que je connais très bien me dit que cette demoiselle s'est toujours conduite avec la plus grande convenance. Je la présente donc comme ma jeune amie.

Cela électrisa les soirées du salon, qui n'espéraient pas une distinction aussi flatteuse pour la jeune actrice ; mais, bien sûr, ils étaient tous trop heureux de suivre Mme Siddons en quoi que ce soit, et Miss Mellon était submergée d'attention. Ensuite, au retour de Mme Siddons et de Miss Mellon à leurs fonctions à Londres pour la saison suivante, la première répéta le compliment qu'elle lui avait fait à Liverpool, faisant la même déclaration concernant son excellente conduite ; et en la faisant ainsi avancer dans des circonstances si avantageuses, il lui procura l'admission au premier salon vert, où son salaire inférieur ne lui permettait pas d'être, sauf sur une recommandation telle que celle de Mme Siddons.

À l'été 1790, étant de santé délicate et dégoûtée par la façon dont Sheridan la traitait, elle partit avec son mari en France, accompagnée de Miss Wynn. Ils s'arrêtèrent d'abord à Calais, où leurs filles, Sarah et Maria, étaient dans un pensionnat, puis se rendirent à Lisle. La lettre qu'elle écrivit à lady Harcourt à son retour est si caractéristique par sa sincérité énergique et franche, qu'il semble injuste de ne pas en citer chaque mot :

« Sandgate, près de Folkestone, Kent. 2 août.

« MA CHÈRE LADY HARCOURT ,

« Après un si long silence, votre bon caractère s'exaltera d'entendre une longue lettre pleine d'égoïsme, et je commencerai par Streatham, où vous vous souviendrez peut-être de m'avoir entendu parler d'y aller sans grand degré d'attente agréable, en supposant que ce soit le cas. il est impossible que j'éprouve jamais pour Mme P. [2] bien plus que de l'admiration pour ses talents ; mais, après y être resté de manière très inattendue plus de trois semaines, pendant lesquelles chaque instant m'a donné de nouveaux exemples de bonté et d'attention incessantes à mon égard, et, en effet, un degré très extraordinaire de bienveillance et de patience envers ceux qui n'ont pas mérité beaucoup d'indulgence. entre ses mains (et c'est merveilleux combien il y en a de cette sorte), je les ai laissés avec un grand regret ; et entre leur très grande gentillesse, leur esprit et leur musique, ils me firent beaucoup aimer, estimer et admirer. Quelques jours plus tard, je partis avec M. S., Miss Wynn et son frère pour Calais, et, après un voyage très difficile, je suis arrivé à Calais, et j'ai trouvé mes chères filles en parfaite santé et améliorées dans leur personne, et (On me dit) dans leur français. J'ai été très frappé de la différence des objets et des coutumes lorsque j'ai réfléchi à l'étroitesse de l'espace qui sépare une nation de l'autre, comme le véritable Anglais. Nous avons vu tout ce que nous pouvions et j'ai pensé *à* mon cher Lord Harcourt, bien que pas *avec* lui, dans leurs églises. J'avoue (même si je m'en veux en même temps) que j'ai été dégoûté de toute leur splendeur et de toute leur magnificence, lorsque j'ai vu les prêtres "jouer devant le ciel des tours si fantastiques qu'ils (je pense) doivent faire pleurer les anges". ; et les gens bavardent sur leurs prières, même en *restant bouche bée* , pour en finir le plus rapidement possible. Hélas! me dis-je, dans la pitié et peut-être la vanité de mon cœur, combien je suis désolé pour ces pauvres gens trompés, et combien plus digne la Divinité (« qui préfère avant tous les temples le cœur droit et pur ») les formes sublimes et simples de *notre* religion. En effet, ma chère Madame, je suis plus satisfait des idées et des sentiments qui ont été excités dans mon cœur dans *votre* jardin à *Nuneham* , que jamais je ne l'ai été dans ces beaux endroits, et croyez M. Haggitt, par son sens clair et sensé. sermons, a fait plus de bien qu'une légion de ces prêtres ne ferait s'ils vivaient jusqu'à l'âge de Mathusalem. Je suis prêt à admettre que tout cela peut être un préjugé et que *nous* ne pouvons pas avoir de meilleures *intentions* que nos *voisins* ; mais *le feu* ne consumera pas mon opinion, et ainsi *Dieu réparera tout* . Maintenant, tournons-nous vers notre *grand moi* . Nous avons emmené nos petits parents à Lisle ; c'est une très belle ville, et, quoique je ne connaisse rien de la langue, le jeu était si bon qu'il m'a fait un très grand plaisir. Le langage du vrai génie, comme celui de la nature, est intelligible pour tous. Nous y restâmes quelques jours, et vous auriez ri de voir mon étonnement devant le valet de chambre qui aidait la *femme de chambre* à faire nos lits. Les *lits* sont les meilleurs sur lesquels j'ai jamais dormi ; mais je pense que je pourrais toujours me passer des bons offices du valet de chambre, mon Dieu ! Eh bien, nous sommes retournés à Calais, où je serais resté quelques mois et me serais employé à acquérir quelques phrases françaises avec les chers enfants, si Mme Temple m'avait accueilli ; mais elle dit qu'elle n'avait pas de place pour me loger, et j'y renonçai à contrecœur. Au bout d'un jour ou deux, nous partîmes à la voile, après avoir vu le serment civique prononcé le 14. C'était une belle chose même à Calais. J'étais extrêmement ravi et touché, non pas, en effet, par les *objets sensibles* , bien qu'une grande multitude soit souvent une grande chose, mais par l'idée de tant de millions à travers cette grande nation, d'un seul consentement, à un moment donné (pour ainsi dire par Inspiration divine), brisant leurs liens, nous remplissait d'exultation sympathique, de bonne volonté et de tendresse. Je me suis réjoui avec eux de tout mon cœur et j'espère très sincèrement qu'ils n'abuseront pas de la glorieuse liberté qu'ils ont obtenue. Nous fûmes près de vingt heures en mer à notre retour, et arrivâmes à Douvres fatigués et malades à mourir. Le Dr Wynn fut obligé de faire de son mieux pour se rendre à Londres à cause d'un sermon qu'il était chargé de prêcher, et emmena avec lui sa charmante sœur. *Nous* nous hâtâmes d'arriver ici, et c'est le lieu de mer le plus agréable, à l'exception de ceux de la côte du Devonshire, que j'aie jamais vu. Peut-être *qu'agréable* est un gros mot, car le pays est bien plus sublime que beau. Nous avons d'immenses falaises qui surplombent et froncent les sourcils sur la mer écumante, qui est très souvent si impertinente et tumultueuse qu'elle *mérite* d'être regardée de travers ; d'où, quand le temps est clair, on voit la terre de France, et les vaisseaux passent des Downs à Calais. Parfois, quand on *se tient* là, on est stupéfait de la rapidité avec laquelle ils défilent. Voici de petits logements soignés et de bonnes provisions saines. Peut-être qu'elles ne conviendraient pas à une grande *comtesse* , comme le dit notre ami M. Mason, mais une petite grande actrice s'accommode plus facilement. Mais j'ai peur qu'il ne s'agrandisse et qu'ensuite, j'adieu au confort de la retraite. À l'heure actuelle, l'endroit ne peut pas contenir plus de vingt ou trente étrangers, je pense. Je me suis baigné quatre fois et je crois que je persévérerai, car Sir Lucas Pepys dit que ma maladie est entièrement nerveuse. Je crois que je vais mieux, mais j'avance si lentement que je ne peux pas encore parler avec beaucoup de certitude. Je souffre encore beaucoup. M. Siddons me laisse ici pendant quinze jours pendant qu'il se rend en ville pour affaires, et mon moral est si mauvais que je vis dans la terreur d'être laissé seul si longtemps. Nous sommes ici depuis près de trois semaines, et je propose de rester ici, si possible, jusqu'en septembre, date à laquelle j'irai en ville chez mon frère pendant quelques jours, puis je partirai pour chez M. Whalley à Bath. J'espère cependant vous voir à Nuneham avant que vous le quittiez.

«Maintenant, ma chère Lady Harcourt, permettez-moi de vous féliciter d'être presque arrivé à la fin de cette intéressante épître et *de moi-même*, en l'honneur de votre amitié, qui m'a flatté de croire que vous ne vous lasserez pas de votre serviteur prose, mais toujours très affectueux et fidèle,

« S. SIDDONS.

"Priez, offrez mon amour et nos compliments unis à tous."

Michael Kelly rend compte de l'opinion de la propriétaire de *La grande actrice anglaise* à l'hôtel de Saint-Omer, où il s'est arrêté peu de temps après l'arrivée de Mme Siddons. Elle la trouvait belle, déclarait qu'elle essayait d'imiter les Françaises, mais qu'elle en était très loin.

Elle fut incitée à retourner à Drury Lane vers la fin de 1790, et en avril nous trouvons Horace Walpole écrivant à Miss Berry qu'il avait soupé avec Kemble et Mme Siddons « l'autre soir chez Miss Farren, au bow-window ». maison dans Green Street, Grosvenor Square. Il déclare que l'actrice est « plus mince ». Nous pouvons voir le parti : Walpole cynique et ricanant ; la belle Miss Farren, plus tard comtesse de Derby, l'hôtesse ; Mme Siddons, « auguste » et matrone ; et solennel John, qui venait de faire un succès dans le rôle d'Othello.

C'était la dernière année de l'existence du vieux Drury et, pour le bien de son frère, elle assumait son rôle avec courage, agissant lorsqu'elle était appelée ; mais elle faiblit bientôt et ne put agir que quelques nuits. Sa réapparition fut accueillie avec un enthousiasme fou ; elle semblait toujours aussi populaire. Une nuit, plus de quatre cents livres furent payées par le public pour la voir dans Mme Beverley.

Vers 1792 ou 1793, elle semble avoir pris une maison à Nuneham, près des Harcourts – le presbytère, présumons-nous, car nous la trouvons écrivant à Lord Harcourt, imaginant de petits conforts pour leur résidence d'été à Nuneham, le remerciant pour son « voisinage ». attention; et une ou deux lettres qu'elle écrit à John Taylor sont datées du presbytère de Nuneham. L'un est au sujet d'une vie d'elle-même qu'il a voulu entreprendre ; l'autre fait référence à son mannequinat et à un accident survenu à son mari et à ses enfants.

« Je ne risque pas d'être trop occupé par mon « argile préférée », car elle n'est pas arrivée — comme c'est provocant et vexatoire ! d'autant plus que je meurs d'envie de tenter un buste de mon doux petit George, et que ses vacances seront terminées, je le crains, avant de pouvoir le terminer. À propos de George, la chère petite âme a échappé à des blessures dangereuses, voire à la mort (mon sang se glace à cette pensée), par presque un miracle. M. Siddons et Maria n'ont pas eu cette chance, ils sont tous les deux infirmes à l'heure actuelle avec chacun une jambe blessée, mais j'espère qu'ils sont en bonne voie de guérir. L'accident (c'est ainsi qu'on appelle ces choses, mais pas par *moi* ; je sais que vous vous moquerez de ma *superstition* , mais ce genre de superstition m'a souvent apporté une grande aide et une grande consolation, et je déteste me débarrasser d'une vieille amie parce qu'il lui arrive être un peu démodé, alors riez, je m'en fiche) est arrivé du fait qu'ils ont été forcés de sauter d'un petit chariot de marché que M. Siddons avait ordonné d'offrir aux enfants une promenade en voiture. Dieu merci, je ne l'ai pas vu et ils se sont si bien échappés !!! C'est la situation la plus douce en Angleterre, je crois. J'aimerais que tu viennes le voir. Si j'avais un lit à vous offrir, je serais plus pressé, mais je pourrais vous en trouver un à l'auberge du village, si vous étiez disposé à aller à ces belles choses à Oxford, où tout le monde sera, sauf ceux-là. Stupid Souls comme moi-même. M. Combe est chez Lord Harcourt ; Je comprends qu'il écrit une Histoire de la Tamise, et sa Lordships House est le siège actuel de ses observations. Je n'ai pas le plaisir de le connaître, mais je dois dîner avec lui chez Lord H — demain. [C'est le souvenir du Combe de Wolverhampton, que Mme Kemble avait refusé comme instructeur pour sa fille. Le majestueux «Je n'ai pas le plaisir de le connaître» ressemble tellement à Mme Siddons.] Donnez mon aimable amour à Betsey quand vous la verrez, et je vous en supplie sincèrement (si ce n'est pas trop vanité de supposer que **vous** *souhaitez* les conserver un moment au-delà de leur lecture) que vous brûlerez toutes mes Lettres ; dis-moi, sérieusement, tu le feras ! car il n'y a rien que je redoute comme de voir toutes les bêtises d'une personne apparaître sous forme imprimée par quelque accident fâcheux – non pas un accident non plus, mais *un dessein méchant ou intéressé* . Je vous en prie, faites-moi le plaisir **de** demander à notre Maison pourquoi ma précieuse argile n'a pas été envoyée, et dis-moi quelque chose à ce sujet quand tu écriras à nouveau. Adieu. »

CHAPITRE XI.
SHERIDAN.

L'apparition de Sheridan, tel un météore, dans la vie laborieuse, active et bien réglée de Mme Siddons et de son frère, et l'histoire de ses relations professionnelles avec eux, est l'une des plus grandes preuves du glamour extraordinaire exercé par l'homme. irlandais spécieux sur tous ceux qui tombaient sous son influence personnelle. Après que Garrick se soit retiré de la direction de Drury Lane, le succès retentissant de la *School for Scandal* et l'engagement de Mme Siddons ont évité les difficultés financières pendant un certain temps ; mais aucun montant de recettes n'était suffisant pour résister aux dépenses privées imprudentes de Sheridan et à ses habitudes peu commerciales. Le brillant Brinsley ne reconnaissait pas que d'autres qualités que la capacité d'écrire une bonne pièce ou de prononcer un grand discours étaient nécessaires à la direction d'une entreprise telle que Garrick's Drury Lane. La vérité, cependant, lui fut révélée par le chaos total qui s'ensuivit finalement : les acteurs non payés et le trésor vidé à plusieurs reprises par le propriétaire lui-même avant que l'argent ne soit détourné vers ses canaux légitimes. Pourtant, les recettes aux portes s'élevaient à près de soixante mille livres par an. Les choses se seraient mieux passées s'il avait été persuadé de s'abstenir complètement de la direction, mais il a constamment interféré avec ses subordonnés. Lorsqu'un dramaturge était employé à lire sa tragédie aux interprètes, Brinsley arrivait en bâillant au cinquième acte, sans autre excuse que, après avoir veillé tard deux nuits de suite, il n'avait pas pu apparaître à temps ; ou bien il arrivait ivre, entrait dans le salon, demandait le nom d'un acteur connu qui était sur scène et leur disait de ne plus jamais le laisser jouer. Un membre de la compagnie lui a dit un jour, avec un certain entrain, qu'il y venait rarement et que ce n'était que pour trouver à redire.

Les choses allaient de pire en pire. Il était désolant d'entendre les plaintes des comédiens et du personnel du théâtre, qui se trouvaient dans l'impossibilité d'obtenir le paiement de leur salaire hebdomadaire. Les manœuvres et les moyens qu'il employait pour échapper à leur importunité étaient un sujet constant de plaisanterie.

Finalement, il fut obligé de laisser tomber les rênes de la direction de ses mains incapables. Ils furent repris par King ; mais il trouva bientôt la situation intolérable, et Kemble, austère et pragmatique, fut appelé pour rétablir la discipline parmi les joueurs indisciplinés dont les salaires étaient en retard, et parmi les tapissiers et décorateurs qui n'avaient jamais été payés pour les pièces qu'ils avaient montées.

Il fallait le courage et la détermination d'un Kemble pour entreprendre le nettoyage d'une telle écurie d'Augias. « L'approbation publique de mes humbles efforts dans l'exercice de mes fonctions sera l'objet constant de mon ambition », dit-il dans sa modeste déclaration sur l'acceptation de la nomination ; « et dans la mesure où la diligence et l'assiduité sont des prétentions au mérite, j'espère que je ne serai pas trouvé déficient. » Il n'a pas non plus été jugé déficient. Faisant preuve d'une détermination extraordinaire dans cette tâche, il mit bientôt de l'ordre dans le théâtre, avec une troupe efficace, dont lui et sa sœur, Mme Siddons, étaient les esprits dirigeants.

Sheridan n'eut même pas le bon sens, à ce moment critique de ses affaires, de se concilier la grande actrice sur laquelle reposait la fortune de la maison. Il y a en effet quelque chose de comique dans ses relations avec la Reine de la Tragédie. Ils nous rappellent plutôt un écolier incorrigible qui offense continuellement ceux qui détiennent l'autorité, et pourtant confiant dans leur affection et dans son propre pouvoir de persuasion pour obtenir l'indulgence et le pardon.

Une fois que Mme Siddons eut déclaré qu'elle n'agirait pas tant que son salaire n'aurait pas été payé, elle résista inflexiblement aux appels pressants de ses collègues et aux ordres du directeur, et cousait tranquillement chez elle après que le rideau se soit levé pour l'œuvre dans laquelle elle on s'attendait à ce qu'il soit performant. Sheridan apparaissait, comme le magicien d'une pantomime, courtois, irrésistible ; elle céda, impuissante, « et se laissa conduire au théâtre comme un agneau ».

Une nuit, nous raconte M. Rogers, après avoir entendu l'histoire de sa propre bouche, alors qu'elle était sur le point de s'éloigner du théâtre, M. Sheridan a sauté dans la voiture. "M. Sheridan, dit la digne Muse de la Tragédie, *j'espère que vous vous comporterez avec convenance* ; sinon, je devrai appeler le valet de pied pour vous faire descendre de la voiture. Elle a admis qu'il *s'était* bien comporté. Mais dès que la voiture s'arrêta, il sauta hors de lui et s'éloigna précipitamment, comme s'il ne voulait pas être vu avec elle. "Misérable provocateur!" dit-elle avec un sourire indulgent que même elle, enveloppée dans toute sa panoplie de décorum prude, ne pouvait réprimer.

Finalement, même sa patience fut épuisée, et à la fin de la première année de direction de son frère, elle se retira du théâtre. Sheridan a osé se vanter de pouvoir se passer d'elle. Dans le cerveau irlandais toujours fertile du propriétaire, un projet était alors en train d'éclore, destiné à révolutionner le monde dramatique de Londres. Il découvrit que le goût du jour et les exigences de sa propre poche exigeaient un bâtiment plus grand et plus luxueux que Old Drury ; les murs qui avaient fait écho aux grands tons de Betterton, aux ébats musicaux de Barry et aux déclamations passionnées de Garrick, devaient être démolis pour satisfaire l'avidité et l'ambition de Sheridan. Des propositions immédiates de débentures s'élevant à 160 000 £ ont été émises et, chose merveilleuse à raconter, elles ont été acceptées dans un délai très court. Mais hélas! pour couvrir les intérêts de cette somme énorme, il fut décidé de construire une maison presque deux fois plus grande. Ni Mme Siddons ni son frère ne semblent avoir envisagé les conséquences désastreuses que cela exercerait sur leur art. L'acoustique parfaite et la scène compacte de la vieille maison devaient être balayées pour laisser place à un immense espace en forme de dôme et à une étendue nécessitant une énergie de mouvement indigne pour être parcourue. La conséquence immédiate était évidente ; il fallait recourir à des artifices scéniques pour gérer l'entrée et la sortie, tandis que le geste devait être plus violent, l'expression plus exagérée et la voix indûment élevée pour produire un effet.

A Garrick's Drury également, la première rangée de loges était ouverte comme une galerie, et tous ceux qui les occupaient étaient obligés de paraître en grande tenue. La rangée de loges au-dessus était à nouveau cédée à la *bourgeoisie* , tandis que les treillis du sommet étaient la partie destinée à ceux dont la réputation était douteuse et qui, par leur conduite inconvenante, pouvaient troubler le décorum de l'assistance. Garrick était maître de son art et savait valoriser les critiques et la sympathie de la foule. Sous sa direction, la galerie à deux shillings fut ramenée au niveau de la deuxième rangée de loges. Grâce à cet arrangement, un joueur avait la masse du public sous son contrôle immédiat ; et cette masse, insensible aux modes et aux préjugés, infaillible dans son jugement, est la crainte d'un acteur inférieur, le délice d'un grand.

Alors que le théâtre était encore en construction, la compagnie se produisit à l'Opéra de Haymarket, ou, comme on l'appelait, au King's Theatre. La nouvelle maison fut inaugurée le 21 avril 1794, avec *Macbeth* .

« On me dit, écrit Mme Siddons à Lady Harcourt, que le banquet est une chose à aller voir par lui-même. Les scènes et les robes sont toutes nouvelles, et aussi superbes et caractéristiques qu'il est possible de les réaliser. Vous ne pouvez pas concevoir ce que je ressens à l'idée de jouer là-bas. J'ose dire que je serai si nerveux que je pourrai à peine me faire entendre dans la première scène.

Cette scène de banquet dans *Macbeth* a fait l'objet d'allusions sarcastiques dans la presse quotidienne sur le vieux compte de son avarice :

« L'âme de Mme Siddons (Mme Siddons dont les dîners et les dîners sont proverbialement nombreux) s'est élargie à cette occasion. Elle exprime sa joie de voir tant d'invités avec un sérieux proche du ravissement. Son discours ressemblait tellement à la réalité que tous ses auditeurs autour d'elle s'emparèrent des poules en bois »....

La grande actrice a vite senti qu'elle avait commis une grave erreur. « Je suis heureuse de vous voir à Drury Lane, dit-elle à un collègue, mais vous êtes venu jouer dans un endroit désert et, Dieu sait, si je n'avais pas fait ma réputation dans un petit théâtre, je je n'aurais jamais dû le faire.

C'était en effet « un lieu désert ». La simple ouverture du rideau mesurait quarante-trois pieds de large et trente-huit pieds de haut, soit près de sept fois la hauteur des artistes. Miss Mellon a dit en riant qu'elle "sentait comme une simple crevette" en y jouant. Le résultat pourrait être prévu. Si la grande actrice n'avait pas fait sa réputation dans un petit théâtre, jamais elle n'aurait réussi ici. Nous, qui ne connaissons Mme Siddons que par tradition immédiate, sommes enclins à penser qu'elle déclamait et détruisait ses effets par une exagération de gestes et d'expression. Il ne fait aucun doute que nous avons raison de penser ainsi et que l'augmentation de la taille du théâtre et du public en est la cause.

Quelle signification profonde réside également dans ses paroles : « Le banquet est une chose à aller voir par lui-même. » Une nouvelle ère avait commencé ; la scène, et tout ce qui y appartient, doit être retirée du domaine de la vie quotidienne et, en faisant appel à la compréhension intellectuelle du public, l'élever à une compréhension de la grandeur de conception et de la passion d'un Shakespeare. . Garrick a joué Othello dans un bicorne et un uniforme écarlate, et a pourtant impressionné son public avec une réalité pathétique et intense. Mme Siddons a joué Lady Macbeth en velours noir et dentelle à pointes, tout en conférant à l'imitation une majesté et une grâce jamais vues auparavant sur la scène anglaise. Nous voyons maintenant Méphistophélès, Sheridan, l'inciter à troquer sa réputation et son idéal du grand art contre les bénéfices substantiels de gains accrus et d'un public plus large.

Une autre classe de divertissement envahit désormais les plateaux classiques. On peut voir *Timour le Tartare* , *Tekeli, ou le siège de Montgatz* , *Le Meunier et ses hommes* , *Pizarro* , et une foule de pièces spectaculaires, montées pour attirer un public nombreux et non critique. Cette première saison fut fatigante et angoissante pour la grande actrice, d'autant plus qu'elle était de santé délicate. Sa fille Cecilia est née cette année 1794, le 25 juillet. Son mari écrivit à un ami :

J'ai le plaisir de vous dire que votre petite filleule (car elle est telle, étant moi-même votre mandataire il y a quelques jours) se porte très bien, et aussi belle fille que si son père n'avait pas plus de vingt et un ans. Elle porte le nom de la plus jeune fille de Mme Piozzi, Cecilia ; ses sponsors sont vous-même et M. Greatheed, Mme Piozzi et Lady Percival (*ci devant* Miss B. Wynn) ; et, ce qui est mieux, la mère va bien aussi et va juste au théâtre pour jouer Mme Beverley au profit de la femme de son frère, Mme Stephen Kemble.

Elle ne s'est jamais donnée, de toute sa vie, le repos nécessaire pour rétablir sa santé ; toujours devant le public, il n'est pas étonnant que la langueur et la faiblesse l'aient attaquée physiquement, et le découragement et l'insatisfaction mentalement.

« Toute ma famille est partie à Margate », écrivait-elle en septembre, « où je vais aussi, et rien ne me le rendrait tolérable si mon mari et mes filles ne étaient ravis de la perspective qui les attend. J'aimerais qu'ils puissent aller s'amuser là-bas et me laisser le confort et le plaisir de rester dans ma propre maison et de prendre soin de mon bébé. Mais je suis chaque jour de plus en plus convaincu que la moitié du monde vit pour elle-même et l'autre moitié pour le confort des autres. Au moins, j'en suis sûr, c'est que je n'ai pas eu de volonté propre depuis que je me souviens ; et, en effet, pour être juste, j'imagine que je n'aurais guère de plaisir à une telle existence.

Elle dit à son ami M. Whalley, à la veille de partir pour Édimbourg pour jouer au théâtre de son fils Henry : « J'ai l'intention, s'il plaît à Dieu, d'être de nouveau à la maison pour la semaine de la Passion. Je laisse ma douce fille derrière moi, n'osant pas l'emmener si loin au nord en cette saison défavorable, et je souhaiterais bien que les intérêts du meilleur des fils et du plus aimable des hommes ne m'appellent pas si impérieusement hors de ce climat plus doux. tout à l' heure. Mais je m'emballerai aussi chaudement que possible, espérant que même si je cours un peu de risque, je ferai beaucoup de bien à mon cher Harry, qui me dit que tous mes amis sont plus désireux de me voir que jamais. Il n'est pas impossible que je puisse m'arrêter une nuit ou deux ici avant de partir, ce qui, comme je suis engagé depuis longtemps à agir cette saison après Pâques et que je ne peux pas, par honneur ou honnêteté, m'absenter, je pense que ce ne sera pas impolitique, de peur que mon les ennemis, si leur méchanceté vaut la peine d'être réfléchie, peuvent penser que leurs tentatives impuissantes m'ont effrayé. Ils ont fait toutes leurs trahisons malignes et m'ont-ils volé un ami ? Non, Dieu soit loué ! Mais au contraire, je les ai tous tricotés plus près de moi. Je serais assez heureux de ne plus jamais apparaître, mais, alors que les intérêts de ceux qui sont aussi chers et proches que ceux de mon fils et de mon frère sont concernés, il ne faut pas laisser des considérations égoïstes faire obstacle aux devoirs chrétiens et à l'affection naturelle.

Le public est enclin à penser que la vie d'un artiste passée continuellement sous les feux de la rampe est éminemment propice à l'endurcissement des sensibilités contre la calomnie ; mais il est curieux que les acteurs ressemblent à des enfants dans leur besoin d'applaudissements et d'éloges, et dans leur peur des critiques et des reproches. Garrick écrivit un an avant sa mort au scélérat qui le persécutait : « Curtius croira-t-il la parole de l'accusé quant à son innocence ? et Mme Siddons, par l'intermédiaire de son mari, offrit mille livres sterling pour le diffamateur dont elle parle dans la lettre suivante :

« On croirait que j'ai déjà fourni suffisamment de conjectures et de mensonges pour les commérages publics ; mais maintenant les gens ici recommencent avec moi. On dit que je suis fou, et que *c'est* la raison de ma détention. Je rirais de cette rumeur si ce n'était pour le bien de mes enfants, à qui il ne serait peut-être pas très avantageux d'être supposé hériter d'une si terrible maladie ; et cette considération, j'ai presque honte de l'avouer, m'a rendu sérieusement malheureux. Cependant, je crois vraiment que je suis sobre, et je souhaite maintenant de tout cœur être avec vous dans mon cher Streatham, où je pourrais, comme d'habitude, oublier toutes les douleurs et les tourments de la maladie et du monde. Mais je crains de n'avoir désormais aucune chance d'avoir un tel bonheur.

"Le kotzebue et les saucisses allemandes sont à l'ordre du jour", a déclaré Sheridan en sortant l'adaptation anglaise de *The Stranger* . Mme Haller, entre les mains de Mme Siddons, devint pathétique, presque grandiose ; mais pour nous d'aujourd'hui, non influencés par le glamour de sa présence, le sentiment maladif et les situations impossibles de la pièce en font un repas peu tentant pour nos digestions mentales pratiques et réalistes.

Son succès fut si grand qu'il incita l'auteur de l' *École du scandale* — qui avait perdu tout pouvoir de conception originale, mais était obligé de remplir ses poches — à adapter une autre pièce, *Pizarro* , également de Kotzebue. Si nous ne connaissions pas l'histoire de la célèbre première soirée de sa pièce, nous serions enclins, selon des preuves incontestables, à la considérer comme une de ces histoires exagérées qui, racontées par l'un des nombreux commérages de l'époque, étaient nées de toute possibilité de crédibilité. Sheridan était à l'étage, dans la chambre du souffleur, stimulant son cerveau blasé par des gorgées de porto et écrivant le dernier acte de la pièce, pendant que les premiers rôles jouaient ; toutes les dix minutes, il ramenait dans la salle verte autant de dialogues qu'il l'avait fait au coup par coup, abusant de lui-même et de sa négligence, et faisant mille excuses gagnantes et apaisantes pour avoir tenu si longtemps les interprètes dans un suspens si douloureux. Nous ne savons pas ce qu'est devenue, dans ces circonstances, l'étude approfondie et élaborée déclarée par les Kemble comme nécessaire au perfectionnement de l'art dramatique. Elvira de Rolla et Mme Siddons a dû jouer de manière improvisée. Peut-être que les performances ont gagné en puissance et en effet ce qu'elles ont perdu en finition à cause de la tension nerveuse et de l'excitation d'un tel effort mental qu'elles étaient appelées à faire. Il est difficile d'expliquer le succès de la pièce à moins que le jeu des acteurs soit d'une qualité exceptionnelle. Il est recouvert d'emphase et de baratin et, comme l'a dit Pitt, n'était qu'un écho de second ordre de ses discours sur le procès Hastings. Pour personne d'autre que le « malheureux génie », le frère et la sœur auraient ainsi jeté aux oubliettes toutes leurs traditions artistiques. Nous entendons parler de l'inflexible Jean disant, lorsqu'il est irrité par le passé : « Je le connais parfaitement, tous ses trucs et artifices dérisoires » ; mais immédiatement après, nous le trouvons, lui et la grande actrice, se soumettant à tous ses caprices et excentricités. Il y a une histoire amusante racontée par Boaden à propos d'un souper chez la belle Mme Croupton, lorsque Kemble arriva chargé de ses griefs et plein de menaces, s'attendant à rencontrer Sheridan. Bientôt arriva le coupable, léger et aéré comme d'habitude. Le grand acteur avait l'air d'indicibles, émettant parfois un bourdonnement semblable à celui d'une abeille et gémissant intérieurement en esprit. Un peu de temps s'écoula, quand enfin, comme un « pilier de l'État », Kemble se leva lentement et s'adressa ainsi au propriétaire :

"Je suis un aigle dont les ailes ont été liées par le gel et la neige, mais maintenant je secoue mes pignons et je m'accroche à l'air génial dans lequel je suis né."

Après avoir ainsi offert sa démission, il reprend solennellement son siège. Sheridan, cependant, intrépide, utilisa tous ses arts de la fascination pour atténuer sa colère, et à une heure matinale tous deux s'en allèrent en parfaite harmonie.

Ensuite, nous avons l'opinion de Mme Siddons à son sujet :

« Me voici, écrit-elle, assise tout près dans une petite pièce sombre d'une petite auberge misérable, dans un petit village embêtant appelé Newport Pagnell. Je suis en route pour Manchester, où je dois agir pendant quinze jours, d'où je dois être transporté à Liverpool pour y faire de même. De là, je m'envole vers York et Leeds ; et puis, quand Drury Lane ouvrira, qui peut le dire ? Car cela dépend de M. Sheridan, qui est l'incertitude personnifiée. Je n'ai pas encore reçu d'argent de lui, et tout mon dernier bénéfice, très important, a été versé dans son trésor, et je n'en ai pas vu un seul shilling. M. Siddons a pris rendez-vous pour le rencontrer aujourd'hui chez Hammersley. Comme je suis parti très tôt, je ne connais pas le résultat de la conférence ; mais à moins que les choses ne soient réglées à la satisfaction de M. Siddons, il est déterminé à remettre l'affaire entre les mains de son avocat.

L'affaire n'a jamais été confiée à aucun avocat ; elle se laissa apaiser et pourrait bien écrire à propos de Sheridan en 1796 :

« Sheridan est certainement le plus grand phénomène que la nature ait produit depuis des siècles. Notre théâtre continue, au grand étonnement de tous. Très peu d'acteurs sont payés, et tous jurent de se retirer ; et pourtant nous continuons. Sheridan est certainement tout-puissant. Je ne peux pas tirer d'argent du théâtre ; mes précieuses deux mille livres sterling sont englouties dans ce gouffre noyé, dont aucun argument de droit ou de justice ne peut sauver ses victimes.

John Kemble resta directeur de Drury Lane pendant quelques années, se retirant parfois pendant un certain temps et refusant de gérer les affaires plus longtemps, et de nouveau cédulé par les pouvoirs de persuasion de Sheridan. Finalement, épuisés, le frère et la sœur se retirèrent finalement de Drury Lane en 1802 et prirent des parts avec Harris au Covent Garden Theatre. Harris était tout le contraire de Sheridan, ponctuel dans ses paiements et honorable dans ses relations. Mme Inchbald a organisé toute la partie monétaire de l'affaire. L'entreprise était évaluée à 138 000 £, dont Harris représentait la moitié ; le reste étant partagé entre quatre propriétaires, parmi lesquels Lewis, l'acteur, faisait partie. Lewis, après un certain temps, eut hâte de disposer de sa part, et Kemble l'acheta pour la somme de 23 000 £ ; un de ses amis, un M. Heathcote, lui avançant une somme importante pour lui permettre de le faire. La famille Kemble l'a tous rejoint dans cette entreprise. La compagnie comprenait Mme Siddons, Charles Kemble, M. et Mme Henry Siddons et Cooke, l'acteur bien connu. Dès que Kemble eut terminé ses préparatifs, il partit à l'étranger pendant quelques mois, visitant l'Espagne et la France. A son retour, un dîner fut offert par les gérants de Covent Garden à leur rival de Drury Lane, Sheridan, qui fit un discours sarcastique sur l'amitié de gars qui s'étaient détestés toute leur vie. John Kemble part ensuite de nouveau à l'étranger, pendant un certain temps, pour reprendre des forces après l'anxiété et l'inquiétude de ses années de direction.

Mme Kemble, dans une lettre écrite à son mari pendant son absence, décrit une fête très élégante à « l'Abercorn », à laquelle le prince de Galles et les familles Devonshire, Melbourne, Castlereagh et Westmoreland étaient présents, et dit de manière significative : à la fin : « Mme. Sheridan est venu dans un char très élégant, quatre beaux chevaux noirs et deux valets de pied. La duchesse n'en avait qu'un. Mme Sheridan portait un beau châle, pour lequel lui, Sheridan, disait avoir donné quarante-cinq guinées, un collier de diamants, des boucles d'oreilles, une croix, un cestus et des fermoirs sur ses épaules, et une double rangée de perles fines autour d'elle. cou." C'était peu de temps après la dernière prestation de Mme Siddons, lorsque le brillant Brinsley avait mis les bénéfices dans sa propre poche.

Mais les « ravages du feu », qu'ils ont « repérés » à l'aide des « grands réservoirs » exposés sur la scène le soir de l'inauguration, par un « lac d'eau véritable » et une « cascade dégringolant » », furent les ravages qui devaient détruire les splendeurs du nouveau bâtiment. Le malheur de l'incendie qui ruina Kemble était destiné également à ruiner Sheridan, qui avait tout misé sur cette seule entreprise. Drury Lane a été détruite alors que Covent Garden renaît de ses cendres. L'éclat du bâtiment en feu a illuminé les chambres du Parlement lors d'une séance tardive. Un des députés a suggéré l'ajournement de la Chambre. Avec un piment de l'emphase hautement parfumée qu'il avait récemment si fréquemment offerte à son public de théâtre, Sheridan s'opposa à l'idée : «

Quelle que soit l'ampleur de la calamité pour moi personnellement, j'espère qu'elle n'interférera pas avec les affaires publiques de la pays », a-t-il déclaré; et quittant l'assemblée, il se rendit dans l'un des cafés de Covent Garden, où on le trouva en train d'avaler du porto au verre quelques heures plus tard. L'un des acteurs a exprimé sa surprise et son dégoût de le voir là. « Un homme peut-il sûrement être autorisé à prendre un verre de vin au coin de son propre feu ? » fut la réponse toute prête de Sheridan.

CHAPITRE XII.
HERMIONE.

Cela nous fait un pincement au cœur lorsque nous entendons Mme Siddons dire plus tard, avec un soupir, au poète Rogers : « Après que je sois devenue célèbre, aucune de mes sœurs ne m'aimait autant. » Quel prix à payer pour la gloire ! « Conversation » Sharp était fréquemment consultée par elle sur des affaires privées. Elle lui pleura sur l'ingratitude que lui témoignaient ses sœurs. L'argent était prêté et jamais remboursé ; le prestige de son nom fut emprunté pour obtenir des engagements théâtraux, mais elle ne fut jamais remerciée ; chaque obligation ne semblait provoquer qu'un sentiment d'amertume. Peut-être que la faute en était un peu de son côté aussi bien que du leur. Le tact et la gentillesse n'étaient pas ses points forts. Elle était distraite, toute son attention étant concentrée sur l'étude et la compréhension de son métier, ce qui lui donnait un air fier et autonome, aliénant inconsciemment ceux qui l'entouraient et dépendaient d'elle. Ses enfants l'adoraient, mais ses frères et sœurs la respectaient, dans une certaine mesure. Tous, stimulés par les exemples des deux aînés, montèrent sur scène, mais aucun ne possédait son génie, ni le talent et l'industrie de John Kemble. La camaraderie artistique affectueuse qui existait entre Mme Siddons et John Kemble est l'un des aspects les plus agréables de leur vie respective.

Il fit ses études, comme nous l'avons vu, principalement au Collège catholique romain de Douay, où il se fit remarquer par son élocution, étonnant de temps en temps ses maîtres et ses condisciples en prononçant des discours en latin scolastique et en apprenant avec la plus grande facilité des livres de Homère et odes d'Horace. On nous dit que sa noble physionomie, sa voix grave et mélodieuse et la dignité de son discours impressionnaient considérablement ses camarades ; surtout dans la scène entre Brutus et Cassius, qu'il a montée à leur intention. C'est une curieuse preuve de son manque de facilité que, bien qu'il aimait énormément l'étude des langues, la grammaire étant toute sa vie sa *lecture légère préférée* , il n'a jamais pu maîtriser une autre langue que la sienne. Il lisait l'italien, l'espagnol et le français, mais ne parlait aucun d'entre eux, malgré son éducation en France et sa longue résidence plus tard à Lausanne. Il n'avait pas d'oreille et il n'aurait jamais été facile pour lui d'apprendre le rythme de Shakespeare. On connaît l'histoire du vieux Shaw, chef d'orchestre de Covent Garden, qui essaya vainement de lui apprendre la chanson du morceau de *Richard Cœur de Lion* : « Ô Richard… Ô mon roi ! "M. Kemble, M. Kemble, vous assassinez le temps, Monsieur ! » s'écria le musicien exaspéré ; sur quoi Kemble fit l'une des rares plaisanteries qu'il ait jamais perpétrées : "Très bien, Monsieur, et vous le battez toujours."

Après six ans de résidence à Douay, il se rendit compte qu'il n'était pas fait pour l'Église et partit pour l'Angleterre, déterminé à suivre la profession de son père. Il débarqua à Bristol en décembre 1775, date à laquelle sa sœur fit sa malheureuse « première apparition » devant le public londonien. Redoutant la colère de ses parents, il se rendit à Wolverhampton et y rejoignit une entreprise dirigée par un M. Crump et un M. Chamberlain. Après avoir traversé toutes les humiliations et les privations d'un acteur sans le sou, mais aussi après avoir profité des précieuses heures d'étude et de la discipline sévère d'une vie de promeneur, nous trouvons le futur Hamlet, grâce à l'aide de sa sœur, Mme Siddons, capable d'obtenir son pied au premier tour de l'échelle. M. Younger, directeur du Liverpool Theatre, lui donna un engagement en 1778. Nous le retrouvons ensuite jouant à Wakefield avec la compagnie de Tate Wilkinson à York, et effectivement autorisé à jouer Macbeth à Hull. Grâce à son activité tranquille et à sa détermination, il progressait vers le but qu'il s'était fixé. Il perpétra une tragédie, *Bélisaire* , qui fut donnée à la même occasion à Hull, écrivit de la poésie qu'il brûla, donna des cours d'oratoire et, en fait, suivit le programme nécessaire au plein accomplissement de ses pouvoirs.

Le 30 septembre 1783, John Kemble apparaît pour la première fois à Londres, à Drury Lane, dans le rôle de Hamlet. Les critiques enflammées lancées contre cette performance par la presse montrent qu'elle se distinguait au moins par son originalité. Quels que soient ses défauts, ils furent unanimes à qualifier sa lecture de savante et raffinée. On dit qu'en étudiant le rôle d'Hamlet, il l'a écrit pas moins de quarante fois. Il s'écoula quelque temps avant qu'il apparaisse dans la même pièce que sa sœur ; d'autres acteurs étaient en possession des rôles et il devait attendre son heure. Ce patient qui attendait l'occasion était cependant l'un des grands cadeaux de Kemble ; il n'y avait ni impatience, ni plainte, mais une persévérance constante et obstinée, avec la profonde conviction de leurs propres capacités à utiliser la fortune lorsqu'elle se présentait. Enfin, il est apparu sous le nom de Stukeley auprès de Mme Beverley de sa sœur, dans *The Gamester* . Au fur et à mesure que le rôle était joué, c'est la sœur, et non le frère, qui remporta les honneurs de la représentation.

Après cela, lors de plusieurs soirées-bénéfice, ils purent apparaître ensemble, Kemble remplaçant Smith dans le personnage de Macbeth dans Lady Macbeth de Mme Siddons, et tous deux agissant plus tard dans *Othello* , lui dans le rôle du Maure, elle dans le rôle de Desdémone. Ce ne fut pas un franc succès. Mais son pouvoir trouva enfin son développement légitime. A l'occasion du bénéfice de sa sœur en janvier 1788, il joua le rôle de Lear auprès de sa Cordelia. La ville fut électrifiée et le déclara égal à Garrick. Boaden nous dit « qu'il ne l'a jamais joué de manière aussi grandiose et aussi touchante que ce soir-là ».

Son plus grand don était sa compréhension large et cultivée, qui lui permettait de saisir l'esprit de l'auteur qu'il cherchait à interpréter, donnant une nouvelle importance et une nouvelle vérité à des scènes éculées et fades par une méthode de rendu conventionnelle. Ce fut particulièrement le cas de Shakespeare, dont lui et sa sœur révélèrent pour la première fois les beautés à leur génération. La différence, cependant, entre eux, c'était qu'il possédait un talent exceptionnel, alors qu'elle possédait du génie. En s'adressant au dramaturge Reynolds, elle a clairement défini la différence entre eux : « Mon frère John, dans ses élans les plus impétueux, prend toujours soin d'éviter toute perturbation de sa tenue vestimentaire ou de son comportement, mais dans le tourbillon de la passion, je perds toute pensée. de telles choses.

On dit qu'il nourrissait une tendre affection pour la « Muse », la belle, intelligente, fascinante et bègue Mme Inchbald. À la mort de son mari, tout le monde disait qu'il l'épouserait. Fanny Kemble raconte un incident survenu longtemps après le mariage de Kemble. Mme Inchbald et Miss Mellon étaient assises près de la cheminée dans la salle verte, attendant d'être appelées sur scène. Les deux hommes discutaient en riant de leurs amis et connaissances masculins du point de vue matrimonial. John Kemble, qui se tenait à proximité, dit enfin en plaisantant à Mme Inchbald, qui avait été comiquement énergique dans ses déclarations sur qui elle pourrait ou aurait ou n'aurait jamais pu ou n'aurait jamais pu se marier : « Eh bien, Mme Inchbald, auriez-vous eu moi?" "Cher cœur," dit la belle balbutiante en tournant vers lui son doux visage ensoleillé, "jjj-jjj-jj-sauté sur toi!"

La dame qu'il épousa finalement n'était ni une beauté ni une « muse », mais, à la grande indignation de Mme Siddons, comme on disait à l'époque, une jeune femme très ordinaire, fille de M. et Mme Hopkins, souffleur. et actrice à Drury Lane. Priscilla, cependant, a fait de lui une bonne épouse et il n'a jamais eu à regretter son choix.

Le frère suivant de John, Stephen, bien que presque né sur scène, n'avait ni le talent ni l'aisance requis pour faire de lui un bon acteur. Quelques jours seulement avant la première apparition de John à Londres, Stephen est apparu devant le public sous le nom d'Othello. On a dit que le directeur avait commis une erreur et avait engagé le « grand » au lieu du « grand » M. Kemble. Toute sa vie, Stephen s'est vanté d'avoir été le seul acteur capable de jouer Falstaff « sans bourrage ». Ses qualifications étaient celles d'un compagnon de fortune plutôt que d'un acteur. Il quitte très vite la scène londonienne et devient directeur d'un théâtre de province.

Frances, la seconde sœur de la grande actrice, a hérité d'une part considérable de la beauté familiale, mais peu de puissance dramatique, et ce qu'elle possédait était rendu inopérant par sa timidité invincible. Mme Siddons l'a amenée pour la première fois à Bath. Les journaux déversèrent leur mécontentement contre la sœur aînée sur la plus jeune. Il était naturel, disaient-ils, qu'elle veuille la mettre en avant, mais ils espéraient qu'elle avait appris, par l'échec total de sa tentative, à ne pas « enfoncer des actrices incapables dans la gorge du public ». L'un des critiques de théâtre, Steevens, est tombé amoureux d'elle ; mais ses propositions étant rejetées, il devint son ennemi le plus acharné.

Mme Siddons écrit pour raconter au Dr Whalley cette histoire d'amour : « Ma sœur Frances n'est pas mariée et, je crois, il y a très peu de raisons de supposer qu'elle le sera bientôt. Dans les circonstances, je crois, le gentleman dont vous parlez serait un mari désirable ; mais j'entends tellement parler de sa mauvaise humeur et connais tellement ses caprices, que, bien que ma sœur, je crois, l'aime bien, je ne peux pas souhaiter que son esprit doux soit lié au sien.

Mme Siddons avait jugé exactement le prétendant de sa sœur. Les fiançailles furent bientôt rompues et la jeune fille épousa M. Twiss, un autre critique dramatique, que Fanny Kemble, dans ses *Records of a Girlhood*, décrit comme un gentleman au visage sombre, décharné, au bon cœur et un érudit profond, qui , disait-on, nourrissait autrefois une passion désespérée pour Mme Siddons. Les Twisse créèrent plus tard un séminaire distingué à Bath, où les jeunes filles à la mode étaient envoyées « pour être améliorées ». Mme Twiss mourut en octobre 1822 et M. Twiss en 1827. Mme Siddons entretint toujours avec eux les relations les plus affectueuses, et leur fils Horace Twiss était son neveu préféré.

Sa sœur suivante, Elizabeth, bien qu'apprentie chez un fabricant de mantoues, fut bientôt mordue par l'enthousiasme dramatique de la famille. Elle obtint des fiançailles grâce à l'influence de sa célèbre sœur, mais ne fit aucun chemin à Londres ; et après son mariage avec M. Whitelock, l'un des directeurs de la compagnie Chester, en 1785, elle partit avec lui en Amérique, où elle semble avoir eu quelque succès.

Mme Whitelock, nous dit-on, était une femme plus grande et plus belle que Mme Siddons. À son retour en Angleterre des années plus tard, elle portait une perruque auburn qui, comme le grand bonnet qui la surmontait, était toujours d'un côté. C'était une femme simple et douce, mais très imparfaitement instruite. Son nom, son visage, sa silhouette et sa voix Kemble l'ont aidée aux États-Unis, mais ses propres qualifications n'étaient que maigres. Rien de plus drôle, nous dit-on, que de la voir avec Mme Siddons, dont elle ressemblait à une imitation maladroite et mal finie. Ses gestes véhéments et ses violentes objurgations contrastaient de façon comique avec l'immobilité majestueuse de sa sœur ; et quand de temps en temps Mme Siddons l'interrompait avec « Elizabeth, ta perruque est d'un côté », et l'autre répondait : « Oh, n'est-ce pas ? et, poussant le couvre-chef offensant, le mettant tout aussi tordu dans l'autre sens, et continuant son discours, Melpomène elle-même avait recours à sa tabatière pour cacher le sourire naissant sur son visage.

Une autre sœur, Jane, est apparue dans Lady Randolph à Newcastle quand elle avait dix-neuf ans. Elle avait poussé à l'excès tous les défauts de Kemble dans son jeu d'acteur. Elle était d'ailleurs petite et grosse ; et lorsqu'un personnage de la pièce, décrivant sa mort, dit : « Elle a couru, elle a volé comme un éclair sur la colline », le public a éclaté de rire. Peu de temps après cette tentative décourageante, elle épousa un M. Mason, d'Edimbourg, et se retira de la profession. Elle décède en 1834, laissant un mari, cinq fils et une fille, qui montent presque tous sur scène. À une malheureuse exception près, la famille Kemble se distinguait par sa vie convenable et bien réglée. Bien que tous les frères épousèrent des actrices, leurs enfants furent admirablement élevés et leur foyer était un modèle de bienséance. La malheureuse exception que nous avons mentionnée était Ann Curtis, la quatrième sœur. Pour une femme du tempérament fier et sensible de Mme Siddons, les caprices de cette misérable femme devaient être douloureux au-delà de toute expression. On la disait boiteuse, ce qui l'empêchait de monter sur scène. En 1783, année de son grand triomphe à Londres, la jeune actrice eut le plaisir de lire dans tous les journaux l'annonce suivante. Sous couvert de charité, il est facile de voir le motif qui l'a motivée et montre l'envie et la méchanceté qui l'ont poursuivie tout au long de sa carrière.

Dons en faveur de Mme Curtis, plus jeune sœur de Mme Siddons.

Un *particulier*, dont l'humanité est bien plus étendue que ses moyens, ayant pris en considération le cas de la malheureuse MME CURTIS , regrettant sa jeunesse, respectant ses talents de théâtre, que malheureusement le malheur a rendus inutiles, et désireux de restaurer un membre utile à la société, implore instamment l'intervention d'un public généreux en sa faveur, afin qu'elle puisse être en mesure, grâce aux efforts de l'humanité, de se procurer les choses nécessaires qui peuvent être nécessaires pour soulager sa détresse immédiate, et pour qu'elle obtienne son pain en travaux d'aiguille, fleurs artificielles, etc., dans lesquels elle est bien habile et dans lesquels elle sera heureuse d'être bien employée. Mme Curtis est la plus jeune sœur de *MM. Kemble* et *Mme Siddons* , à qui elle a demandé à plusieurs reprises des secours, ce qu'ils lui ont catégoriquement refusé ; il devient donc nécessaire de solliciter, en sa faveur, la générosité bienveillante de ce public qui *les a si généreusement soutenus* .

Ne refuse pas les larmes de l'Affliction Pity,

Pour la Vertu la plus juste lorsqu'elle aide la Détresse !

La recherche du bonheur de Mme Curtis .

Les dons seront heureusement reçus chez M. Ayre, imprimeur du Sunday *London Gazette* et du *Weekly Monitor*, etc., n° 5 Bridges Street, en face du Drury Lane Theatre ; et au n° 21 King Street, Covent Garden.

Tous les efforts pour la reconquérir étant vains, elle descendit progressivement de plus en plus bas dans l'échelle sociale. Des rumeurs circulèrent selon lesquelles elle aurait tenté de s'empoisonner, et encore une fois son frère et sa sœur furent accusés de dureté excessive ; mais presque tout ce qui concerne l'affaire indique qu'ils ont fait tout ce qu'ils pouvaient, même si elle s'est révélée parfaitement irrécupérable.

Au cours de la dernière partie de sa vie, elle reçut une petite rente de vingt livres par an, qui lui fut continuée dans le testament de Mme Siddons. Elle vécut jusqu'en 1838.

Charles, dont les capacités intellectuelles se rapprochaient le plus de sa célèbre sœur et de son frère que tous les autres, avait près de vingt ans de moins que Mme Siddons. À l'âge de treize ans, il fut envoyé par John Kemble au Douay College, où il resta trois ans. Il est apparu à Drury Lane en 1794. C'était un acteur gentleman et raffiné ; il y avait certains personnages qu'il s'appropriait entièrement. Charles épousa, en 1806, une actrice du nom de De Camp. Comme Mme Garrick, elle avait été danseuse de ballet et était venue de Vienne, amenée par Garrick avec le reste de la troupe. A la suite d'une émeute dirigée contre l'emploi des étrangers, la plus grande partie de la troupe fut obligée de retourner à Vienne. Cependant Miss De Camp resta, apprit l'anglais et, à force de persévérance, obtint une bonne position à Drury Lane. Ils ont eu trois enfants : Adélaïde, qui chantait professionnellement, mais quitta bientôt la scène pour épouser M. Sartoris ; Fanny, auteur du *Record of a Girlhood*, devenue Mme Butler ; et un fils, John Mitchell Kemble. Charles Kemble souffrit beaucoup de surdité au cours des dernières années de sa vie et fut entièrement ruiné par le don de la part de Covent Garden évaluée à 50 000 £. Mme Siddons réapparut à son profit le 9 juin 1819.

Mme Siddons a eu cinq enfants qui ont vécu pour grandir : Henry, né à Wolverhampton le 4 octobre 1774 ; Sarah Martha, née à Gloucester, le 5 novembre 1775 ; Maria, née à Bath, le 1er juillet 1779 ; George, né à Londres le 27 décembre 1785 ; et Cécilia, née le 25 juillet 1794. Elle envoya son fils Henry en France étudier auprès de Le Kain. Il monta sur scène, mais n'avait aucune des qualifications d'un bon acteur.

Mme Siddons, avec son habituelle acceptation raisonnable des choses telles qu'elles étaient, essaya de tirer le meilleur parti de ses pouvoirs. A l'occasion de sa première comparution, elle écrit à Mme Inchbald de chez Bannister, où elle s'arrêtait avec son amie Mme Fitzhugh :

« J'ai reçu votre aimable lettre et je vous remercie beaucoup pour l'intérêt que vous portez au succès de mon cher Harry. Cela me fait un grand plaisir de constater que M. Harris apprécie ses talents, auxquels j'estime beaucoup et qui, je crois, grandiront jusqu'à une grande perfection en favorisant, d'une part, et en prenant soin et en travaillant, de l'autre. Je n'ai guère de doute sur la libéralité de M. Harris, et aucun doute sur la louable ambition de mon fils de l'obtenir. Il y a si longtemps que je n'ai ressenti rien qui ressemble à de la joie, que cela m'apparaît comme un rêve, et je crois que je ne pourrai pas vraiment me convaincre que cela est réel tant que je ne serai pas présent « pour assister au triomphe et prendre part au vent ». .' Je suis toute anxiété et impatience d'entendre l'effet d'Hamlet. C'est une entreprise formidable pour une si jeune créature, et pour laquelle un modèle si parfait a été si longtemps envisagé. J'ai eu peur lorsque j'en ai reçu hier l'information. Oh! J'espère pour Dieu qu'il s'en sortira. Adieu, chère Muse.

Henry Siddons quitta bientôt la scène, épousa une Miss Murray, fille d'un acteur et elle-même actrice, et devint en 1808 directeur du Théâtre d'Édimbourg.

La mort de sa fille Maria fut le premier chagrin sérieux que Mme Siddons ait connu. Nous avons évoqué la proposition du peintre Lawrence et le transfert de son affection, après de brefs fiançailles, à sa sœur Sarah. Mme Siddons a fait tout ce qu'elle pouvait pour adoucir le coup porté à la pauvre fille abandonnée. Nous la trouvons en train d'écrire en désespoir de cause à son vieil ami Tate Wilkinson :

« Mes projets pour l'été sont tellement arrangés que je n'ai aucune chance d'avoir le plaisir de vous voir. La maladie de ma deuxième fille a dérangé tous les projets de plaisir comme de profit. Je remercie Dieu, elle va mieux; mais la nature de sa constitution est telle qu'il faudra longtemps avant que nous puissions raisonnablement bannir la crainte d'une phtisie prochaine. Il est affreux de voir chaque jour une jeune créature innocente et belle sombrer sous la langueur d'une maladie qui peut finir par la mort, malgré la tendresse la plus vigilante. La misère d'un parent face à cette détresse, vous pouvez plus facilement l'imaginer que je ne peux la décrire ; mais si tu es l'homme pour qui je te prends, tu ne me refuseras pas une faveur. Ce serait *en effet* un grand réconfort pour nous tous, si vous permettiez à notre chère Patty de venir chez nous à notre retour en ville à l'automne, pour rester avec nous quelques mois. Je suis sûr que cela ferait tant de bien à ma pauvre Maria, car le médecin me dit qu'elle aura besoin du même accouchement et des mêmes soins l'hiver prochain ; et que cela n'offense pas l'orgueil de ma bonne amie lorsque je demande qu'il soit entendu que je souhaite défrayer les frais de son voyage. Oui, chère âme, accorde ma demande. Offrez mes aimables compliments à votre famille, mon amour à ma chère Patty, et acceptez-vous les meilleurs et les plus cordiaux vœux de

« S. SIDDONS .»

Depuis cette époque jusqu'à la mort de Mme Siddons, Patty Wilkinson n'a jamais quitté sa maison et est toujours restée l'amie intime et bien-aimée d'elle et de ses filles.

Maria a été emmenée à Clifton à la suggestion du médecin, tandis que Mme Siddons partait en tournée provinciale pour gagner suffisamment d'argent pour faire face aux lourdes demandes qui pesaient sur son sac à main. Enfin, la pauvre mère elle-même comprit que tous ses efforts étaient inutiles, et lorsque, le 6 octobre 1798, le coup arriva enfin, elle le reçut avec résignation et courage. Elle écrivit à Mme Fitzhugh :

« Bien que mon esprit ne soit pas encore suffisamment apaisé pour parler beaucoup, la conviction de votre affection constante me pousse à apaiser votre inquiétude jusqu'à vous dire que je vais assez bien. Ce triste événement auquel je me suis préparé depuis longtemps, et je m'incline avec une humble résignation devant le décret de ce Dieu miséricordieux qui a pris pour lui le cher ange, je dois toujours le pleurer tendrement. Je n'ose plus me faire confiance. Oh! que vous étiez ici, que je pourrais vous parler de son lit de mort, avec une dignité d'esprit et une pieuse résignation dépassant de loin l'imagination de Rousseau et de Richardson dans leur Héloïse et Clarissa Harlowe ; car la sienne était, je crois, de l'inspiration immédiate de la Divinité.

Les troubles commençaient alors à se multiplier. M. Siddons, mû par une jalousie morbide à l'égard de l'énergie et du succès de sa femme, entra en contact avec le Sadler's Wells Theatre sans la consulter, ni même la mettre dans sa confiance. Une part considérable de ses économies a été sacrifiée pour le sauver de son entreprise peu judicieuse. Cependant, malgré sa mauvaise santé et sa lassitude, nous la voyons assumer sans murmurer son fardeau pour réparer la perte. Le 14 juillet 1801, elle écrit encore à Mme Fitzhugh :—

« Dans environ quinze jours, je compte commencer mon voyage vers Bath. M. Siddons est là, car il ne trouve aucun soulagement à ses rhumatismes ailleurs. Ses récits de lui-même sont moins favorables que ceux de quiconque m'écrit à son sujet ; mais j'espère et j'ai confiance que nous le trouverons meilleur qu'il ne le pense lui-même ; car je sais par une triste expérience avec quelle difficulté un esprit, affaibli par des souffrances longues et ininterrompues, admet l'espoir, et encore moins l'assurance. Je serai ici jusqu'à samedi prochain, et ensuite à Lancaster jusqu'au mardi 28 ; de là, j'irai immédiatement à Bath, où j'aurai environ un mois de repos, puis je commencerai à jouer quelques nuits à Bristol. « Un tel repos trouve la plante des pieds impuissants ! *La date de* notre arrivée à Londres est incertaine, car rien n'est réglé par M. Sheridan, et je ne pense pas qu'il soit impossible que *mon* hiver soit passé à Dublin ; car je dois continuer à *travailler* pour assurer le peu de confort que j'ai pu obtenir pour moi et ma famille. Il est providentiel pour nous tous que je puisse faire tant de choses ; mais j'espère qu'il n'est pas faux de dire que je suis fatigué et que je devrais être heureux d'être en effet au repos. J'espère encore voir le jour où je pourrai me taire. Ma bouche ne va pas encore bien (elle avait eu une crise d'érysipèle, la maladie qui devait finalement la tuer), mais un peu moins douloureusement. J'en suis devenu depuis quelque temps un objet effrayant, et, je crois, cette plainte m'a ôté ces pauvres restes de beauté autrefois admirés, du moins que, à vos yeux partiels, j'avais autrefois.

Elle n'est pas allée à Dublin, mais est revenue au début de l'année suivante à Drury Lane, où elle s'est produite plus de quarante fois.

Le 25 mars 1802, elle interpréta pour la première fois Hermione dans le *Conte d'hiver* . La réalisation de ce rôle compte parmi ses grands succès. Ce projet était plus adapté à son âge et à son apparence que d'autres qu'elle entreprit plus tard dans sa vie. La deuxième ou la troisième nuit, elle a failli être brûlée vive. Nous pouvons raconter l'incident tel que relaté dans une lettre à Mme Fitzhugh : -

« Londres, avril 1802.

«... A part un jour ou deux, le temps m'a été jusqu'à présent très favorable. J'espère que cela continuera ainsi, car le *Conte d'Hiver* promet d'être très attrayant ; et, pendant que cela continue ainsi, je suis tenu, en honneur et en conscience, de mettre mon épaule au volant, car cela a entraîné de grandes dépenses pour les directeurs, et, si je peux me réchauffer, j'espère que je continuerai assez bien. Quant à mes projets, ils sont, comme d'habitude, tous incertains, et je me trouve précisément dans la situation de la pauvre Lady Percy, à qui Hotspur dit comiquement : « J'espère que tu ne diras pas ce que tu ne sais pas. Cela doit continuer à être le cas, dans une large mesure, tandis que je continue à être le serviteur du public, pour lequel (et que cela ne soit pas vain) je ne peux jamais m'exercer suffisamment. Je crois vraiment qu'ils me reçoivent chaque soir avec des témoignages d'approbation de plus en plus nombreux. Je sais que cela vous fera plaisir d'entendre cela, mon cher Ami, et vous ne me soupçonnerez pas de me tromper sur ce point. L'autre nuit avait presque mis fin à *tous* mes efforts, car pendant que je me tenais devant la statue du *Conte d'Hiver* , mes draperies volaient sur les lampes placées derrière le piédestal. Il a pris feu, et sans l'un des hommes qui se sont mis en scène, qui s'est mis à genoux très humainement et l'a éteint sans que je sache quoi que ce soit, j'aurais pu être brûlé vif, ou, en tout cas, je j'aurais dû être complètement effrayé. Entouré comme j'étais de mousseline, la flamme aurait couru comme une traînée de poudre. Le bas du train a été entièrement brûlé. Sans la promptitude de cet homme, il semblerait que mon sort aurait été inévitable. J'ai bien récompensé le bon homme, et je considère ma délivrance comme une interposition des plus gracieuses de la Providence. Il y a une providence particulière dans la chute d'un moineau. Me voici en sécurité et en bonne santé, Dieu soit loué ! et que sa bonté me fasse profiter, comme je le dois, du temps qui m'est accordé.

Nous la voyons plus tard faire tout son possible pour sauver le fils de l'homme qui l'avait sauvée, de la punition pour désertion.

« Je m'écris presque aveugle depuis trois jours, inquietant tout le monde d'avoir un pauvre jeune homme, qui par ailleurs a un très excellent caractère, sauvé de la disgrâce et de la hideuse torture du fouet, à laquelle il s'est exposé. J'espère devant Dieu que je réussirai. Il est le fils de l'homme – qui sera pour moi toujours béni – qui m'a préservé d'être brûlé vif dans le *Conte d'Hiver*. L'affaire m'a coûté beaucoup de temps, mais si j'atteins mon but, je serai richement payé. Il est midi ; Je suis très fatigué. Demain, c'est ma dernière comparution. Dans quelques jours, j'irai voir ma chère fille Cécilia. Comme j'ai hâte de voir ma chérie ! Oh! comme tu aurais apprécié mon *entrée* à Constance hier soir. J'ai été reçu vraiment comme si c'était ma première apparition de la saison. J'ai fait des petits déjeuners et des dîners pour ce malheureux jeune homme, jusqu'à ce que j'en sois complètement épuisé. Vous savez combien le plaisir, comme on l'appelle, fatigue.

CHAPITRE XIII.
DES DOULEURS.

Bien que souffrant encore d'une santé affaiblie, Mme Siddons décida de nouveau de se rendre à Dublin au printemps 1802. Une étrange dépression, en partie due à la faiblesse physique et en partie à l'anxiété mentale, s'empara de son esprit courageux, paralysant toute son énergie et briser son calme habituel. Nous trouvons cette femme qui, au public extérieur, présentait un extérieur froid et dur, pleurant hystériquement en prenant congé de ses amis. Elle a dit à M. Greatheed qu'elle pensait qu'avant de se revoir, une grande affliction serait tombée sur eux deux. Ils ne se sont rencontrés qu'après la mort de son fils Bertie et de sa fille Sarah. Elle écrivit à Mme Piozzi :

« Mai 1802.

« Adieu, mon ami bien-aimé, un long, long adieu ! Oh, quelle journée comme celle-ci a été ! Quitter tout ce qui m'est cher. J'ai été entouré de ma famille, et mes yeux se sont arrêtés avec une tendresse inquiétante, trop douloureuse, sur le vénérable visage de mon cher père, qui me dit que je ne le regarderai plus. Je confie mes enfants à votre protection amicale, avec une confiance pleine et parfaite dans la bonté que vous avez toujours manifestée à mon égard.

"Votre toujours fidèle et affectueux

« S. SIDDONS .»

Le cœur de la mère ne pouvait guère avoir le pressentiment de la seconde affliction qui allait alors s'abattre sur elle. Quelques semaines après avoir quitté Marlborough Street, Sally décrit à Patty Wilkinson, qui avait accompagné Mme Siddons, les pique-niques et les fêtes auxquelles elle et son amie Dorothy Place avaient assisté, pour leur plus grand amusement et leur plus grand plaisir. La jeune fille raconte également le mariage de son frère Henry avec Miss Murray, qui, dit-elle, « était très belle avec un chapeau blanc en écailles, avec un bonnet de dentelle en dessous, sa longue pelisse sombre nouée avec des nœuds violets prête à voyager, » et mentionne comment elle et Dorothy « ont ri aux éclats » lors d'une pièce de théâtre à laquelle elles avaient « assisté ». Pourtant, la mort avait déjà mis la main sur cette jeune vie brillante.

Mme Siddons poursuivit son mélancolique voyage, s'arrêtant pour visiter la maison de Shakespeare à Stratford, et de là vers le nord du Pays de Galles, où, au château de Conway et à Penman Mawr, ils firent le métier de touriste en contemplant les couchers de soleil à travers les fenêtres en ruine et en écoutant aux harpistes gallois qui harpaient ci-dessous. « À cette époque et dans ce lieu romantiques », nous dit Campbell de sa manière ambiguë, Mme Siddons « a honoré le poète le plus humble de sa connaissance en se souvenant de lui ; et, que le lecteur blâme ou pardonne mon égoïsme comme bon lui semble, je ne peux m'empêcher de transcrire ce que le Diarist ajoute : Mme Siddons a dit : « J'aimerais que Campbell soit ici. »

Le bathos est complet lorsque, le poète nous raconte, sous l'autorité de Miss Wilkinson, qu'en regardant un magnifique paysage de rochers et d'eau, une dame qui les entendait s'écria en extase : « Ce paysage horrible me donne l'impression d'être seulement un ver ou un grain de poussière sur la surface de la terre. Mme Siddons s'est retournée et a dit : « Je me sens très différemment !

Elle a passé deux mois à jouer avec succès à Dublin ; puis elle est allée à Cork, puis à Belfast. À son retour à Dublin, elle reçut la nouvelle du décès de son père à l'âge de quatre-vingt-deux ans. Bien que cela ne soit pas inattendu, la rupture de cette affection de toute une vie, survenant à un moment où d'autres chagrins et angoisses pesaient sur elle, fut un coup dur, et nous la voyons écrire au Dr Whalley avec une certaine irritation qui trahit son état d'esprit, et trahit également son attitude envers son mari en ce moment sur les questions d'argent.

«Je vous remercie pour vos aimables condoléances. Mon cher père est mort de la mort du juste ; que ma dernière fin soit comme la sienne, sans un gémissement. En ce qui concerne ma chère Mme Pennington, mon cœur est trop sensible à sa situation malheureuse et mon affection pour elle trop vive pour avoir induit la nécessité d'ouvrir une blessure qui est par elle-même trop susceptible de saigner. En effet, en effet, mon cher Monsieur, il n'était pas nécessaire de rappeler ces scènes tristes et tendres pour adoucir ma nature ; mais laisse passer ça. Vous n'avez pas besoin de savoir, j'imagine, qu'une somme telle que 80 £ est trop considérable pour être immédiatement produite à partir de l'allocation trimestrielle d'une femme ; mais, comme je n'ai pas le moindre doute sur la volonté et la volonté de M. Siddons d'offrir ce témoignage d'estime et de gratitude, je vous prie de régler immédiatement l'affaire avec lui. Je lui écrirai aujourd'hui, si je trouve un moment. Si vous pouvez trouver un moyen plus rapide d'accomplir votre aimable objectif, comptez sur mon paiement des 80 £ dans les six prochains mois. Pour l'amour de Dieu, ne le laissez pas passer. Si je savais comment envoyer de l'argent d'ici, je le ferais tout de suite ; mais, compte tenu du retard de la distance et des caprices du vent et de la mer, cela sera fait plus rapidement par M. Siddons. Que Dieu vous bénisse et vous redonne une santé et une tranquillité parfaites.

On peut lire entre les lignes de cette lettre, car on sait qu'à cette époque elle reçut une demande pressante de son mari pour de l'argent pour aménager leur fils George pour l'Inde et pour payer les dettes contractées pour la décoration de la maison de Great Marlborough. Street, suggérant qu'en conséquence elle ferait mieux d'accepter un engagement à Liverpool. Elle préféra cependant, bien que harcelée par des désaccords avec Jones le manager, rester à Dublin. La rumeur courait, comme à l'occasion de sa première visite en Irlande, qu'elle avait refusé de jouer au profit du Lying-in Hospital, une association caritative très fréquentée par les dames de Dublin. Elle réfuta cette accusation avec indignation, terminant par des mots qui témoignent de son état de souffrance morale :

« Il est difficile de supporter à la fois la pression du chagrin domestique, l'inquiétude des affaires et la nécessité de guérir une réputation blessée ; mais telle est la rude imposition du temps, et je dois la maintenir dans la mesure où me le permet cette Puissance qui tempère le vent pour l'agneau tondu.

Son fils George est venu passer quinze jours avec elle avant son départ pour l'Inde, et les nouvelles de la maison concernant sa fille semblaient toujours bonnes. Ainsi, comme un coup de foudre, tomba d'un ciel d'été une lettre de M. Siddons adressée à Miss Wilkinson, disant que Sally était très malade, mais la suppliant de ne pas inquiéter Mme Siddons en le lui disant. Miss Wilkinson, cependant, estima qu'il était de son devoir de montrer la lettre. Le cœur de la mère devinait tout ce qui n'était pas dit. Elle déclara son intention de partir sans tarder pour l'Angleterre. Un violent vent soufflait depuis quelques jours et aucun navire ne voulait quitter le port. Deux jours plus tard, une lettre rassurante arriva de Siddons adressée à sa femme, lui disant que tout allait bien à nouveau et lui conseillant de se rendre à Cork. Elle y partit, mais son état d'esprit misérable peut être deviné d'après une lettre adressée à Mme Fitzhugh :

« Cork, le 21 mars 1803.

" MON CHER AMI ,

« Comment vous remercier suffisamment pour toute votre gentillesse envers moi ? Vous connaissez mon cœur, et je peux épargner mes mots, car, Dieu le sait, mon esprit est dans un état si distrait que je peux à peine écrire ou parler rationnellement. Oh! pourquoi M. Siddons ne m'a-t-il pas dit quand elle était tombée si malade pour la première fois ? J'aurais alors pu me dégager de cet engagement, et quel monde de misère et d'inquiétude m'aurait été épargné ! Et pourtant, bon Dieu ! comment aurais-je dû traverser la mer ? Depuis quinze jours, c'est si dangereux, que seuls des wherries se sont aventurés jusqu'à la Sainte-Tête ; mais je pense pourtant que j'aurais dû me lancer dans l'un d'eux si j'avais pu savoir que ma pauvre chère fille était si malade. Oh! parle-moi d'elle. J'ai presque le cœur brisé, même si les derniers récits me disent qu'elle se répare depuis plusieurs jours. Est-ce qu'elle m'a souhaité ? Mais je sais – je pense que c'est le cas. La chère créature pensait que c'était de la faiblesse de ma part lorsque je lui parlais de la possibilité de ce que l'on pouvait endurer à cause de la maladie lorsque cet élément formidable nous séparait de notre famille. Dieu merci, j'étais à son chevet ! Ce serait donc à moi de souffrir avec résignation ce que je ne puis supporter aujourd'hui avec courage. Si quelque chose pouvait soulager la misère que je ressens, ce serait que mon cher et inestimable Sir Lucas Pepys l'ait sous sa garde. Dites-lui ceci, je vous en prie, et demandez-lui de m'écrire un mot de réconfort. Croiras-tu que je dois jouer ce soir, et imagines-tu une pareille misère dans cet état d'esprit terrible ? Pendant un instant, je me réconforte en réfléchissant à la force de la constitution de la chère créature, qui s'est si souvent relevée, à notre grand étonnement, sous des attaques aussi graves. Là encore, quand je pense à la fragilité de l'existence humaine, mon cœur s'effondre et sombre dans le découragement. Que Dieu te bénisse! Le suspense dans lequel me tient la distance, vous l'imaginez peut-être, mais il ne peut être décrit.

Pendant ce temps, aucune lettre n'est arrivée. Les vents faisaient rage au dehors et aucun navire ne pouvait traverser. A la fin de la semaine, les nouvelles qui arrivaient n'étaient pas satisfaisantes. Elle résolut de renoncer à tout prix à ses fiançailles et de revenir. Elle et Patty Wilkinson partent pour Dublin ; là, ils furent de nouveau détenus et n'eurent aucune nouvelle. Presque hors d'elle-même, elle s'adressa de nouveau à Mme Fitzhugh :

« Dublin, le 2 avril 1803.

« Je suis parfaitement étonné, mon cher Ami, de ne pas avoir de nouvelles de vous après l'avoir si instamment prié. Bon dieu! Quelle peut être la raison pour laquelle des renseignements doivent être extorqués, pour ainsi dire, dans des circonstances comme la mienne ? On pourrait penser que la bienveillance commune, mettant de côté l'affection, aurait pu inciter certains d'entre vous à atténuer autant que possible la détresse que vous savez que je dois ressentir. La dernière lettre de M. Siddons indiquait qu'elle allait mieux. Une autre lettre de M. Montgomery, à Oxford, dit que George lui a fait le même récit. Pourquoi... pourquoi dois-je entendre cela seulement de la part d'une personne située à cette distance d'elle et aussi mal informée que l'écrivain doit l'être de son état de santé ? Pourquoi vous ou M. Siddons ne m'avez-vous pas dit cela ? Je ne peux pas du tout expliquer votre silence, car vous savez comment ressentir. J'espère naviguer ce soir et atteindre Londres le troisième jour. Dieu sait quand ce sera le cas. Oh mon Dieu! quelle maison où retourner, après tout ce que j'ai fait ! et quelle perspective pour la fin de mes jours.

Elle put enfin passer à Holyhead. À Shrewsbury, elle reçut une lettre de M. Siddons confirmant les pires récits sur la maladie de Sally, mais la suppliant de « se souvenir du caractère précieux de sa propre vie et de ne pas la mettre en danger par des voyages trop rapides ». Pendant qu'elle lisait, Miss Wilkinson fut appelée hors de la pièce ; un messager était arrivé avec la nouvelle de la mort de la jeune fille. Mme Siddons devina ce qui s'était passé à l'expression du visage de Miss Wilkinson à son retour et, retombé sans voix, resta allongée pendant une journée « froide et engourdie comme une pierre, avec à peine un signe de vie ».

Sa propre famille s'est présentée avec consolation et aide. Son frère John a écrit une lettre qu'elle a reçue à Oxford ; son frère Charles vint à sa rencontre et la conduisit lors de sa première visite chez sa mère veuve. Tous les autres chagrins étaient devenus insignifiants à côté de la mort de sa fille. Elle était si épuisée par la misère et le surmenage que les médecins lui recommandèrent l'air calme et vivifiant de Cheltenham. Nous avons un aperçu de son état d'esprit dans une lettre adressée de là à son amie Mme Fitzhugh en juin 1803 :

« La sérénité du lieu, l'air doux et le paysage de ma chaumière, ainsi que l'effet médicinal des eaux, ont fait du bien à ma constitution brisée. Je suis parfois incapable de me réconcilier avec mon sort. L'être chéri que je pleure est assurément libéré d'une vie de souffrance et compte parmi les esprits bienheureux rendus parfaits. Mais être séparé pour toujours, malgré la raison et malgré la religion, c'est parfois trop pour moi. Donnez mon amour à ce cher Charles Moore, si vous avez la chance de le voir. Avez-vous lu son beau récit de ma douce Sally ? Cela se fait avec une vérité et une modestie qui m'ont procuré le plus sincère de tous les plaisirs qu'il m'est maintenant permis d'éprouver, et qui m'assure encore plus que jamais que celui qui pouvait sentir et goûter une telle excellence était digne de l'estime particulière qu'elle avait pour lui."

La vie en plein air à Birch Farm, la lecture « sous la botte de foin dans la cour de la ferme », les promenades dans les champs et la « réflexion dans le verger », a progressivement apaisé le caractère poignant de son chagrin. « Me lever à six heures et me coucher à dix heures m'a ramenée à mon sommeil confortable », écrit-elle. "L'amertume et l'angoisse du chagrin égoïste commencent à s'atténuer, et les tendres souvenirs de l'excellence et des vertus partis vers le lieu béni de leur récompense éternelle, sont maintenant les tristes mais doux compagnons de mes promenades solitaires."

Cependant, malgré tout son stoïcisme et sa détermination, le sentiment de sa perte reviendrait, emportant toutes les barrières artificielles de retenue.

« S'il s'estime malheureux », écrivait-elle à propos d'un ami, « qu'il *me regarde* et se taise : « les voies impénétrables de la Providence ». Deux belles créatures sont parties, et une autre vient d'arriver de l'école avec toute cette beauté effrayante et éblouissante qui irradiait le visage de Maria et me fait frémir quand je la regarde. Je me sens comme la pauvre Niobé serrant contre son sein le dernier et le plus jeune de ses enfants ; et, comme elle, cherche à chaque instant la flèche vengeresse de la destruction. Hélas! mon cher Ami, peut-on s'étonner que je désire la terre où ils sont allés préparer la place de leur mère ? Qu'ai-je ici ? Pourtant, ici, même ici, je pourrais me contenter de m'attarder encore dans la paix et le calme – le contenu est tout ce que je souhaite. Mais je dois à nouveau entrer dans l'agitation du monde ; car, bien que la gloire et la fortune m'aient donné tout ce que je désirais, même si ma présence et mes efforts ici peuvent être utiles à d'autres, je ne me crois pas libre de m'abandonner à ma propre satisfaction égoïste. Le deuxième grand commandement est : « Aime ton prochain comme toi-même », et c'est de cette manière que je ferai probablement le mieux mon chemin vers le Ciel. »

Combien les voies de la Providence sont impénétrables, en effet. Sally était sa fille aînée et son enfant le plus cher. Elle était née deux mois avant cette terrible période de probation et d'échec à Drury Lane. C'étaient à elle les doigts de bébé, à elle la voix de bébé, qui avaient ramené la pauvre jeune mère à la résignation et au courage. Elle avait vingt-sept ans lorsqu'elle a été enlevée et elle a toujours été le soleil de la maison. Oui, elle était la plus chère. Il est étrange que, sourds à nos angoisses et à nos souffrances, ce soient si souvent eux qui se laissent prendre. Si un cœur confronté à une telle épreuve peut encore croire, faire confiance et aimer, alors c'est vraiment la foi – née du ciel, sublime. Et tel, nous le voyons, était celui de la mère au cœur brisé.

Pendant son séjour à Birch Farm, John Kemble, Charles Moore et Miss Dorothy Place, l'amie particulière de sa fille Sally, sont venus séjourner avec elle. En juillet, ils firent tous une excursion le long de la Wye, après quoi elle rendit visite à son ami M. Fitzhugh chez Bannister, puis retourna à Londres, où elle s'engagea à jouer l'hiver suivant à Covent Garden.

D'autres procès attendaient Mme Siddons, procès qui, pour une femme aussi fière et sensible, devaient être une torture extrême. Quelles que soient ses souffrances au cours de sa carrière professionnelle, dues aux scandales et aux fausses déclarations, son caractère d'épouse et de mère est resté intact. Alors qu'elle n'était plus jeune et désireuse d'échapper à l'agitation harassante de la scène pour entrer dans la dignité et le calme d'une vie domestique, entourée de ses enfants et de ses amis, un coup lui tomba sous lequel, pour l'instant, elle faillit sombrer. . Cette circonstance n'est mentionnée ni par Campbell ni par Boaden, mais elle est si étroitement liée à l'existence de Mme Siddons et colore tellement son mode de pensée à l'époque qu'elle peut difficilement être ignorée.

Mme Siddons a rencontré Katherine Galindo, l'auteur de la diffamation, au théâtre de Dublin. Elle était actrice subalterne et son mari maître d'armes. Il est difficile de comprendre comment elle a pu devenir si intime, sinon que sa parfaite sincérité et son ouverture d'esprit l'ont amenée à accorder sa confiance à des personnes très diverses, dont beaucoup n'en étaient pas du tout dignes. Sa fille, Cecilia, qui écrivit plus tard *Souvenirs* de sa mère, dit qu'au lieu d'être dure et calculatrice, comme le public extérieur l'imaginait, sa mère était au contraire trop facile, trop disposée à se laisser gouverner par des gens inférieurs en termes de qualité. à elle-même, crédule à un point extraordinaire, se fiant toujours aux apparences et ne voulant jamais soupçonner personne. Peut-être aussi la faiblesse de la grande actrice était-elle le désir de « se servir » des gens et l'amour de la flatterie, deux qualités dangereuses pour une femme dans sa position, qui l'exposaient, comme elles le faisaient, aux machinations des aventuriers. Quoi qu'il en soit, nous sommes étonnés de la sentimentalité enfantine des lettres qu'elle a écrites aux Galindos. En tenant compte même du style d'expression de Laura Matilda de l'époque, ils montrent le substrat du romantisme qui sous-tend son personnage. Les Galindos l'accompagnèrent à Cork, puis à Killarney. Mme Siddons a utilisé toute son influence pour inciter Harris, de Covent Garden, à donner un engagement à Mme Galindo ; mais Kemble, arrivé de l'étranger, refusa de le ratifier. Une lettre de Mme Inchbald dit :

«Quand Kemble revint d'Espagne en 1803, il est venu me voir comme un fou, m'a dit que Mme Siddons avait été imposée par des personnes qu'elle était une honte de connaître , et il m'a supplié de lui expliquer cela. Il a demandé à Harris de retirer sa promesse d'engager Mme G. à la demande de Mme Siddons. Pourtant sa tendresse pour la sensibilité de sa sœur était telle qu'il ne voulait pas la détromper lui-même. M. Kemble m'a reproché sa réserve, et je n'ai jamais été aussi cordial depuis. Et, conclut Mme Inchbald avec une suffisance primitive tout à fait conforme à ce que nous savons de la « chère Muse », je n'ai jamais autant admiré Mme Siddons depuis ; car si je peux plaindre une dupe, je dois aussi en mépriser une. Même le fait de connaître de telles personnes était un manque de vertu, mais pas de chasteté.

le Table Talk de Rogers que, peu de temps avant la mort de Mme Inchbald, il l'a rencontrée marchant près de Charing Cross, et nous ne sommes pas étonnés d'apprendre qu'elle avait rendu visite à plusieurs vieux amis, mais qu'elle n'en avait vu aucun - certains n'étant vraiment pas chez elle, et d'autres se refusant à elle. « J'ai appelé, dit-elle, Mme Siddons. Je savais *qu'elle* était à la maison, mais je n'ai pas été admis.

Mais revenons aux Galindos. La misérable femme fut blessée jusqu'au vif par le retrait de ses fiançailles à Covent Garden, et bien que Mme Siddons ait avancé mille livres sterling à son mari pour acheter une part dans un théâtre de province, et leur ait montré beaucoup de gentillesse, l'épouse jalouse et furieuse publia sous forme de brochure une attaque sauvage et diffamatoire contre la grande actrice, à laquelle elle ajouta les lettres qu'ils s'étaient échangées au cours de leur intimité. En tournant et en supprimant astucieusement des phrases ici et là, elle a réussi à donner une signification jamais prévue dans les originaux. Bien qu'elle ait déclaré n'avoir avancé que ce qu'elle pouvait étayer par les preuves les plus certaines, si on lui demandait de le faire, elle n'a donné aucune preuve, sauf de sa propre jalousie sauvage et de sa déception irraisonnée de se voir refuser un engagement à Covent Garden.

Il semble incroyable qu'une femme ayant les connaissances sociales de Mme Siddons ait pu être assez imprudente pour entrer dans une telle intimité et écrire avec une telle expression d'affection profonde à des gens qu'elle n'avait connus que si peu de temps. Ce qui suit est un spécimen : -

« Holyhead, dimanche, 12 heures.

« Pendant quelques heures, nous avons eu à peine un souffle de vent, et le navire a semblé quitter vos côtes aussi à contrecœur que votre pauvre ami. Vers six heures du matin, les sommets enneigés des montagnes sont apparus ; ils me glaçaient le cœur, car je sentais qu'ils étaient emblématiques de la perspective froide et morne qui s'offrait à moi. M. — a été très obligeant ; il vient de nous quitter, mais il est probable que nous nous reverrons sur la route. Je pensais que vous seriez heureux de savoir que nous avions atterri en toute sécurité. J'espère, mes amis bien-aimés, un renouveau des jours que nous avons connus, et en attendant je m'efforcerai d'amuser et de réconforter ma mélancolie par le souvenir des *joies passées*, même si elles sont « douces et tristes pour l'âme ».

« Que Dieu vous bénisse tous et n'oubliez pas

« Votre fidèle, affectueux,

« S. SIDDONS .»

Un peu plus tard, elle écrit :

« Demandez, s'il vous plaît, à Monsieur G — de m'envoyer ces douces lignes « À l'Espérance » — celle qu'il m'a donnée est presque effacée par mes larmes — et qu'elle soit écrite de la même main. Je ne pourrais jamais décrire ce que j'ai perdu en vous, mes amis bien-aimés et le doux ange qui est parti pour toujours ! Bon dieu! quelle privation en quelques jours. Adieu! Adieu!"

Inutile de dire que cette amitié « hurlante » s'est terminée comme on pouvait s'y attendre. Comme nous l'avons dit, elle n'a pas réussi à obtenir un engagement pour Mme Galindo à Covent Garden et a prêté à Galindo mille livres pour l'aider à prendre des parts dans une compagnie théâtrale à Manchester. Il n'a jamais remboursé les mille livres et est devenu abusif lorsqu'elle l'a demandé. Elle l'accusa, dans une lettre adressée à Miss Wilkinson, « d'hypocrisie et d'ingratitude », et la femme l'accusa d'avoir nourri pour son mari une affection dépassant les limites des convenances. Tous ses vrais amis se rassemblaient autour d'elle, mais elle souffrait terriblement.

Elle écrivit au Dr Whalley :

« Parmi toutes les attentions que j'ai reçues, aucune ne m'a plus réconforté, mon cher ami, que votre précieuse lettre. Je remercie Dieu que tous mes amis soient exactement de votre avis sur la manière de traiter cette affaire diabolique. Pour un esprit délicat, la publicité est en elle-même pénible, et j'espère qu'une vie de rectitude tolérable justifiera ma conduite envers mes amis. J'ai été terriblement secoué, mais j'espère que la disposition naturelle au bien-être me rendra bientôt. Ma chère Cécilia est en effet tout ce qu'une mère aimante peut souhaiter.

CHAPITRE XIV.
FERME DE WESTBOURNE.

John Kemble était désormais à la fois acteur et directeur de Covent Garden, et les résultats étaient bien plus satisfaisants à tous égards pour Mme Siddons. Harris, le propriétaire, était strictement ponctuel dans ses paiements, et la famille Kemble, qui comptait Charles Kemble dans ses rangs, suffisait à rendre les représentations suffisamment attrayantes pour le public. Mme Siddons est apparue dans plusieurs de ses anciens rôles ; entre autres dans Elvira, lorsque l'acteur Cooke est apparu tellement ivre qu'il était incapable de jouer son rôle. Il n'a pas amélioré les choses en tentant de s'excuser. Il n'a pu articuler que « Mesdames et Messieurs, ma vieille plainte » lorsqu'il a été démis de ses fonctions, et Henry Siddons a dû lire son rôle. Pendentif adapté à la nuit où il est apparu dans le rôle de Sir Archy Macsarcasm avec Johnstone, qui jouait Sir Calaghan. Il y eut une pause morte. Enfin, Johnstone, s'avançant vers la rampe, dit avec un fort accent : « Mesdames et messieurs, M. Cooke *dit* qu'il ne peut pas parler », ce taureau fut accueilli par des éclats de rire et des sifflements.

La grande actrice s'est produite soixante fois cette saison-là. À la fin, elle rendit visite à Mme Damer à Strawberry Hill, où elle rencontra Louis Philippe, ensuite roi de France, et le prince régent. Les deux dames, chaque fois qu'elles étaient ensemble, assuraient leur passion pour la sculpture. À l'approche de l'hiver, elle souffrit beaucoup de rhumatismes et, pour respirer l'air de la campagne, quitta Great Marlborough Street pour s'installer dans un cottage à Hampstead pendant quelques semaines. M. Siddons, qui était également un martyr des rhumatismes, avait préconisé le changement, et le vieux gentleman était très enchanté de sa nouvelle demeure. Il dîna et, regardant la belle vue qui s'étendait devant les fenêtres, observa : « Sally, cela guérira tous nos maux. » Cependant, malgré ses espoirs, Mme Siddons est restée alitée pendant des semaines à cause de rhumatismes aigus. Elle a essayé l'électricité avec certains effets bénéfiques, mais a souffert d'angoisse pendant le traitement.

À mesure que l'hiver avançait, ils retournèrent en ville ; mais l'état de M. Siddons s'aggrava tellement qu'il résolut d'essayer les eaux de Bath. Mme Siddons se sépara donc de sa maison de Marlborough Street et prit un logement pour elle et Miss Wilkinson à Princes Street, Hanover Square. Son propriétaire était un tapissier du nom de Nixon. Lui et sa femme parlaient toujours ensuite avec la plus profonde affection de Mme Siddons. Un jour, en regardant la carte de Nixon, elle découvrit qu'il était également croque-mort et dit en riant : « J'engage vos services pour m'enterrer, M. Nixon. » Vingt-sept ans plus tard, Nixon l'a fait.

Au cours de l'hiver et du printemps 1804 et 1805, Mme Siddons ne se produisit que deux fois à Covent Garden, en partie à cause de sa santé délicate, en partie à cause de l'apparition de Maître Betty, le « jeune Roscius », un prodige que le public courait après avec enthousiasme. un enthousiasme qui semble inexplicable. Les gérants lui donnaient des sommes qu'un Garrick ou un Siddon ne pouvaient obtenir ; son buste a été réalisé par les meilleurs sculpteurs ; son portrait peint par les meilleurs artistes et ses vers écrits dans un style d'adulation idolâtre furent répandus sur ce garçon de treize ans. Les acteurs et actrices étaient obligés de monter sur scène avec lui pour ne pas offenser. Mme Siddons et Kemble, avec une dignité louable, se retirèrent pendant que durait l'engouement. Elle alla cependant le voir et lui fit les éloges qu'elle croyait devoirs. Lord Abercorn entra dans sa loge, déclarant que c'était le meilleur jeu d'acteur qu'il ait jamais vu. "Monseigneur," répondit-elle, "c'est un joli et très intelligent garçon, mais rien de plus."

Indépendamment du garçon Betty, ou de toute autre épreuve dans sa profession, Mme Siddons commençait maintenant à aspirer au repos. Nous avons vu comment, des années auparavant, à Dublin, elle s'était exprimée au Dr Whalley : « Je ne construis pas de châteaux, mais des cottages sans fin. Puisse le grand Dispensateur de tous les événements me permettre de passer la soirée de ma journée pénible et mouvementée dans une chaumière où je pourrai parfois avoir des conversations et une société qui me rendront plus digne de ces habitations impérissables qui sont préparées pour les esprits des hommes justes. rendu parfait !

En avril 1805, elle satisfit ce souhait en prenant un cottage à Westbourne, près de Paddington. Avec l'aide de Nixon, elle l'aménagea luxueusement, construisit une pièce supplémentaire à l'arrière pour en faire un studio et aménagea les arbustes et le jardin. Westbourne était alors, nous dit-on, un de ces charmants endroits ruraux pour lesquels Paddington se distinguait. Il occupait un terrain surélevé et offrait une belle vue sur Hampstead, Highgate et la ville lointaine. Mme Siddons était une petite maison retirée, située dans un jardin entouré de peupliers et de conifères, ressemblant à un modeste presbytère rural, située, dit-on, sur le site maintenant nivelé pour la gare de Great Western. Elle aimait, dit-elle, échapper « au bruit et au vacarme de Londres » pour se rendre dans les champs verdoyants entourant sa nouvelle maison.

Ici, ses amis se rassemblaient également autour d'elle. Miss Berry et Madame D'Arblay mentionnent toutes deux, dans leur journal, avoir passé un après-midi et rencontré de nombreuses personnes dans la retraite de campagne de Mme Siddons.

«J'ai parlé en termes de ravissement de Mme Siddons à Incledon», nous raconte Crabb Robinson. « Il a répondu : « Ah ! Sally est une bonne créature.

Elle a un endroit charmant sur Edgware Road. J'ai dîné chez elle l'année dernière et elle m'a fait un des plus beaux compliments que j'aie jamais reçus. J'ai chanté *The Storm* après le dîner. Elle pleurait et sanglotait comme une enfant. En me prenant les deux mains, elle a dit : « Tout ce que mon frère et moi avons fait n'est rien comparé à l'effet que vous produisez. »

Les lignes suivantes ont été écrites par M. Siddons, décrivant la retraite de campagne de sa femme, lors de la dernière visite qu'il y a jamais rendue :

1.

Voudriez-vous que Westbourne Farm vous décrive ?

Je le ferai alors, et sans fiel,

Bien sûr, ce serait un péché de plaisanter

Une chose si jolie et si petite.

2.

La marche des peupliers, si tu as de la force,

Cela prendra une minute pour y parvenir ;

Non, certes, c'est d'une telle longueur,

« Ce serait presque fatiguer une grenouille de sauter dessus.

3.

Mais quand le terrain de plaisir est vu,

Alors, quel éclat apparaît à la vue ;

Sa promenade plate, son vert rasé,

Pour quoi un coup de rasoir ferait l'affaire.

4.

Maintenant, je vous en prie, soyez prudent lorsque vous entrez,

Et freinez vos progrès contre toute expansion ;

Trois pas vous mènent au centre,

Trois de plus, vous êtes proche du manoir.

5.

Le manoir, le chalet, la maison ou la cabane,

N'appelle pas ce que tu veux, il y a de la place à l'intérieur

Pour loger le roi de Lilliput,

Mais pas sa cour, ni encore sa reine.

6.

Le potager, fidèle à l'entretien,

Il a tellement de longueur, de largeur et de largeur ;

Un escargot, s'il est assez rampant,

Je pouvais à peine faire le tour pendant que vous en disiez vingt.

7.

Peut-être que tu pleureras en entendant cela,

Quoi! tout est si petit ?

Non; c'est elle qui a fait ce que c'est

A une grandeur qui compense tout.

M. Siddons passa quelques semaines à Westbourne, mais, ne trouvant le rhumatisme dont il souffrait soulagé qu'à Bath, il fut obligé d'y résider presque en permanence. Bath n'était pas d'accord avec Mme Siddons et les exigences de sa profession l'obligeaient à vivre à Londres. Cette différence de lieu de résidence a fait courir à l'étranger le bruit d'une séparation formelle. M. Boaden déclare en effet explicitement que Siddons était devenu à cette époque quelque peu impatient à l'égard du « mariage de la couronne », tandis que Campbell déclare que le rapport est « absolument infondé ».

En jugeant le cas, nous pensons peut-être qu'une solution moyenne serait la meilleure à suivre. On peut imaginer une incompatibilité marquée dans la manière de voir les choses du mari et de la femme. Elle était toujours impatiente face au manque d'énergie et de capacité pratique, tandis que lui, devant jouer toute sa vie son second, était jaloux de la disposition de ses gains et se précipitait dans des investissements et des spéculations malavisés.

La lettre suivante, pleine de bonne humeur, qui lui fut écrite le 16 décembre 1804, révèle la manière dont elle éteignit ses faibles emportements :

« MON CHER SID. ,

« Je suis vraiment désolé que mon petit éclair de gaieté ait été pris si au sérieux, car je suis sûr que, même si nous différons par des bagatelles, *nous ne pourrons jamais cesser de nous aimer*. Vous souhaitez que je dise ce que j'attends d'avoir fait. Je ne peux rien attendre de plus que ce que vous m'avez vous-même conçu dans votre testament. Soyez (comme vous devriez l'être) le maître de tout tant que Dieu le permet ; mais, en cas de votre mort, laissez-moi seulement être mis hors du pouvoir de toute personne vivante. C'est tout ce que je désire ; et je pense que vous ne pouvez qu'être convaincu que cela est raisonnable et approprié.

« Votre toujours affectueux et fidèle,

"SS"

L'esprit de la femme était le plus fort, le plus puissant, et avec sa sincérité et son ouverture d'esprit qui la poussaient à montrer tout ce qu'elle pensait ou ressentait, nous sommes sans doute qu'elle offensait souvent la vanité irritable d'un homme qui, dans les petites choses, avait un sentiment douloureux de sa propre dignité. Elle était d'une nature trop grande pour harceler et se battre pour des bagatelles, et en même temps souvent trop égocentrique pour se rappeler à quel point elle offensait la susceptibilité des autres.

« Vivre dans un état de discorde », écrit-elle, « avec un frère que j'aime si tendrement et avec un mari avec qui je dois passer le reste de ma vie, serait plus que ce que mon esprit soumis et mon cœur presque brisé seraient. capable de supporter. En réponse à la seconde, je peux seulement dire que le témoignage de la sagesse de tous les temps, depuis la fondation du monde jusqu'à nos jours, est enfantillage et folie, si le bonheur est autre chose qu'un *nom* ; et, j'en suis assuré, notre propre expérience ne nous permettra pas de réfuter cette opinion. Non, non, c'est l'habitant d'un monde meilleur. Le contentement, fruit de la modération, est tout ce à quoi nous devons aspirer *ici*, et la modération sera notre meilleur et plus sûr guide vers ce bonheur auquel elle nous conduira très assurément.

Au cours de la saison 1806-1807, à Covent Garden, elle incarna sept fois la reine Katherine, Lady Macbeth (dans Macbeth de Cooke) cinq fois, Isabella (*Mariage fatal*) deux fois, Elvira deux fois, Lady Randolph une fois, Mme Beverley une fois, Euphrasia une fois. , et Volumnia quinze fois. Nous voyons par cette énumération de ses rôles comment elle, et elle seule, est devenue populaire pour Shakespeare.

La saison suivante à Covent Garden fut exceptionnellement courte et ne s'étendit que jusqu'au 11 décembre 1807, lorsque le *Conte d'hiver* fut annoncé pour sa dernière apparition avant Pâques. Au fil des événements, ce fut sa dernière de la saison. Immédiatement après la représentation, elle se rendit à Bath, où elle passa six semaines avec M. Siddons. Sa santé s'était tellement améliorée qu'il pouvait faire des projets pour l'avenir et déclara son intention de passer une partie de l'été à Westbourne. Elle le quitta donc relativement sans inquiétude en février 1808. Cependant, moins d'un mois après son départ, il fut saisi d'une violente crise de maladie et mourut le 11 mars. Elle a immédiatement renoncé à ses fiançailles à Édimbourg et est partie pour son domicile à Londres. De là, le 29 mars 1808, elle écrivait à Mme Piozzi :—

«Comme votre bonté est infatigable pour moi, mon cher ami. Il y a quelque chose de si affreux dans cette dissolution soudaine d'une si longue connexion, que je le ressentirai plus longtemps que j'en parlerai. Puissé-je mourir de la mort de mon honnête et digne mari ; et que ceux à qui je suis cher se souviennent de moi quand je serai parti, comme je me souviens de lui, oubliant et pardonnant toutes mes erreurs, et ne se souvenant que de ma tranquillité d'esprit et de ma simplicité de cœur. Souvenez-vous de moi auprès de votre cher M. Piozzi. Ma tête est encore si ennuyée par cette surprise stupéfiante que je ne vois pas ce que j'écris. Adieu! chère âme; ne cessez pas d'aimer votre ami.—SS"

Ainsi se termina l'histoire d'amour commencée trente-trois ans auparavant.

Avant la fin de l'année, elle reprit sa casquette et ses cloches, mais n'avait joué qu'une ou deux nuits à Covent Garden avant que celui-ci ne soit entièrement incendié. L'origine de l'incendie reste un mystère. Certains disaient que la ouate d'un fusil, dans l'interprétation de *Pizarro* , avait dû se loger inaperçue dans la crevasse du décor. Miss Wilkinson a déclaré plus tard qu'avant que l'audience ne quitte la maison, elle avait perçu une forte odeur de feu alors qu'elle était assise dans la loge de M. Kemble, et qu'en se rendant à la loge de Mme Siddons, elle en avait parlé à certains des domestiques ; ils prétendirent que c'était l'odeur des rampes. La lettre suivante écrite par Mme Siddons à son ami James Ballantyne nous apprend à quel point la destruction a été complète et rapide.

« Vous avez à ce moment-là, j'en suis sûr, ressenti de nombreuses douleurs humaines, pour les misérables victimes de la terrible calamité qui s'est abattue sur moi et sur ceux qui me sont les plus chers. Les pertes pour les propriétaires sont incalculables, irréparables, et de toutes les robes, dentelles et bijoux précieux et curieux que *je* collectionne depuis trente ans, pas un, non, pas un article n'a échappé ! La plus douloureuse de *mes* pertes est un morceau de dentelle qui servait de toilette à la pauvre reine de France ; il mesurait plus de quatre mètres de long et plus d'un mètre de large. On n'aurait jamais pu l'acheter mille livres, mais c'est le moindre des regrets.

C'était *tellement* intéressant !! Mais ah ! ne me laisse pas souffrir de l'ingratitude de *me plaindre* , alors qu'il y a tant de raisons de remercier. Mes frères, Dieu soit loué ! Je n'ai entendu parler du feu que lorsque tous mes efforts personnels auraient été totalement inutiles. Il est aussi vrai qu'étrange et affreux que tout semblait être en parfaite sécurité à *deux* heures, et qu'à *six heures* (au moment où mon pauvre frère l'a vu) toute la structure était aussi complètement balayée de la face. de la terre comme si une telle chose n'avait jamais existé. Dieu merci, il en *était* ainsi, car s'il en avait été autrement, il aurait probablement péri en s'efforçant de préserver quelque chose du terrible naufrage de sa propriété. C'est le confort. Et toi, mon noble ami, tu participerais, j'en suis sûr, à la joie que j'éprouve en voyant ce frère adoré, endiguer ce torrent d'adversité avec une force d'âme virile, une sérénité et même *un espoir* qui éclate presque. mon cœur avec une admiration trop grande pour être supportée, et aveugle mes yeux avec les larmes les plus délicieuses qui soient jamais tombées de mes yeux. Oh! c'est une créature glorieuse ! ne vous l' ai-je pas toujours *dit* ? Oui, oui, et tout ira bien à nouveau pour lui ! *Elle* le porte aussi comme un ange. Lord Guilford et Lord Mountjoy lui ont noblement proposé de lui lever n'importe quelle somme d'argent, et mille exemples de sentiments généreux ont déjà été offerts qui témoignent de la bonté de la nature humaine et du sens de sa valeur. Tout cela lui est si honorable, que je n'aurai bientôt plus de regret que pour les pauvres êtres qui ont péri dans le feu dévorant.

« James Ballantyne… Que Dieu bénisse et fasse prospérer tous les désirs et les desseins d'un cœur si aimable, d'une tête si saine ! prie avec la plus grande ferveur son ami véritablement affectueux,

« S. SIDDONS .»

« J'ai la tête si confuse que je sais à peine ce que j'ai écrit ; mais vous vouliez que je réponde immédiatement à votre aimable lettre, excusez donc tous les défauts.

Le résultat des trente années de durs services de John Kemble a été emporté par les flammes qui ont détruit Covent Garden. Le prêt de M. Heathcote n'était toujours pas remboursé. Boaden nous raconte une visite tragi-comique à la maison des Kemble le lendemain de l'incendie. Mme Kemble exprimant haut et fort son chagrin. Charles Kemble assis, écoutant, une expression tragique sur son visage naturellement mélancolique ; John se rase devant le verre. « Oui, dit-il à son visiteur dans les intervalles de cette opération, il a péri, ce magnifique théâtre ! Il a disparu, avec tous ses trésors de toutes sortes ; cette bibliothèque, qui contenait toutes ces productions immortelles de nos compatriotes ; cette armoire ; le paysage. De tout ce vaste trésor, il ne reste plus que les armes d'Angleterre au-dessus de l'entrée du théâtre et l'aigle romaine debout, solitaire sur la place du marché.

Toutes les divergences qui auraient surgi entre frère et sœur furent englouties et oubliées dans cette crise. Bien qu'elle ait pu sourire de sa sentencieuse et snober les expressions de chagrin à haute voix de Mme Kemble, elle lui apporta maintenant une aide efficace dans la reconstitution du théâtre. Les représentations de la compagnie furent d'abord transférées à l'Opéra, puis au Haymarket Theatre. Entre le 12 septembre 1808 et le 6 mai 1809, elle joue quarante fois. L'usure de ce vêtement sur une femme de son âge – elle avait maintenant plus de cinquante ans – devait être vraiment grande. Tout semblait se tourner vers elle, dépendre de sa force de volonté et de son énergie masculines.

A côté de l'angoisse de son métier, on la retrouve préoccupée par l'avenir de ses enfants. On pourrait citer lettre après lettre, montrant l'intérêt affectueux et pratique qu'elle portait à leur bien-être, en dépit de la déclaration circulant et en laquelle elle croyait qu'elle négociait et marchandait avec son fils Henry comme s'il était un directeur avec lequel elle traitait. entreprise. Elle écrivit le 26 novembre 1808 à M. Ingles au sujet d'une expédition à Édimbourg, pour aider son fils dans son aventure théâtrale là-bas :

« Indépendamment de toute autre considération, c'est un grand objectif pour moi d'avoir une excuse raisonnable pour passer une grande partie du reste de ma vie dans la société admirée et aimée de l'Écosse ; Je suis donc, pour moi *comme* pour *lui*, naturellement soucieux du succès de mon fils au théâtre, et je pense pouvoir affirmer sans arrogance que vous ne pourriez pas choisir mieux. Il a de grandes qualifications et ne serait pas pire, je le crains, pour mes conseils en matière d'affaires dramatiques, ni pour l'aide pécuniaire que je serais fier de fournir pour amplifier le costume de la scène. Ses capacités d'acteur n'ont pas besoin de mon éloge, et sa respectabilité privée est si universellement reconnue qu'elle épargne à sa mère la peine de se vanter. J'ai fait ma part et je confie le reste au ciel ! J'ai écrit à tous ceux à qui vous m'avez conseillé d'écrire, et maintenant, en un mot, permettez-moi de vous remercier de vos bons conseils et de vous assurer que, quel qu'en soit le résultat, je me considérerai à jamais extrêmement obligé envers vous. Cependant, tant d'ambiguïté et d'obscurité semblent envelopper l'affaire (l'embroglio de Galindo), que je ne sais que souhaiter - mais que les espoirs et les craintes ont pris *fin* ; puisque rien n'est plus insupportable que le Suspense.

Ceux qui servent le public ont beaucoup à souffrir des caprices de la foule, mais ils éprouvent aussi de nombreuses preuves de l'appréciation de leur génie par les individus. Les Kemble rencontrèrent, au moment où ils en avaient besoin, des exemples de gentillesse et d'amitié qui semblent presque fabuleux dans leur générosité. Le duc de Northumberland proposa à Kemble un prêt de dix mille livres sur sa simple caution. Il hésitait à accepter, craignant de ne pas pouvoir payer les intérêts. Le duc promit qu'on ne le presserait jamais, et le jour de la pose de la première pierre, il annula la caution et lui fit présent de la totalité de la somme.

Aidé par la munificence des mécènes, cinquante mille livres furent bientôt souscrites ; à peu près la même somme fut reçue des compagnies d'assurance, et le 30 décembre 1808, la première pierre fut posée avec les honneurs maçonniques. John Kemble n'était pas homme à supprimer la pompe d'un cérémonial. Tous les acteurs et actrices étaient réunis ; Mme Siddons, portant un panache de plumes noires menaçantes, tandis que son frère, qui s'était levé de son lit de malade, se tenait sous les torrents de pluie en bas de soie blanche et en escarpins.

Moins d'un an après sa destruction, le nouveau théâtre renaît des cendres de son prédécesseur. Pendant sa construction, Drury Lane, la maison d'opposition, sous la direction de Sheridan, a également été entièrement incendiée, entraînant Sheridan avec elle dans sa ruine.

Le nouveau Covent Garden était un bâtiment bien plus magnifique que son prédécesseur ; mais le système des loges privées, qui avait été introduit d'abord à Drury Lane, était maintenant poussé à l'extrême, et le troisième cercle du théâtre leur était entièrement consacré. Cette invasion des privilèges du peuple par l'aristocratie n'était pas supportable. La « liberté du sujet » avait été mise à la mode par Fox et Burke, et la population était déterminée à mettre leurs doctrines en pratique dans tous les domaines de la vie. Ils ne se soumettraient pas, parce que la nouvelle maison avait le monopole de leur divertissement, à être méprisés et relégués dans une galerie sombre où ils ne pouvaient ni voir ni entendre, tandis qu'une « aristocratie gonflée » se prélassait dans des loges spacieuses avec des antichambres. derrière. Nous qui déplorons le radicalisme de notre époque et la liberté d'expression permise, devrions lire le récit des émeutes scandaleuses des OP (anciens prix) et nous féliciter de l'amélioration du décorum qui règne aujourd'hui.

La Nouvelle Maison fut inaugurée le 18 septembre 1809. Elle était remplie jusqu'au toit d'un public resplendissant, sur lequel brillait la lumière projetée par des milliers de bougies de cire, avec Kemble et Mme Siddons pour jouer les rôles de Macbeth et Lady Macbeth, un brillant on aurait pu s'attendre à l'inauguration.

L'hymne national a été chanté, puis Kemble devait prononcer un discours poétique. Mais au moment où il fit son apparition, habillé pour Macbeth, un cri de défi l'accueillit, tandis que la foule dans la fosse se levait, chapeau sur la tête et dos à la scène. Kemble a demandé une audience en vain. Sa sœur apparut alors, pâle mais déterminée, et tous deux accomplirent leur rôle jusqu'au bout. Chaque fois qu'un instant il y avait une accalmie dans les cris et les sifflements, la voix musicale de la grande actrice se faisait entendre dans son rôle.

Deux magistrats sont apparus sur scène et ont lu le Riot Act ; des soldats se précipitèrent pour capturer les émeutiers, qui descendirent par les piliers dans la galerie inférieure. En effet, la vue des soldats ne faisait qu'augmenter la Babel. « Pourquoi a-t-on augmenté les prix, vocifère la foule, alors que des salaires exorbitants ont été versés aux acteurs et actrices ? L'argent reçu par les Kemble et Madame Catalani s'élevait pour la saison à 25 575 £. Il y avait Mme Siddons avec 50 £ la nuit ! Le Lord Chief Justice siégeait tous les jours à Westminster Hall de 9 heures à 16 heures pour la moitié de la somme ! » « Elle et son frère sont également apparus fréquemment sur scène avec des vêtements d'une valeur de 500 £. [3] Tout cela devait être vidé des poches du public.»

L'état d'esprit populaire d'alors souffrait du reflux de la marée révolutionnaire qui avait déferlé sur la France quelques années auparavant. En effet, la manière dont les autorités se sont comportées au cours des soixante-dix nuits que durent les émeutes nous amène à penser qu'elles étaient conscientes du courant sous-jacent de l'excitation politique et qu'elles étaient heureuses de la voir détournée vers un canal qui ne menaçait pas l'Église et l'État. . Dans aucun autre pays au monde, un tel état de choses n'aurait pu se perpétuer nuit après nuit. De temps en temps, un magistrat apparaissait faiblement sur scène et lisait à voix basse le Riot Act. Un jour, le public monta sur la scène et ne fut dissuadé d'attaquer personnellement les acteurs que par l'ouverture soudaine de tous les pièges. Une dame reçut une ovation pour avoir prêté une épingle pour attacher un manifeste sur l'une des boîtes, et toute la maison fut placardée de devises offensantes. Les propriétaires eurent recours à des ordres pour admettre leurs propres partisans. Cela a donné lieu à de violents combats et bagarres. Des pigeons étaient lâchés, comme symboles du fait que le public était pigeonné ; des calomnies ont été lancées sur la moralité des loges privées ; les meneurs de l'émeute incitèrent la foule à de nouveaux excès par des discours incendiaires. Le sixième soir, Kemble s'avança pour annoncer que les fiançailles de Catalani, l'un des plus grands griefs, étaient annulées et que les livres de comptes des propriétaires seraient examinés par des messieurs compétents pour prouver que le théâtre n'était pas une entreprise payante. Le rapport parut prouvant que si une baisse des prix était réalisée, les propriétaires perdraient les trois quarts pour cent. sur leur capital. Cette déclaration n'a eu aucun effet sur la foule irraisonnée. A la réouverture de la maison, le 4 octobre, l'émeute éclata plus furieusement que jamais. Cooke, malheureusement, dans un prologue, a fait allusion à la dernière « rage hostile ». L'expression était comme jeter une allumette dans de la poudre à canon. Le peuple se déchaîna dans une frénésie ; ils ont assailli les loges et ont couru de long en large sur les bancs des stands pendant la pièce. Puis fut également introduite, nous dit-on, la célèbre danse de guerre OP dans la fosse, qui semble avoir ressemblé à la *Carmagnole française* , « avec son début calme, son enflure dans le bruit et la rapidité, et sa finale de tumulte démoniaque et confusion." Les Princes du Sang visitèrent les loges, et après avoir vu le spectacle et entendu la Babel des gorges rugissantes, ils rirent et rentrèrent chez eux ! Ensuite, la foule s'est dirigée vers la maison de Kemble, au 89 Great Russell Street, à Bloomsbury, et y a continué l'émeute. Enfin, les dirigeants furent arrêtés, mais ils furent acquittés, et Kemble consentit à comparaître au dîner donné en leur honneur. Il s'agissait d'une chute du drapeau, mais en réalité, les propriétaires en sont sortis vainqueurs. Le tarif d'entrée à la fosse fut réduit de six pence, mais le demi-tarif resta à deux shillings. Les loges privées ont été diminuées, mais le nouveau prix d'entrée a été maintenu. Cela a dû être une épreuve amère à traverser pour des tempéraments fiers comme les Kemble.

« Mon apparition de maladie a été entièrement causée », écrit Mme Siddons à ce moment-là à un ami, « par une visite troublante ce matin-là du pauvre M. John Kemble, à cause de l'abandon des loges privées, ce qui, je le crains. , doit être enfin respecté. Assurément, rien n'a jamais égalé la domination de la foule de nos jours. Il m'est inconcevable que le grand public se soumette à de telles dictées, contre son meilleur jugement, par une poignée d'hommes impérieux et ivres. En attendant, que peuvent faire les pauvres propriétaires, sinon céder à une nécessité écrasante ? Pourrais-je un jour sentir que les inquiétudes de mon pauvre frère à l'égard du théâtre ont pris fin, je le serais, c'est merveilleux à dire, aussi bien que je l'ai toujours été dans ma vie. Mais imaginez seulement dans quel état il a dû se trouver, si beau qu'il pût paraître à l'affaire, pendant plus de trois mois ; et pensez à ce que sa pauvre femme et moi avons dû souffrir, quand, pendant des semaines ensemble, tels furent les attentats commis contre sa maison et ailleurs, que je tremblai même pour sa sécurité personnelle ; elle, la pauvre âme ! vivant avec des échelles à ses fenêtres afin de pouvoir s'enfuir par le jardin en cas d'attaque. M. Kemble me dit que ses nerfs sont très ébranlés. Quelle période cela a été pour nous tous — commençant par le feu et continuant par la fureur ! Pourtant, les usages de l'adversité sont parfois doux. Non seulement ils renforcent l'affection familiale, mais ils nous apprennent à tous à marcher humblement avec notre Dieu,

"Le vôtre,

"SS"

La fureur des émeutiers était principalement dirigée contre John Kemble, « Black Jack », comme on l'appelait. Ils n'ont jamais perdu un certain respect pour la grande actrice qui les a servis si longtemps et si fidèlement. Nous connaissons l'histoire d'elle appelant à travers les fenêtres de sa chaise à porteurs les foules tumultueuses rassemblées autour du théâtre : « Bonnes gens, laissez-moi passer ; Je m'appelle Sarah Siddons », et la foule se replie immédiatement pour laisser la place à la digne reine de la tragédie. Cependant, toute cette affaire la décourageait et l'attristait. «Je n'ai pas toujours rencontré de gratitude dans une salle de spectacle», dit Garrick, et elle se contenta de répéter ses paroles avec un soupir. Elle écrivit à sa belle-fille, Mme Henry Siddons :—

« Octobre. Jour du jubilé, Westbourne Farm, Paddington.

« MA CHÈRE HARRIET ,

"Mme. Sterling s'est aimablement engagé à vous livrer un colis composé d'un livre qui vous est destiné à Westbourne et d'un petit jouet chacun pour mes chères petites filles. Je vous raconterais notre situation théâtrale si ma main droite n'était pas si faible que je tiens difficilement ma plume. Je crois que vous l'avez vue boursouflée à Liverpool, et je suis désolé de dire que ce n'est guère mieux pour moi. tout ce que j'ai essayé de le renforcer. Cependant, les journaux donnent, à ce que je comprends, un compte rendu assez précis de cet outrage barbare à la décence et à la raison, qui est une honte nationale : où cela finira, Dieu le sait, et on pense généralement maintenant, je crois, qu'il *finira. ne* se terminera pas sans l'intervention du gouvernement et, s'ils se souviennent des émeutes de 1980, il est merveilleux qu'ils aient laissé les choses se dérouler jusqu'à présent. Je crois qu'il est très probable que je ne paraisse plus cette saison, car rien ne m'incitera à me remettre dans une situation si pénible et si dégradante. Oh, comme je suis heureux que toi et mon cher Harry soyez hors de tout ça ! Il me tarde de savoir comment vous allez ; dites-moi très bientôt que vous allez tous bien, prospères et heureux. Je découvre que M. Harris va quitter sa maison de Marlbro' Street et que vous devrez la louer à un autre locataire à la fin de son mandat - j'oublie combien de temps il l'a prise. Une copie de la photo de Mme Fitzhugh sera publiée très prochainement ; On me dit que ce sera la plus belle chose qu'on ait vue depuis de nombreuses années. Le tableau me ressemble plus que tout ce qui a été fait, et je vous en procurerai un et je l'enverrai à la première occasion. Je me suis amusé à faire un modèle de Mme Fitzhugh, qui, selon tout le monde, ressemble plus à tout ce qui a jamais été vu de ce genre. J'espère qu'il y aura de la pâte à modeler à Édimbourg, car, si cela est possible, je modelerai la tête de mon cher Harry lorsque j'y irai. Donnez-lui mon amour et ma bénédiction. Acceptez la même chose pour vous et pour vos enfants chéris. Souvenez-vous gentiment de moi auprès de tous nos amis, mais surtout avec affabilité. à ma chère Miss Dallas et à la famille de Hume.

Patty vous écrira par Mme Sterling ; *sa* lettre sera, je l'espère, mieux écrite et plus amusante que la mienne. Que Dieu vous bénisse, ma très chère Harriet.

« Comp. que ce soit son *Waft* ou lui-même.

"À MME H. SIDDONS ."

Les émeutes se renouvelèrent à plusieurs reprises, et bien que les directeurs effrayés, à l'aide d'excuses et d'humiliations de toutes sortes, aient empêché une répétition de la violence, le sort de la nouvelle maison en tant qu'entreprise payante était scellé ; cela avait été une erreur artistiquement et financièrement dès le début et cessa bientôt d'être utilisé comme théâtre. Un caniche a chassé les pièces de Goethe et de Schiller de la scène du théâtre de Weimar, le « chien Carlo » et Maître Betty ont chassé *Macbeth* et *Coriolanus* de Covent Garden ; dans les deux cas, le public était justifié dans ses conclusions, mais pas dans la manière dont il les exprimait. En supprimant tous les applaudissements et en imposant des restrictions à leur public, les potentats de Weimar ont stoppé toute spontanéité dramatique ; par la taille et la lourdeur du théâtre qu'ils ont construit, et par le bannissement de la partie inférieure du public à l'écart de la scène, les propriétaires de Covent Garden ont privé leur art du verdict indispensable du public ordinaire. L'école d'art dramatique des Kembles était également en train de disparaître. Ils avaient substitué au naturel et à la variété du style de Garrick une dignité mesurée et majestueuse. Cette majesté était désormais destinée à être remplacée par l'impétuosité et la passion spontanée de Kean.

Nous avons vu que l'un des garçons introduits par John Kemble dans la scène des sorcières de *Macbeth* , puis refoulé pour désobéissance, s'appelait Edmund Kean. Ce petit diablotin, sans se laisser décourager par les difficultés, la dégradation et la misère, était devenu l'un des plus grands génies qui aient jamais foulé la scène anglaise. Nombreuses sont les histoires racontées sur la première rencontre de Mme Siddons avec Kean, mais tous sont unanimes sur le fait que ce n'était en aucun cas une performance honorable en ce qui concerne le jeune acteur. C'était en Irlande, soit à Belfast, soit à Cork. Kean avait été engagé pour jouer avec elle. Comme d'habitude, au lieu d'apprendre son rôle, il profita de l'intervalle entre son arrivée et la pièce pour boire avec quelques amis, avec un tel succès que lorsqu'il entra en scène, tout son rôle avait disparu de sa mémoire ; il fut donc obligé d'improviser au fur et à mesure. Inutile de dire que sa prestation était un tissu d'absurdités, de phrases dénuées de sens, d'absurdités ivres de toutes sortes. L'audience n'était pas critique, mais on peut imaginer le dégoût de Mme Siddons. La pièce suivante à jouer était *Douglas* , dans laquelle Kean jouait le jeune Norval. Il est impossible de dire s'il avait honte et voulait montrer à la grande actrice qu'il était aussi acteur, mais il a donné au rôle un tel pathétique et un tel esprit qu'elle a été surprise jusqu'à l'admiration. Après la pièce (nous le dit Kean lui-même), elle est venue vers lui et lui a tapoté la tête et lui a dit : « Vous avez bien joué, Monsieur. C'est dommage, mais vous êtes trop peu pour faire quoi que ce soit.

Lorsque le « petit homme » est arrivé à Londres, Kemble et Mme Siddons ont annoncé leur intention d'honorer de leur présence la performance du nouvel acteur d'Othello. Une parente de Kean, très inquiète du résultat de la décision Kemble, s'est placée dans une loge en face, pour observer l'effet que produisait sur eux la performance. La Reine de la Tragédie était assise droite et avait l'air froide ; M. Kemble accorda une attention sérieuse. Mais tandis que le jeune acteur s'habituait à son rôle, Mme Siddons montra une agréable surprise et finit par se pencher en avant, sa belle tête sur son bras, tout à fait absorbée par la scène, tandis que Kemble exprimait une approbation continuelle, se tournant vers sa sœur à chaque instant. dit. À la fin triomphale de la représentation, l'ami de Kean s'est approché de la loge des Kemble. Mme Siddons ne permettait pas que ce génie extraordinaire soit le garçon qui avait joué avec elle auparavant. "Peut-être", dit-elle, "il avait pris le nom de Kean." « Alors l'actuel a parfaitement le droit de l'abandonner », dit Kemble ; "il n'est pas Kean, mais le véritable Othello." Pourtant, Kemble a dû savoir cette nuit-là qu'un plus grand que lui s'était levé. Ce devait être une scène remarquable, ces deux personnages remarquables d'une époque révolue, jugeant « le petit gentleman qui », comme le disait Kemble, « était toujours si terriblement sérieux », tandis qu'il s'inquiétait et fulminait à ce sujet. scène, où il était destiné à initier un nouvel idéal de l'art dramatique.

Macready donne un récit intéressant de sa première rencontre avec la grande actrice que tous les jeunes aspirants admiraient avec tant d'admiration. C'était à Newcastle ; le *Gamester* et *Douglas* furent les pièces choisies, et le jeune acteur reçut l'effroyable nouvelle qu'il devait jouer avec elle. Avec doute, anxiété et appréhension, il se mit au travail, l'idée de se tenir aux côtés de la grande maîtresse de son art planant sur lui *avec terreur* . Elle arriva enfin et il reçut l'ordre de se rendre à l'hôtel Queen's Head pour répéter. L'impression, dit-il, que la première vue d'elle lui fit rappeler la description faite par le page de l'effet de l'apparition de Jane de Montfort sur lui dans la tragédie de Joanna Baillie. C'était

Si royale, si imposante et si noble.

De sa manière grandiose mais bon enfant, ayant vu sa nervosité, elle dit : « J'espère, M. Macready, que vous avez apporté de la corne de cerf et de l'eau avec vous, car on m'a dit que vous avez terriblement peur de moi. » et elle a fait quelques remarques sur le fait qu'il était un très jeune mari. Sa fille Cecilia sortit en souriant de la pièce et les laissa aux affaires de la matinée.

Ses instructions restèrent vivement gravées dans la mémoire du jeune acteur, qui prit congé avec crainte et tremblement. Le public fut, comme d'habitude, encourageant, et la première scène se passa sous des applaudissements ; mais dans la suivante, sa première avec Mme Beverley, sa peur l'envahit à tel point que pendant un instant sa présence d'esprit l'abandonna ; sa mémoire semblait avoir disparu et il restait perplexe. Elle lui murmura gentiment le mot et la scène se poursuivit.

Le jeune acteur enthousiaste continue :

Elle était seule au sommet de son excellence. Son jeu était parfait et, si je m'en souviens, je ne m'étonne pas, aussi novice que j'étais, de ma perturbation lorsque j'étais sur scène avec elle. Mais au fur et à mesure de la pièce, je repris progressivement mon sang-froid et, dans la dernière scène, alors qu'elle se tenait près de l'aile latérale, attendant le signal de son entrée, lorsque je prononçai les mots : « Ma femme et soeur! Bien bien! il n'y a plus qu'un pincement au cœur, et alors adieu le monde ! elle leva les mains, applaudit bruyamment et cria : « Bravo, Monsieur, bravo ! sous le regard d'une partie du public, qui s'est jointe à ses applaudissements.

Ce soir-là, j'étais fiancé à un bal « où toutes les beautés » – non de Vérone, mais de Newcastle – devaient se rencontrer. Mme Siddons, après la pièce, m'a envoyé me dire que lorsque je serais habillé, elle serait heureuse de me voir dans sa chambre. En entrant, elle « voulut, dit-elle, me donner quelques conseils avant de me quitter. Vous êtes sur la bonne voie, dit-elle, mais rappelez-vous ce que je dis : étudiez, étudiez, étudiez et ne vous mariez pas avant trente ans. Je me souviens de ce que c'était que d'être obligé d'étudier à presque ton âge avec une jeune famille autour de moi. Attention à cela : gardez l'esprit tourné vers votre art, ne relâchez pas vos études, et vous êtes assuré de réussir. Je sais que vous êtes attendu à un bal ce soir ; je ne vous retiendrai donc pas, mais n'oubliez pas mes paroles : étudiez bien et que Dieu vous bénisse. Ses paroles m'ont marqué et, souvent, dans les moments de découragement, elles sont venues me réconforter. Son jeu d'acteur a été pour moi une révélation qui a toujours eu une influence sur moi dans l'étude de mon art. L'aisance, la grâce, l'énergie infatigable à travers toutes les variations de la passion humaine, mêlées à ce style grand et massif, avaient été chez elle le résultat d'une patiente application. En voyant pour la première fois ses merveilleuses imitations, je peux dire avec le poète :

"Puis j'ai senti que j'étais comme un observateur du ciel

Quand une nouvelle planète nage dans son univers.

Et je ne peux que comparer l'effet qu'ils ont produit sur moi, en développant de nouveaux courants de pensée, au pouvoir éveillant que l'esquisse de la tête colossale de Michel-Ange dans la Farnésine aurait eu sur l'esprit de Raphaël.

CHAPITRE XV.
RETRAITE.

Il n'est donc pas étonnant que Mme Siddons ait sérieusement commencé à songer à la retraite. Déjà, en 1805, elle avait écrit à une amie : « Il vaut mieux travailler dur et en finir. Si seulement je peux ajouter trois cents par an à mon revenu actuel, je serai parfaitement pourvu ; et je suis résolu, lorsque cela sera fait, de ne plus prendre d'engagements positifs en été. J'espère que Dieu, dans sa grande miséricorde, me permettra de le faire ; et alors, oh, comme je serai paresseux, impertinent et heureux ! Vous aurez quelque chose à faire, je peux vous le dire, ma chère, pour me tenir en ordre. Ce désir est désormais devenu une détermination distincte.

Dans deux lettres écrites quelque temps auparavant, l'une à James Ballantyne et l'autre à Lady Harcourt, elle exprimait cette détermination. Elle écrivit à Lady Harcourt :

« Vous voyez où je suis, et vous devez connaître l'endroit par des représentations ainsi que par des rapports, j'ose dire, au moins mon seigneur connaît, oui, « chaque point de vue et avantage » de cette vénérable pile, et m'envie la vue juste avant. moi là où j'écris. C'est une auberge. Je me suis installé ici pour profiter de l'air pur et d'un calme parfait, plutôt que de loger à Leeds, la ville la plus désagréable des domaines de Sa Majesté, que Dieu le bénisse. Aujourd'hui, ma tâche est terminée. J'y ai joué quatre soirs et je suis très fatigué de l'abbaye de Kirkstall. C'est trop sombre pour une personne de mon âge, et je ne suis pas un antiquaire. C'est pourtant extrêmement beau. Je pars à York pour une semaine et j'espère que pendant que j'y serai, j'aurai de vos nouvelles, ma toujours chère Lady Harcourt. Je dois travailler encore un peu pour réaliser la perspective bénie (presque, je remercie Dieu, à mon avis) de m'asseoir en paix et tranquillement pour le reste de ma vie. Environ £250 de plus par an m'assureront le confort d'une voiture, et, croyez moi, c'est l'un des objets favoris dans cette perspective que j'aurai le bonheur de vous voir, vous et mon cher Lord Harcourt, souvent, très souvent ; car bien que le temps et les circonstances, et cette fière barrière de haute naissance, se soient tous combinés pour séparer nos personnes, permettez-moi néanmoins la modeste ambition de penser que nos esprits sont apparentés et, pour ma part, unis depuis que j'ai eu l'honneur et bonne chance de vous connaître. Comment pourrait-il en être autrement, puisque vous connaître tous les deux, c'est vous estimer et vous aimer ? Et maintenant, ma chère Lady Harcourt, je dois vous laisser vous habiller pour Belvidera. Il fait un temps très maussade, et je n'ai pas envie de jouer, mais il faut que je joue encore un peu, et puis ! comme je serai paisible, comme je serai à l'aise après les tempêtes, les tempêtes et les afflictions de ma vie laborieuse ! Que Dieu vous bénisse et vous préserve, vous qui devez participer en grande partie à mon bonheur en cette heure de paix.

A James Ballantyne, elle s'exprime dans le même ton :

«Je parcoure le monde pour gagner un peu plus d'argent. J'essaie de m'assurer le confort d'une voiture, qui m'est maintenant absolument nécessaire, et alors—alors je m'assiérai tranquillement jusqu'à la fin de mes jours. Vous serez peut-être surpris d'apprendre que je ne suis pas extrêmement riche, mais vous ne savez pas les dépenses que j'ai faites dans le passé et les pertes que j'ai subies ; ils vident notre bourse au-delà de l'imagination. Je serai à York jusqu'au 15 août, de là je vais à Birmingham où je resterai jusqu'au 4 août, du 25 août au 1er septembre. Je serai à Manchester et je retournerai ensuite « dans cette chère cabane, ma maison ». Vous sauriez à peine que Sweet Little Spot a été si amélioré depuis que vous l'avez vu. Je crois bien que je vous ai parlé de ma nouvelle salle à manger et de la jolie chambre à coucher au fond, où vous dormirez sans être gêné par vos anciens voisins dans leurs mangeoires, stalles, je *dirais* , je crois. Tous les Lawrells sont verts et florissants, tout le jardin en bois est pâle, caché par des arbustes doux et des fleurs qui forment un mur verdoyant tout autour de moi : oh ! c'est le plus joli petit coin du monde, et j'espère que vous viendrez bientôt me dire que vous le *pensez* . Votre lettre m'a surpris dans mon *jardin d'Eden* , où elle m'a trouvé, « en train de mâcher la fantaisie douce et amère », vous faisant de ce moment précis le personnage principal du drame de mes réflexions - et « j'ai dit dans ma hâte tous les hommes sont des menteurs. Il était plus que probable que les affaires, les plaisirs, la maladie et les personnes peut-être moins dignes de votre attention auraient pu détourner le souvenir d'un être si lointain, si incapable d'augmenter les joies, d'atténuer les peines de ce « monde de travail » et nos cœurs aspirent naturellement à ceux qui partagent nos bonheurs et nos malheurs. Oui, dis-je, son goût et ses sentiments sont sensibles à mes talents ; mais il ne me connaît pas assez pour m'apprécier pour quelques qualités de plus grande valeur, que, dans l'honnête orgueil de mon cœur, je ne rougirai pas de dire que je possède ; il m'admire pour ma célébrité, qui est tout ce qu'il connaît de moi. Aucun blâme ne lui est donc attaché : il ignore mon caractère réel, que s'il le savait, il l'approuverait aussi ; du moins, si je ne me trompe pas beaucoup sur moi et sur lui — en moi, je suis sûr de ne pas me tromper. C'est une erreur vulgaire de dire que nous nous ignorons nous-mêmes, car je suis tout à fait sûr que ceux qui pensent sérieusement *doivent se connaître eux-mêmes* mieux que n'importe quel autre *individu* .

Elle avait servi le public pendant plus de trente-cinq ans et en était maintenant à sa cinquante-sixième année. Il y avait longtemps que les dix mille livres sterling, qui étaient la somme initiale avec laquelle, aux heures de gloire de sa prospérité, elle disait qu'elle se contenterait, avaient été doublées.

Une partie de cette somme avait malheureusement été investie par M. Siddons, et une autre partie avait été perdue dans la faillite de Sheridan ; mais néanmoins, pour une personne qui n'avait pas de goûts personnels très coûteux et dont les enfants étaient tous pourvus, c'était une belle provision.

Les handicaps physiques commençaient également à interférer avec ses effets dramatiques. Hélas! pour l'époque où une « créature exquise et fragile » jouait le rôle de Vénus dans le cortège de Garrick et, avec ses lèvres roses, murmurait des promesses de friandises à l'oreille du petit Tommy Dibdin. L'actrice était devenue grosse et encombrante en personne. Lorsqu'elle jouait le rôle d'Isabelle et s'agenouillait devant le duc, implorant grâce pour son frère, deux serviteurs devaient s'avancer pour l'aider à se relever ; et pour que cela paraisse exact, on fit la même cérémonie avec une jeune actrice qui jouait le même rôle et n'avait besoin d'aucune aide. Les caricatures et les portraits réalisés d'elle à l'époque montrent à quel point elle était devenue informe. La conventionnalité et la dureté ont remplacé l'ancienne spontanéité et le pathétique ; l'action des bras était plus prononcée, la voix était indûment élevée, et le manque de beauté et de charme était comblé par l'énergie et la diatribe. Mme Siddons n'avait que deux ans de plus que son frère, mais ses dons physiques et mentaux s'étaient détériorés beaucoup plus rapidement. Le fait que le pouvoir dramatique de la sœur ait été un don naturel, et que celui-ci soit le résultat d'un travail acharné et d'un travail acharné, a fait échouer le sien plus complètement avec une force décroissante. Outre tous les handicaps de l'âge avancé, cette terrible peur d'être supplantée était toujours devant ses yeux. Mme Jordan avait, quelques années auparavant, arraché les lauriers de son front à Rosalind ; maintenant des rumeurs circulaient outre-Manche au sujet d'une jeune et charmante actrice, Miss O'Neill, qui avait capturé tous les cœurs dans le rôle de Juliette (un rôle que Mme Siddons ne pourrait jamais incarner de manière satisfaisante) ; la beauté incomparable des formes de la jeune aspirante, sa sensibilité et sa tendresse étaient le thème de toutes les langues. « À entendre ces gens parler, on croirait que *je* n'ai jamais versé une larme », dit-elle tristement.

L'ancienne sensibilité et la fierté sont restées. Elle accusait le public de prendre plaisir à mortifier ses anciens favoris en créant de nouvelles idoles ; « J'ai été menacé trois fois d'éclipse, d'abord par l'intermédiaire de Miss Brunton (plus tard Lady Craven), ensuite par l'intermédiaire de Miss Smith, et enfin par l'intermédiaire de Miss O'Neill ; néanmoins, ajouta-t-elle, je ne suis pas encore éteinte. Mme Siddons n'avait pas le droit de se plaindre. Elle avait bu pleinement le succès et l'appréciation, et avait été singulièrement exempte de rivalité dans sa propre marche. Aucun public, si indulgent soit-il, ne peut sauver une actrice des peines de la vieillesse. Elle-même avait supplanté Mme Crawford, et pas très gentiment. Le point de transition, le dernier de sa vie, était atteint, le chapitre de la vie professionnelle active était définitivement clos, mais elle ne pouvait se résigner à accepter la décrépitude et l'inactivité de la vieillesse. « J'ai l'impression de monter les premières marches d'une échelle qui me mène vers un autre monde », soupire-t-elle. Moore mentionne l'avoir rencontrée chez Rogers :

"Mme. Siddons arriva le soir ; J'ai eu beaucoup de conversation avec elle et, pour la première fois de ma vie, j'ai été intéressé par elle en dehors de la scène. Elle parlait de la perte d'amis et disait avoir perdu vingt-six amis au cours des six dernières années. C'est quelque chose d' *en avoir eu* autant. Entre autres raisons de son regret de quitter la scène, c'était qu'elle y trouvait toujours un exutoire à ses chagrins privés, ce qui lui permettait de mieux les supporter ; et souvent on lui attribue le mérite de la vérité et du sentiment de son jeu alors qu'elle ne faisait rien d'autre que soulager son propre cœur de son chagrin.

Elle fit ses adieux professionnels à la scène le 29 juin 1812. Dès trois heures de l'après-midi, les gens commencèrent à se rassembler autour des portes des stands et de la galerie, et à quatre heures et demie, la foule était si grande que ceux-ci arrivés de bonne heure, dans l'espoir d'avoir une bonne place, se laissèrent emporter par la foule croissante sous les arcades. L'affluence était si grande que pas plus de vingt personnes du sexe faible obtinrent une place dans la fosse, et la maison était bondée de toutes parts. La pièce était *Lady Macbeth* . Lorsque la grande actrice parut, elle fut reçue par des tonnerres d'applaudissements ; un instant, l'émotion la saisit, mais, se ressaisissant, elle remplit son rôle aussi magnifiquement qu'aux premiers jours. Les vieux spectateurs ont souvent décrit la scène de cette nuit-là. Le grand visage pâle ; la voix pathétique sur scène, disant son dernier mot à ceux qu'elle avait ravis et enthousiasmés pendant tant d'années. Tandis que parmi le public, la tristesse du cœur, le silence profond, seulement interrompu par des sanglots étouffés ; puis l'irrépressible élan d'émotion lorsque fut terminée la scène dans laquelle elle apparaît pour la dernière fois dans *Lady Macbeth* , car le public n'en pouvait plus. Les applaudissements se sont poursuivis depuis son départ jusqu'à ce qu'elle revienne pour prononcer son discours. Le silence rétabli, elle commença les adieux suivants, écrits par son neveu Horace Twiss :

Qui n'a pas ressenti à quel point l'usage croissant fait aimer

Le tendre souvenir de nos années passées ?

Qui n'a pas soupiré, alors qu'il était voué à partir enfin

Les espoirs de la jeunesse, les habitudes du passé,

Dix mille liens et intérêts, qui communiquent

Une seconde nature pour le cœur humain,

Et s'enroulant autour de lui, comme des vrilles, grimpez,

Épanoui par l'âge et sanctifié par le temps !

Oui! en ce moment, la foule me vient à l'esprit

Des scènes de beaux jours laissées à jamais derrière elles,

Visions déconcertantes de jeunesse ravie,

Quand l'espoir et la fantaisie prenaient les teintes de la vérité,

Et des années oubliées depuis longtemps, qui semblent presque

Les traces effacées d'un rêve matinal !

Douces sont ces pensées tristes : car elles renouvellent

Le sens agréable de tout ce que je te dois,

Pour chaque sourire inspirant et chaque larme apaisante—

Pour tous les honneurs de ma longue carrière,

Cela a réconforté mon premier espoir et chassé ma dernière peur.

Et même si pour moi ces larmes ne couleront plus,

Et le chaud soleil de ton sourire est terminé ;

Même si les rayons lumineux s'estompent rapidement

Cela brillait sans nuages pendant ma journée d'été ;

Pourtant, la mémoire reconnaissante reflétera leur lumière

Sur les ombres sombres de la nuit à venir,

Et donne à la vie future un ton plus doux,

Une teinte clair de lune, un éclat qui lui est propre.

Juges et amis ! à qui la tension magique

Le sentiment de la nature n'a jamais été parlé en vain,

Peut-être que vos cœurs, quand les années ont passé,

Et les émotions passées réveillent un soupir éphémère,

Je peux penser à celle dont les lèvres ont coulé si longtemps

Les charmantes tristesses de votre chanson de Shakespeare :

> Sur celle qui, se séparant pour ne plus revenir,
>
> Est maintenant la pleureuse qu'elle semblait auparavant ;
>
> Elle-même maîtrisée, abandonne le sort de fonte,
>
> Et respire, le cœur gonflé, longuement,
>
> Son dernier adieu.

Vers la fin, toute exigence scénique et toute retenue étaient oubliées, sa voix était brisée par de vrais sanglots. Dès que le silence de l'émotion fut passé, le public parut soudain se rendre compte que c'était vraiment la dernière fois qu'il verrait la merveilleuse actrice, qu'il avait autrefois presque idolâtrée. Non satisfaits de leur manière habituelle d'exprimer leurs sentiments, ils montèrent sur les sièges et l'acclamèrent en agitant leurs chapeaux pendant plusieurs minutes. Il semblait que la majorité du public souhaitait que la pièce se termine par cette scène, le rideau fut donc baissé ; mais Kemble s'avança et annonça que, si tel était le souhait de la maison, la pièce continuerait. Le public était divisé et la farce de *L'Enfant gâté* commença, au milieu de vives acclamations d'un côté et de déception de l'autre. Cela a continué pendant tout le premier acte, avec des cris constants de « Le cinquième acte ! le cinquième acte ! Il s'est avéré impossible d'apaiser l'enthousiasme populaire ; la maison n'était que bruit et confusion, et les voix sur scène étaient totalement inaudibles. Le rideau fut donc de nouveau baissé ; et le public, peu de temps après, s'est dispersé tranquillement.

Ainsi disparut à ses yeux ce monde sur lequel, pendant trente-cinq ans, elle avait régné en maître, ce monde qui faisait sa joie et son chagrin ; avant quoi, malgré les nombreuses tentations qui l'avaient assaillie, elle pouvait sentir avec fierté qu'elle n'avait jamais dégradé le don suprême du génie. Au milieu de ses regrets poignants, elle n'avait au moins rien de tragique, rien d'irrémédiable à pleurer, comme tant de ses sœurs du même métier. Des divergences d'opinion s'étaient produites entre elle et eux, mais tout cela était désormais oublié dans l'angoisse de « Adieu ». Elle ne se souvenait que de cette première nuit de triomphe, de ses terreurs et de son extase délicieuse ; les semaines, les mois et les années de travail heureux et apprécié, de rêves réalisés ; les rôles qu'elle avait étudiés et escroqués lorsqu'elle était jeune fille, inconsciente de l'avenir qui lui était réservé, ont joué avec un succès retentissant. Aucun rêve de bonne fortune d'Arabe Night n'aurait pu être plus brillant ou plus complet ; mais, comme dans toutes choses humaines, la réaction s'était produite. Elle avait atteint de telles hauteurs, qu'il devait nécessairement y avoir un reflux.

Elle avait aimé son métier, non seulement pour les applaudissements, mais aussi pour l'agitation et le travail quotidiens, qui, pour une femme de son tempérament énergique, étaient agréables en soi.

Rogers nous raconte que, assise avec elle un après-midi, des années après la chute du rideau sur sa performance d'adieu, elle se souvenait très clairement de chaque instant de sa vie scénique. « C'est à cette époque que je pensais aller au théâtre : d'abord venait le plaisir de m'habiller pour mon rôle ; et puis, le plaisir de le jouer ; mais c'est fini maintenant. Même à ses débuts, elle a toujours avoué que ses esprits n'étaient pas égaux et que ses ressources intérieures étaient trop faibles pour une vie de solitude.

Après de longues années passées dans l'ivresse des applaudissements, se retirer dans le crépuscule de la vie privée doit toujours être une grande épreuve. Les stimuli nocturnes, l'habitude mentale d'étudier pour un certain objet, la production d'émotions évanescentes et d'effets transitoires, doivent avoir un effet détériorant sur les dispositions les plus nobles. La astucieuse Miss Berry, dans son Journal daté du 24 février 1811, mentionne une visite qu'elle a rendue à Westbourne. "Mme. Siddons m'a reçu, comme elle le fait toujours, d'une manière qui a flatté ma vanité intérieure, car elle a en elle le germe d'une nature supérieure, bien que brûlée par les applaudissements populaires qui se prolongent depuis longtemps » ; et Fanny Kemble écrit : « Quel prix ma tante Siddons a payé pour sa grande célébrité ! Lassitude, vide et totale mort d'esprit. La tasse a été si parfumée que la vie est désormais pour elle absolument sans douleur ni douceur, rien qu'une fadeur insipide. Elle s'est tenue sur un sommet jusqu'à ce que tout paraisse plat et morne ; pour elle, une simple monotonie informe, incolore et uniforme. Pauvre femme! À quel sort être condamné ! et pourtant comme elle a été enviée autant qu'admirée !

Nous doutons que la lassitude et le vide soient aussi grands que sa nièce était encline à le penser. Un âge avancé et des facultés affaiblies entraînent toujours une certaine mortalité et une certaine indifférence ; mais elle avait des ressources mentales dont la jeune fille ne prenait pas en considération. Elle gardait un large cercle d'amis fermes et attachés. Elle n'était pas dépourvue d'activités intellectuelles. Bien qu'elle ne fasse preuve d'aucun génie particulier dans aucun autre domaine de la vie que celui de la scène, elle avait un goût raffiné et cultivé pour les belles choses artistiques. Elle consacrait une grande partie de son temps au mannequinat et exécutait de nombreux travaux respectables. Son amour enfantin pour Milton renaît à nouveau et, après sa retraite, elle publie un petit volume d'extraits de ses poèmes. Elle avait surtout le soutien et la consolation d'une foi religieuse pure et inébranlable ; à travers sa vie mouvementée de triomphe et de deuil, de joie et de chagrin, Sarah Siddons avait toujours gardé cela vivant dans son cœur. Cela l'a sauvée de nombreuses crises et a éclairé la route sombre qui s'ouvrait devant elle.

Les vers suivants, écrits par elle à cette époque, sont une indication plus vraie de son état d'esprit que toutes les conclusions tirées de l'observation extérieure par des étrangers :

Dis, quelle est la couronne de gloire la plus brillante,

Mais les bourgeons chancreux, cette ouverture se ferme ;

Ah ! quel est le rêve le plus agréable au monde,

Mais des fragments de repos brisés ?

Conduis-moi là où la paix est d'une main ferme

La coupe mélangée de la vie tiendra ;

Où le Temps versera doucement son sable,

Et la sagesse transforme ce sable en or.

Puis peut-être au sanctuaire de la religion

Ce cœur fatigué portera son fardeau,

Chacun *souhaite que* mon amour fatal démissionne,

Et la passion fond en larmes.

Elle avait désormais du loisir pour les voyages à l'étranger et la jouissance de plaisirs intellectuels en dehors de sa profession qu'elle n'avait jamais eus auparavant. À l'automne 1814, elle fit une excursion à Paris en compagnie de son frère John, de sa plus jeune fille, Cecilia, et de Miss Wilkinson. Un court intervalle de paix régna alors, et tous ceux qui s'intéressaient à l'art affluèrent d'Angleterre pour voir les trésors que Napoléon avait pillés dans toutes les capitales européennes. L'Apollon Belvidère, entre autres, avait été installé dans la salle des statuaires du Louvre ; et Campbell nous raconte comment, donnant son bras à Mme Siddons, ils marchèrent dans le couloir vers elle et restèrent fascinés par sa divine beauté. « Je ne pouvais pas oublier l'honneur », nous dit Campbell d'un ton pittoresque, « d'être devant lui en compagnie d' *un si auguste fidèle* ; et cela a certainement accru mon plaisir de voir la première entrevue entre le parangon de l'Art et celui de la Nature.

Le « modèle de la nature » fut évidemment très frappé et resta debout, à regarder silencieusement pendant un certain temps ; puis elle dit solennellement : « Quelle grande idée cela nous donne de Dieu, de penser qu'il a créé un être humain capable de façonner une forme si divine !

Pendant qu'ils se promenaient dans le couloir, nous dit Campbell, il a vu tous les yeux fixés sur elle. Son allure majestueuse, son expression noble ont fait sensation, même si la foule ne savait visiblement pas qui elle était, car il entendait des murmures : « Qui est-elle ? N'est-elle pas anglaise ?

Crabb Robinson, dans ses *Mémoires*, nous raconte également qu'il a entendu quelqu'un dire au Louvre : « Mme. Siddons est en bas. Il quitta aussitôt les Raphaël et les Titiens et partit à sa recherche. Elle marchait avec sa sœur, Mme Twiss. Il remarqua son air grandiose et son sourire fascinant, mais il fut troublé qu'une tête aussi glorieuse ait été recouverte d'un petit chapeau en écailles. Elle fronça aussi les sourcils pour regarder les tableaux, comme si sa vue n'était pas bonne ; et il remarqua une ligne ou deux autour de sa bouche et un peu de grossièreté dans son expression. Elle resta deux mois à Paris, et on dit qu'elle se rendit à une revue tenue par le roi. On la vit marcher péniblement vers le Champs de Mars, échauffée et rougeâtre, et dans des nuages de poussière ; et une plaisanterie est faite au sujet de son « épargne ».

De nouvelles souffrances lui étaient réservées avec la mort de son fils Henry. Il est mort de consomption, comme ses sœurs. Directeur du Théâtre d'Édimbourg et dans la fleur de l'âge, sa perte fut une grande perte tant pour sa famille que pour le public d'Édimbourg. Sa pauvre mère écrivait :

"Westbourne, 1815.

« Ce troisième choc m'a en effet tristement ébranlé, et, bien qu'au plus profond de l'affliction, je sois d'accord avec vous qu'une consolation peut être trouvée, cependant la voix de la nature l'emportera pour un temps sur celle de la raison ; et je ne peux m'empêcher de me rappeler « que de telles choses m'étaient et m'étaient très chères ».

«Je vais assez bien, mais je n'ai pas de voix. C'est tout à fait de la nervosité, et le beau temps me la rapportera. Écrivez-moi, et laissez-moi vous consoler par un meilleur récit de votre précieuse santé. Mon frère et Mme Kemble ont été très gentils et attentifs, comme d'ailleurs ils l'ont toujours été dans tous les cas de maladie ou de chagrin. Le peu qui reste de ma mauvaise vue est presque emporté par les larmes, de sorte que je crains d'écrire à peine lisible. La volonté de Dieu sera faite ! »

Plus tard, elle s'est plainte :

« Je ne sais pourquoi, à moins que je sois plus âgé et plus faible, ou que je sois maintenant sans profession, ce qui m'a forcé à sortir de moi-même dans mes anciennes afflictions, mais la perte de mon pauvre cher Henry semble avoir posé un fardeau plus lourd. main sur mon esprit que toutes celles que j'ai soutenues. Je pars en voiture pour retrouver ma voix et mes esprits, et je vais mieux à l'étranger ; mais je rentre à la maison et je les perds tous les deux en une heure. Je ne peux pas lire ni faire autre chose que jouer avec mon argile. J'ai commencé une figure en pied de Cécile ; et c'est une ressource qui, heureusement, ne me manque jamais. M. Fitzhugh l'approuve, et c'est un bon encouragement. Je n'ai pas grand chose à me plaindre, si ce n'est une voix basse et une baisse de moral.

Toutes ces lettres ne ressemblent pas à la femme fière, dure et autonome si souvent décrite. Nous la voyons pleurer sincèrement, mais sans céder à un chagrin irraisonné et désespéré ; reconnaissant que toute la luminosité et l'élasticité de la vie avaient disparu, mais faisant, noblement et concrètement, ce qu'elle pouvait pour aider ceux qui restaient.

Avant la fin de l'année, elle s'était arrangée avec M. James Ballantyne pour agir dix nuits au profit de la famille de son fils :

« Mille mille mercis à vous, mon aimable et bon ami, pour votre lettre la plus délicieuse et la plus gratifiante. Vous me rendez justice en croyant que tout ce qui conduit à votre bonheur, ou qui joue contre lui, doit toujours m'intéresser ; et comme le bonheur et la santé de votre excellente et très respectable mère sont, je le sais, le premier objet de satisfaction que ce monde contient pour votre esprit dévoué, je suis en effet très heureux, pour votre bien à tous deux, de recevoir un si confortable un récit d'elle. Je ne peux concevoir aucune bénédiction comparable à celle d'avoir un tel fils, et tel était mon cher et déploré Henry. Ce dernier coup pesa en effet sur moi pendant quelque temps le plus durement ; mais quand je me souviens que son pur Esprit a échangé une sphère d'existence douloureuse et anxieuse, avec laquelle il était mal calculé pour lutter, contre des régions de paix et de joie éternelles, je ressens l'égoïsme de mon chagrin et je répète ces des paroles qui, si souvent répétées, semblent apaiser mon esprit : « Le Seigneur a donné et le Seigneur reprend ; béni soit le nom du Seigneur. J'espère que ma visite à Edinborough sera bénéfique à la famille de mon cher fils ; du moins, cela témoignera de la plus grande preuve de respect pour ce public dont ils dépendent, qu'il est en mon pouvoir de donner. J'ai quelques doutes si les motifs qui me poussent à retourner au public après une si longue absence me protégeront des traits de la malignité ; et quand je pense à ce que j'ai entrepris, bien que je me sente courageux quant à mes intentions, je m'avoue douteux et faible quant à l'accomplissement de la tâche que j'ai entreprise. C'est un grand inconvénient d'avoir été si longtemps inutilisé aux efforts que je suis appelé à faire, mais je ne me permettrai plus d'y penser. Quant à l'arrangement des pièces, il doit être laissé entièrement à Mme H. Siddons, dont j'ai toujours trouvé le jugement aussi fort que son caractère est aimable, et je ne peux pas lui faire de plus grands éloges. Elle est en effet « la plus sage, la plus vertueuse, la plus discrète, la meilleure, etc. », mais je crains de ne jamais pouvoir me présenter en Mme Beverley, qui devrait être non seulement belle, mais aussi *jeune* . Croyez-moi, mon très estimable ami, j'attends avec la plus grande satisfaction le moment de vous revoir ; en attendant, ne m'exaltez pas trop ! Vous semblez vous être trompé, au sujet de mon engagement, que je dois rectifier. Les dépenses nécessaires en matière de vêtements, d'ornements, de voyages, etc., sont supérieures à ce que mon revenu limité me permettrait, sans aucune chance, *au moins* , de pouvoir *couvrir* ces dépenses, ce qui est tout ce que je désire ! et c'est pourquoi je dois remplir mes engagements selon les conditions de mon frère.

En novembre, nous le voyons donc se diriger par étapes lentes jusqu'à Édimbourg. Elle s'arrêta plusieurs jours à Kirby Moorside, avec Sir Ralph, Lady Noel et Lady Byron. Malgré la nervosité et la fatigue, elle a ravi son public d'Edimbourg. Elle n'avait aucune raison de accuser d'infidélité ses amis du Nord.

CHAPITRE XVI.
VIEILLESSE.

En 1817, Mme Siddons, désireuse, pour le bien de sa fille Cecilia, de voir plus de société, quitta sa retraite de campagne, Westbourne Farm, où s'étaient passées tant d'heures de repos arrachées aux tumultes de sa vie professionnelle, et prit un maison dans Upper Baker Street. C'est la dernière maison du côté est donnant sur Regent's Park et possède une petite pelouse et un jardin derrière.

Sur la façade, au-dessus de la porte, se trouve un médaillon indiquant : « Ici, Mme Siddons, l'actrice, a vécu de 1817 à 1831 ». Alors que les maisons de Cornwall Terrace étaient sur le point d'être rapprochées de la porte du parc, Mme Siddons fit appel au prince régent, qui était toujours resté son ami ferme et courtois. Il ordonna immédiatement que la vue sur le parc ne soit pas fermée. La maison, qui reste inchangée dans son aménagement intérieur, est désormais utilisée comme bureau immobilier de la propriété Portman. La pièce qu'elle a construite comme studio de mannequins est divisée en compartiments avec des bureaux pour les transactions commerciales. C'est vraiment le seul changement qui a été apporté. C'est une maison ancienne et confortable, lambrissée de chêne foncé. L'accès à l'escalier a des marches qui montent et descendent, et les escaliers eux-mêmes tournent autour des coins, d'où partent des passages inattendus, jusqu'à atteindre le premier étage, où à droite s'ouvre la salle à manger, donnant sur le petit jardin et au-delà. au parc. Là, entre les piliers grecs à fronton en chèvrefeuille, était autrefois accroché le portrait de son frère Jean sous le nom de Hotspur ; maintenant, l'espace semble désolé et nu.

Ici, elle vivait avec sa fille Cecilia et Patty Wilkinson, son amie et compagne. Certains d'entre nous sont assez vieux pour se souvenir d'avoir entendu parler de ses agréables soirées où se rassemblait tout ce qu'il y avait d'intellectuel et de délicieux dans le Londres de son époque. Là, elle récitait parfois à ses amis intimes ses parties préférées, ayant désormais renoncé à le faire en public. Miss Edgeworth décrit une de ces lectures :

J'ai entendu Mme Siddons lire dans sa maison de ville une partie d' *Henri VIII* . J'ai été plus frappé et ravi que je ne l'ai jamais été avec n'importe quelle lecture de ma vie. Cela exprime faiblement ce que j'ai ressenti. J'avais le sentiment que je n'avais jamais pleinement compris ni suffisamment admiré Shakespeare, ni connu toutes les puissances de la voix humaine et de la langue anglaise. La reine Katherine était un personnage particulièrement adapté à son époque de vie et à la lecture. Rien n'exigeait un geste ou une véhémence incompatible avec l'attitude assise. Le sang-froid , la dignité, les sentiments réprimés, les attouchements, et non les accès de tendresse, de tendresse matronne et non juvénile, étaient tous favorables à l'effet général. J'ai complètement oublié d'applaudir : je pensais qu'elle était ce qu'elle paraissait. L'illusion était parfaite, jusqu'à ce qu'elle soit interrompue par une allusion de sa fille ou de sa nièce, j'oublie laquelle, selon laquelle Mme Siddons serait encouragée par une démonstration de nos sentiments. J'ai alors exprimé mon admiration, mais le charme a été rompu.

Maria Edgeworth semble être restée amie avec Mme Siddons, mais son père, Richard Lovell Edgeworth, l'a désespérément offensée la première fois qu'il l'a rencontrée :

«Madame, dit-il, je crois vous avoir vue jouer Millamant il y a trente-cinq ans.»

"Pardonnez-moi, Monsieur."

« Oh, alors c'était il y a quarante ans. Je m'en souviens.

"Vous m'excuserez, Monsieur, je n'ai jamais joué à Millamant."

"Oh, mais je m'en souviens."

«Je pense», dit-elle en se tournant avec raideur vers Rogers, «qu'il est temps pour moi de changer de place», et se levant avec beaucoup de hauteur, elle s'éloigna.

De nombreuses histoires amusantes étaient courantes sur la manière dramatique qu'elle apportait dans la vie quotidienne. Sa question, sur le ton tragique de Lady Macbeth, au drapier impressionné alors qu'elle achetait un morceau d'imprimé coloré : « Est-ce que ça va se laver ? La réponse solennelle au prévôt écossais : « Le bœuf ne peut pas être trop salé pour moi, mon seigneur » ; et «J'ai demandé de l'eau, mon garçon; tu m'as apporté de la bière. Lord Beaconsfield a raconté l'histoire de son père, Isaac Disraeli, rentrant chez lui après une visite à Londres et déclarant que l'événement qui l'avait le plus impressionné avait été d'entendre Mme Siddons dire : « La Ripstone Pippin est la meilleure pomme du monde. .» Moore dit qu'il se souvenait à quel point il était fier d'aller aux dîners de Lady Mount Edgcumbe après l'opéra. C'est à l'un d'eux, assis entre Mme Siddons et Lady Castlereagh, qu'il entendit pour la première fois la voix de la première (ne l'ayant jamais rencontrée auparavant) transférée aux choses ordinaires du monde, et les paroles solennelles de sa voix la plus profonde. ton tragique, "J'aime beaucoup la bière." Sidney Smith la décrit également comme « poignardant les pommes de terre » ; et on raconte qu'en apprenant la mort subite d'une connaissance, qui avait été « retrouvée morte dans son bureau », elle comprit que ce dernier mot signifiait un meuble, et s'écria : « Pauvre homme ! Comment est-il arrivé là ?

Elle était, en règle générale, parfaitement imperméable aux influences extérieures, les ignorant dans son auto-abstraction. Elle a vécu la période la plus merveilleuse de l'histoire anglaise et européenne, mais aucun incident ne semble avoir marqué son mode de pensée ou de vie. Elle ne s'est jamais engagée dans des intérêts politiques, bien qu'elle soit l'amie de Fox, Burke et Sheridan. Son monde romantique et dramatique lui suffisait. Son intelligence n'était pas prête ; il lui fallait du temps pour tout, du temps pour comprendre, du temps pour parler ; elle n'avait rien de superficiel, aucune vivacité dans ses manières. Elle ne pouvait condescendre aux bavardages mesquins, et elle abhorrait les propos injurieux. Elle ne se souciait pas de briller dans la conversation générale. Demandez-lui son avis, elle ne pourrait le donner qu'après avoir étudié tous les aspects du sujet ; alors vous pourriez lui faire confiance sans appel. Cette lenteur d'action mentale conduisit à une allure royale, majestueuse et majestueuse, qui recouvrit peu à peu son génie à son détriment. Dès 1817, Fanny Burney la décrit comme :

L'héroïne d'une tragédie, sublime, élevée et solennelle, au visage et à la personne vraiment nobles et imposants, aux manières calmes et raides, à la voix grave et traînante, et à la conversation formelle, sentencieuse, calme et sèche. Je m'attendais à ce qu'elle soit tout ce qui est intéressant ; la délicatesse et la douceur avec lesquelles elle saisit toutes les occasions de frapper et de captiver sur scène m'avaient persuadé que son esprit était formé avec cette susceptibilité particulière qui, selon les modes, doit donner des pouvoirs égaux pour attirer et se réjouir dans la vie commune. Mais je me trompais lourdement. En tant qu'étranger, j'ai dû admirer sa noble apparence et son beau visage, et regretter que rien dans sa conversation ne corresponde à leur promesse.

Nous lisons en 1801 que Campbell la rencontra marchant sur les rives du canal de Paddington alors qu'elle vivait à Westbourne, et dans une parfaite agonie de peur, « fouettant son pardessus » et se préparant à un entretien avec la « grande femme ». »

Washington Irving donne un aperçu caractéristique d'elle :

C'était une rare satisfaction de voir la Reine de la Tragédie ainsi retirée de ses robes. Pourtant, son attitude, même au sein du conseil social, témoigne toujours de l'état et de la gravité de la tragédie. Non pas qu'il y ait une réticence à se défaire, mais il y a une difficulté à mettre de côté la solennité d'une habitude acquise de longue date. Elle m'a rappelé les chevaliers de Walter Scott, « qui découpaient la viande avec leurs gants d'acier et buvaient le vin rouge à travers leurs casques barrés ». Il y avait pourtant toute la disposition à être aimable et à jouer son rôle comme elle dans la conversation. Elle échangea donc anecdotes et incidents, au cours desquels elle détailla ses sentiments et ses réflexions en errant parmi les paysages sublimes et romantiques du nord du Pays de Galles et sur le sommet du Penmaennmawr. Ce faisant, ses yeux s'enflammèrent et ses traits rayonnèrent, et dans son visage, qui est en effet un volume où l'on peut lire des choses étranges, on pouvait retracer les diverses émotions de son âme. J'ai été surpris de trouver son visage, même à l'approche d'être assise à ses côtés, absolument beau et dépourvu d'une de ces rides qui caractérisent généralement la vie avancée. Sa forme devient actuellement lourde, mais pas informe et pleine de dignité. Ses gestes et ses mouvements sont éminemment gracieux. M. et Mme Campbell disent que j'ai eu beaucoup de chance, et je pourrais me flatter qu'elle soit si conversationnelle, car elle est très encline à se montrer réservée envers les étrangers.

M. et Mme Campbell avaient toutes les raisons de le dire, car cette année-là seulement, elle proposa de dîner avec eux un jour, demandant, comme elle le faisait toujours, que ce soit uniquement pour une fête de famille. Vers midi, le frère de Washington Irving et un ami, qui avaient apporté des lettres d'introduction de Sir Walter Scott, arrivèrent. Lors de leur visite, un domestique est malheureusement entré dans la pièce et a révélé que Mme Siddons y dînait. Immédiatement, les Américains décidèrent de rester et de la voir. Campbell leur a dit à quel point Mme Siddons serait ennuyée de rencontrer des inconnus ; il ne fallait pas les nier :

Lorsque la voiture s'est approchée de la maison, continue Campbell, je suis sorti pour la conduire sur un court sentier sur la commune, ainsi que pour la préparer à la vue des étrangers. Ce fut la seule fois, au cours d'une amitié de tant d'années, que je vis un nuage sur son front. Elle a reçu mes excuses très froidement et est entrée chez moi avec une dignité tragique. Au début, elle tenait les messieurs du Nouveau Monde à distance transatlantique ; et ils ont aggravé la situation, comme je l'ai pensé, pendant un certain temps, par la flatterie la plus extravagante. Mais mes amis colombiens avaient plus d'adresse que je ne le supposais, et ils lui racontèrent tant d'anecdotes intéressantes sur leur époque natale et sur l'enthousiasme de leurs compatriotes se respectant, qu'elle devint franche et agréable, et leur serra la main à tous deux en se séparant.

Nombreux furent les honneurs qui lui furent accordés au cours de ces dernières années. Elle a reçu une invitation formelle à visiter les universités d'Oxford et de Cambridge. Sa fille écrit à Miss Wilkinson, exprimant sa joie de cette visite :

Je vous ai toujours souhaité, qui auriez apprécié autant que moi l'attention et l'admiration portées à notre Chérie. Nous avions des curiosités à voir, des collèges et des bibliothèques à examiner, et dans chacun d'eux il y avait un habitant principal, désireux de montrer et fier de divertir Mme Siddons. À la bibliothèque publique, ma mère a reçu l'honneur d'un discours du professeur Clarke, qui lui a présenté une belle Bible de la presse Stereotype. Après quoi elle a lu à presque tous les membres de l'Université actuellement là la scène du procès du *Marchand de Venise*, et plus finement elle ne l'a jamais fait de sa vie. Tout le monde était, ou semblait être, enchanté et enthousiaste.

Après sa retraite de la scène, elle donne des lectures publiques aux Argyll Rooms de Londres. Les arrangements étaient des plus simples. Un pupitre de lecture éclairé, sur lequel reposait son livre, un volume in-quarto, imprimé en grosses lettres. Quand sa mémoire lui manquait, elle aidait sa vue par des lunettes, qu'elle maniait et utilisait dans les intervalles avec tant de grâce, qu'il était impossible de la souhaiter sans elles. Un grand paravent rouge formait un fond harmonieux à sa robe blanche et à sa tête de forme classique, autour de laquelle ses cheveux noirs étaient enroulés en boucles lâches. Toute sa dignité et sa grâce d'antan semblaient revenir dans ces lectures. L'effet qu'elle produisait était merveilleux, étant donné que c'était sans l'aide d'illusions scéniques ou de décors.

L'attention que lui témoignait la famille royale était une source de grande satisfaction. Ses lettres écrites après une visite à Windsor, en janvier 1813, sont presque féminines dans leur emphase et leurs expressions de joie.

Elle était en train de s'habiller pour aller dîner chez Mme Damer, lorsqu'un messager spécial arriva au crépuscule, de Lady Stewart, lui faisant part des désirs de la reine. Tout était rose. « Les charmantes princesses accomplies reconnaissent si *gentiment* et *si gracieusement* l'amusement que j'étais si heureux de leur offrir. Avoir pu amuser un peu ces lourdes heures lugubres, dont doivent si souvent ressentir le poids ces royaux et aimables malades, a été pour moi la *plus grande* et la *plus fière satisfaction*.

Une magnifique chaîne en or, avec une croix de nombreux joyaux colorés, lui fut offerte par la Reine, ainsi qu'une « couverture en soie pour mon lit, qu'elle a cousue de ses propres mains ».

Le 9 juin 1819, alors qu'elle avait soixante ans passés, Mme Siddons fut incitée à comparaître devant son frère, Charles Kemble, à Covent Garden. Elle l'avait déjà fait, sur ordre de la princesse Charlotte, qui, au dernier moment, n'avait pu venir. Tous les meilleurs critiques étaient d'avis que c'était une erreur. Le rôle choisi également, Lady Randolph, était peu judicieux, avec ses longs discours et ses mouvements continus. Le public a certainement applaudi trois fois, en reconnaissance de son caractère personnel, lorsque la jeune Norval a demandé :

Mais mon père a-t-il surpassé le reste des hommes

Comme tu surpasses toutes les femmes ?

Mais ce n'était qu'un piètre substitut au frisson haletant, à l'agonie de l'émotion avec lesquels elle secouait autrefois son public.

Malheureusement pour nous et pour eux, les joueurs ne sont pas immortels. La santé, la force, la beauté, la voix leur font défaut, et sans ces aides fortuites, le génie ne sert à rien sur scène. Toute perte de réputation pour une actrice comme Mme Siddons était une perte pour le monde ; ces réapparitions, alors que l'âge et l'infirmité avaient affaibli ses forces, étaient fort à déplorer. Passons cependant de ce sujet à des sujets plus agréables ; et il y a eu tant d'incidents agréables et si peu d'erreurs dans la vie digne et convenable de Mme Siddons, que nous pouvons nous permettre d'être indulgents.

Record of a Girlhood de Fanny Kemble , nous avons un aperçu de tante Siddons, majestueuse et douce, entourée d'enfants et de petits-enfants.

Vous savez que nous devions passer le réveillon de Noël chez ma tante Siddons ; nous avons passé une délicieuse soirée et j'étais très heureux. Ma tante descendit du salon (car nous dansions dans la salle à manger du rez-de-chaussée) et s'assit parmi nous, et vous ne pouvez pas imaginer combien il était agréable et joli de la voir entourée de son clan, plus de trois personnes. une douzaine forte; certaines d'entre elles étaient si belles, et beaucoup avaient une ressemblance frappante avec elle-même, soit par leurs traits, soit par leur expression. Mme Harry et Cecy ont dansé avec nous et nous nous sommes beaucoup amusés.

Les plus jeunes fils de son fils George Siddons (qui avait obtenu un poste gouvernemental à Calcutta) faisaient leurs études avec leurs sœurs en Angleterre et passaient toujours leurs vacances avec leur grand-mère, Mme Siddons. Le plus jeune de ces trois écoliers était le père de la belle Mme Scott Siddons d'aujourd'hui.

Mme Siddons aimait beaucoup les enfants. Campbell raconte l'histoire où il a laissé son petit garçon de six ans avec elle, alors qu'elle s'arrêtait à Paris. À son retour, il les trouva tous deux en conversation animée. Elle l'avait amusé avec toutes sortes d'histoires qu'elle racontait admirablement. La veille au soir, elle avait assisté à une soirée à la mode et avait offensé tout le monde par l'austérité de ses manières.

Ses lettres à propos de ses petits-enfants sont pleines d'un simple amour de grand-mère, exprimé naturellement. Elle écrivait depuis Broadstairs en 1806 :

« Mon cher Harry, j'ai un très grand plaisir à vous dire que vos chers petits vont très bien. La baignade leur convient parfaitement. Leur apparence et leur appétit sont extrêmement améliorés, bien que leur estomac se retourne un peu, les pauvres amis, à la vue des machines ; mais, en effet, dans l'ensemble, le bain est à peu près bien passé, et ils sont si beaux après cela, que cela ferait du bien à votre cœur de les voir. Je vous assure que ce sont les belles de Broadstairs. Leur infirmière est de très bonne humeur avec eux. Ce n'est certainement pas une beauté, mais ils l'aiment aussi bien que si c'était une Vénus. Jamais petites âmes n'ont été si faciles à gérer ni si peu gênantes.

La grande actrice se vanterait avec plus de fierté de l'effet qu'elle produisait sur une petite fille lors de l'interprétation de *Jane Shore* que de ses plus grands triomphes. Dans les dernières scènes de la pièce, lorsque la malheureuse héroïne, démunie et affamée, s'écrie dans les affres de la souffrance : « Je n'ai pas goûté de pain depuis trois jours », une petite voix se fit entendre, entrecoupée de sanglots, s'écriant : « Madame, madame! prenez mon orange, s'il vous plaît », et le public et l'actrice aperçurent, dans une des loges de la scène, une petite fille lui tendant une orange.

Une dame, aujourd'hui vivante, se souvient, lorsqu'elle était très jeune, avoir été emmenée rendre visite à « la grande Mme Siddons ». Elle se souvint longtemps après de ces yeux merveilleux, et particulièrement des longs cils soyeux, qu'elle remarqua être d'une longueur extraordinaire et recourbés vers le haut en une belle courbe. Lorsqu'on lui apprit que l'enfant était obligée de partir à la campagne et qu'elle n'aurait aucune possibilité de l'entendre sur scène, elle lui dit gentiment qu'elle réciterait pour elle, ce qu'elle fit sur-le-champ.

L'un de ses petits-enfants lui a décrit l'intérêt de ses visites. Souvent, sa grand-mère leur faisait la lecture, leur laissant le choix de la pièce. Un soir en particulier, elle se souvint de la lecture d' *Othello* . « C'était une nuit d'orage, et le tonnerre se faisait entendre de temps en temps, et c'était si grand et impressionnant ; son regard ! sa voix, ses yeux magnifiques, toujours clairs et brillants. C'était une véritable lecture, pas une déclamation, et pourtant l'effet, dit-elle, dépassait tout ce que je pouvais concevoir du meilleur jeu d'acteur. » C'était seulement l'hiver précédant sa mort.

Nous la voyons maintenant souffrir de toutes les fluctuations d'esprit auxquelles la vieillesse est soumise, se plaignant tantôt de faiblesse et de souffrance, tantôt revenant à toute la gaieté de jeune fille de sa jeunesse. Le 12 juillet 1819, elle écrit à son amie Mme Fitzhugh :—

« Eh bien, mon cher ami, bien que je ne sois pas de rang et de condition pour être moi-même au bal du prince, mes beaux vêtements, en tout cas, auront cet honneur. Lady B — a emprunté la plus belle robe de banquet de Lady Macbeth, et je lui souhaite du plaisir de la porter, car j'ai trouvé que son poids était presque trop lourd pour supporter une demi-heure. Comment pourra-t-elle le porter aussi longtemps ? Mais on s'attend à ce que jeunes et vieux apparaissent, lors de cette « haute solennité », dans des vêtements splendides et fantaisistes, et beaucoup de ces beautés apparaîtront dans mes atours de scène. Lady C — avait d'abord eu l'intention de se présenter (comme elle l'a dit très drôlement) comme une vierge vestale, mais a maintenant décidé de s'habiller comme une belle Circassienne. J'aimerais voir cette magnifique assemblée, et j'ai l' idée d'y entrer dans la dernière robe de Lady Macbeth, et je jure que j'y suis venu dans mon sommeil. Mais assez de ces absurdités.

Son frère John, qui partagea la plupart de ses épreuves et de ses triomphes, s'installa à Lausanne vers la fin de sa vie. La perte de sa société fut une triste privation et, en 1821, elle lui rendit visite. Sa fille Cecilia, dans une lettre à sa famille, a décrit les plaisirs de la villa dans laquelle vivaient les Kemble et la beauté du paysage environnant.

Mme Siddons envisagea une expédition à Chamounix mais, pour une raison quelconque, elle fut abandonnée et ils se rendirent à Berne ; le temps était cependant pluvieux et ils furent obligés de rentrer plus tôt que prévu. Ils mangeaient du chamois, traversaient un lac, gravissaient un glacier avec deux hommes, taillant des marches dans la glace avec une hachette, et faisaient tout ce qu'on exigeait d'eux en tant que voyageurs. «Ma mère a supporté toutes les fatigues bien plus merveilleusement que n'importe lequel d'entre nous», termine la lettre.

Malgré sa merveilleuse énergie, la vieillesse l'atteignait à grands pas. L'érysipèle, qui fut finalement fatal, l'attaquait fréquemment avec une sensation de brûlure dans la bouche ou avec des maux de tête tout aussi douloureux. Elle dut subir le pire châtiment de l'âge, la mort d'amis ; ceux de Mme Damer et de Mme Piozzi furent une grande perte. En février 1823, John Kemble décède à Lausanne. Le 9, il dîna dehors, et on remarqua qu'il était de très bonne humeur ; le lendemain soir, quelques amis sont venus prendre un whist. Le dimanche suivant, il était dehors dans son jardin ; mais pendant qu'il lisait le journal, celui-ci lui tomba des mains. Sa femme se précipita vers lui ; il balbutia seulement quelques mots, la suppliant de ne pas s'alarmer. On fit venir le médecin, mais les attaques les unes après les autres le saisirent et il mourut le 20. Ce fut un triste coup dur pour Mme Siddons.

Au cours de sa soixante-treizième année, elle écrivit à Mme Fitzhugh de Cobham Hall, siège de Lord Darnley :

« Je me suis résolu à voir si le changement de décor et la gentillesse cordiale de mon noble hôte et hôtesse ne contribueraient pas au moins à divertir mon tourment. Mais les maux réels ne céderont pas la place à de telles applications, aussi gratifiantes soient-elles. J'ai eu cependant l'honneur de m'entretenir avec le prince Léopold ; c'est un conversateur très agréable et sensé, et Son Altesse Royale la duchesse de Kent semble justifier toutes les opinions de son amabilité. J'ai commencé à me remettre de la perte de mes chères petites filles, les filles de George. Comme j'ai hâte de savoir qu'ils sont en sécurité dans les bras de leurs parents anxieux. Dans ce lieu magnifique, je vous l'assure, mon soixante-douzième anniversaire a été célébré avec la cordialité la plus gratifiante et la plus flatteuse. Nous avions de la musique et Shakespeare, que Lord Darnley a au bout des doigts. J'aurais apprécié davantage la fête si elle n'avait pas été si grande ; mais vingt-trois personnes à dîner, c'est un peu trop bien... En parlant d'arts, je ne peux m'empêcher de penser avec tristesse à la statue de mon pauvre frère. C'est une diffamation absolue envers sa noble personne et son air. Je voudrais le réduire en poussière et le disperser aux vents.

"Le vôtre,

"SS"

Une statue de la grande actrice, par Chantry, fut érigée plus tard, par Macready, à côté de celle de son frère dans l'abbaye de Westminster.

En avril 1831, elle fut atteinte d'une maladie qui lui fut fatale. L'apparition de l'érysipèle à un de ses chevilles alarma le médecin, mais elle se sentit mieux et, avant la fin du mois, se sentit si bien rétablie qu'elle lui dit en riant qu'il n'avait plus besoin de venir la voir, car « elle avait de la santé à vendre.

Malheureusement, elle s'est aventurée à conduire peu de temps après, la journée était froide et un frisson semblait avoir développé l'érysipèle interne. Le 31 mai, elle fut prise de nausées et de fièvre, et dans la soirée ses deux jambes furent atteintes d'une inflammation de l'érysipèle. Cela augmenta pendant la nuit et s'accompagna d'une forte fièvre. Le lendemain, il y eut une consultation de médecins. On déclara le cas désespéré, la mortification survint, et vers neuf heures du matin du 8 juin, elle expira après une semaine de souffrances aiguës.

Le 15 juin, elle fut enterrée dans le New Ground de l'église de Paddington, suivie dans la tombe par son frère Charles Kemble, deux fils de Henry Siddons et bien d'autres. Hélas! Il ne restait que peu de membres de sa propre famille immédiate et son fils aîné était en Inde. Dans le cortège se trouvaient onze autocars de deuil, avec les artistes du Theatre Royal Drury Lane et de Covent Garden. Une fois le service funéraire lu, une jeune femme, nous dit

Campbell, s'est agenouillée près du cercueil avec des démonstrations de la douleur la plus folle. Elle est venue voilée et son nom n'a jamais été découvert.

Pourquoi entrer dans les éléments du testament laissés par Mme Siddons et les articles qu'elle a cédés à ses héritiers ? Elle nous a légué le souvenir de l'un des plus grands artistes dramatiques qui aient jamais honoré notre scène, et de l'une des plus nobles de la longue liste de femmes nobles inscrites dans les annales de notre pays. Le temps continue, emportant tous les souvenirs dans sa course incessante. Une nouvelle génération est toujours prête à dévaloriser les enthousiasmes de leurs grands-pères, et la nôtre est incrédule lorsqu'on lui parle des pouvoirs d'un Garrick ou d'un Siddons.

C'est avec un sentiment de douleur que, alors que nous nous tenions l'autre jour près de la tombe de la grande actrice, où elle repose seule et sans entretien dans le cimetière de Paddington, nous avons appris que nos cousins d'outre-Atlantique accordaient plus d'importance que nous à la mémoire de Sarah Siddons. Miss Mary Anderson, nous a dit la gardienne, chaque fois qu'elle est à Londres, vient le dimanche après-midi, avec des groupes de ses compatriotes, pour déposer des fleurs fraîches sur la tombe, et s'est engagée, à ses frais, à exécuter toutes les réparations nécessaires à les balustrades et la pierre tombale. Anticipons, avant qu'il ne soit trop tard, cette offre noble et généreuse.

NOTES DE BAS DE PAGE

[1] C'est la même Lady Lucan qui aurait demandé un jour à l'actrice : « Priez, Madame, lorsque vous devez vous préparer à un personnage, quel est votre *principal objet* d'attention, la *superstructure* , comme on peut l'appeler. , ou le « fondement » de la pièce ? »

[2] Mme Piozzi, qui, après la mort de M. Thrale, s'était remariée, au grand dégoût de la bande johnsonienne.

[3] Lors de la première nuit des émeutes de l'OP, on nous dit que l'actrice portait un costume façonné d'après le costume de mariée de la malheureuse reine d'Écosse et qu'elle était parfaitement enflammée avec les bijoux du ventre de la robe, ainsi que sur ses cheveux et autour de son cou.